岩波現代文庫／社会 307

大逆事件

死と生の群像

田中伸尚

JN159389

岩波書店

フランツ・カフカは私にこう語ったことがあります。
「人は、どうあっても書かねばならぬものだけを、書かねばなりません」と。

——G・ヤノーホ『増補版　カフカとの対話』(吉田仙太郎訳)

目　次

プロローグ　凍土の下

大阪平民社前の森近運平一家．左から２人目が運平，その右隣りが娘の菊代，右端が妻の繁子(1907 年ごろ撮影)

あれは、戦争が終わって間もない一九四六年の一二月か四七年の初めごろ、学制がまだ現在の制度に変わる直前の国民学校六年生のときでした。担任の先生、音楽の先生だったんですが、卒業前にクラス全員にテーマは何でもいいから論文を書いて出すように、と課題を出したんです。卒論ですね。小学生に卒論って、おかしいかもしれませんが、当時の私たちはなんとも思いませんでした。分量は四〇〇字原稿用紙で五〇枚でした。

私は仲のいい友だち三人で、運平さん、森近運平さんを取り上げたんです。父の本棚にあった、どうしても名前を思い出せないのですが、茶色に変質したシミだらけの資料のような本をめくっていたときに、運平さんの名前が目に留まったんです。その本には、たくさんの人の名前が出ていたのですが、なぜ運平さんだったのか今から思うと不思議なのですが、運平さんの家が親戚と同じ田口地区にあったと書いてあって、身近に感じたからかもしれません。運平さんてどんな人だったのだろうと、疑問が日ごとにふくらんでいきました。でも母からは、あんまり調べないほうがいいわよって言われました。

私たちは、町のいろんな人に、とくにお年寄りに、誰彼なく、運平さんて、どんな人だったんですかと訊《き》いて回りました。でも誰も話してくれないんです。なぜか、運平さんのことになると、黙ってしまうんですよ。何で今ごろそんなこと訊いて回っているんだ、と強い口調で言われたこともありました。ある人には、知っていても誰も何も言わないよ、森近さんのところへ行っても、何も話してくれないよ、とも言われました。私たちはびっくりしました。何だか変だなぁと思い始めて、ますます運平さんに興味を持つようになっていきました。子ども心の好奇心もあったと思います。

卒論を一緒に書く友だちのひとりが、運平さんの生家近くに住んでいて、私たちはよく一緒に遊びに行って、庭先でお芋や大根の泥を洗っていた「おばちゃん」の手伝いをしたり、綾取りをしたこともありました。「おばちゃん」から、あんたら仲がええなあ、これでも食べんせぇ、と蒸し芋をもらった憶えもあります。それで私たちは運平さん家の「おばちゃん」に話を聞きに行ったんです。

冬にしてはやわらかな陽射しが街を包んでいた一月末の日曜の昼さがり、首都圏の私鉄沿線の小さな駅に近い地下の喫茶店は、若いカップルや家族連れが多くさんざめいていた。日露戦争後の近代日本は一九一〇年に韓国を併合し、植民地帝国へと暴走を始めていた。その同じ一〇年から一一年にかけての「大逆事件」で処刑された岡山・高屋村(当時)の森近運平を、小学校六年生のときに卒論で取り上げたという女性史研究者の今川徳子の話に、私の周囲からは一気にざわめきが遠のいていった。一九三五年生まれで

「天皇は神におわします」の皇国史観教育を受けた一二歳の少女たちが敗戦直後に、日本の近現代史上最大の国家犯罪である明治の「大逆事件」に連座させられた森近運平について卒論を書いたというのだから。

宮下太吉の爆裂弾の製造を手がかりに、天皇暗殺を企てたとみなされた幸徳伝次郎(号秋水)ら二六人が「大逆罪」で公判に付された事件で、大審院特別刑事部は非公開裁判で、一人の証人も採用せず、わずか三週間ほどの審理で、一一年一月一八日に二四人に死刑、二人に爆発物取締罰則違反で有期刑の判決を言い渡した。死刑判決を受けた秋水や運平ら一二人は、判決から一週間後の一月二四、二五日に縊《くび》られてしまった。残りの一二人は天皇の「恩命」で無期に減刑されたが、判決が修正されたのではない。「大逆罪」は一審で終審と決められていたから、法的にはなす術《すべ》がなかった。

戦後の諸研究の積み重ねでこの事件は、当時の政府が無政府主義者、社会主義者、またその同調者、さらに自由・平等・博愛といった思想を根絶するために仕組んだ国家犯罪だった事実が明らかになっているが、敗戦前までは事件の真相は闇の中に置かれてあった。連座者らは、公判に付されてからは天皇に弓を引いた「逆徒・国賊」の烙印《らくいん》を押され、あっという間の大量処刑によって社会には、天皇制国家への恐怖と社会主義的思考を恐れる空気が広がり、事件について公然と話題になるようなことはほとんどなかった。森鷗外、平出修《ひらいでしゅう》、石川啄木、与謝野寛(鉄幹)、佐藤春夫、沖野岩三郎、永井荷風らが小説や詩、随筆などで扱ったが、それらは言論の自由が抑圧されていた時代の作品であり、小学生が目にする機会はほとんどなく、あったとしても一〇歳前後の少女たちにそうした作品を読み解くのは難しかった。

一九四六年一月一日に昭和天皇が「神格否定」宣言をし、一一月に公布された現憲法によって、神聖不可侵の「現人神天皇」は象徴天皇に変わりはしたが、それだけで社会の事件観や天皇観に劇的な変化は生じない。今川らが運平を調べようとした四七年の初めごろは、一二人の命を奪い、一二人を長く獄中に閉じ込めた刑法第七三条「天皇、太皇太后、皇太后、皇后、皇太子又ハ皇太孫ニ対シ危害ヲ加ヘ又ハ加ヘントシタル者ハ死刑ニ処ス」の「大逆罪」は、GHQ(連合国軍最高司令官総司令部)の削除命令によって虫の息ではあったが、まだかろうじて残っていた。一九〇八年施行の現刑法の「皇室ニ対スル罪」の第七三―七六条が削除されたのは四七年一〇月である。それまでに「大逆罪」が適用されたケースは、秋水らが処刑された明治末年の事件が最初で、その後に三件ある。一つは二三年一二月二七日に、難波大助が議会開院式に向かう摂政宮(後の昭和天皇)をステッキ銃で狙撃した「虎ノ門事件」である。二四年一一月一三日死刑の判決があり、わずか二日後に難波は処刑された。次いで「朴烈《パクヨル》・金子文子事件」。関東大震災直後の二三年九月三日に別件で検束されていた二人が、皇太子の婚礼に際して爆弾を投げ危害を加えようとしたとデッチ上げられ、二五年七月一七日に大逆罪・爆発物取締罰則違反で起訴された。大審院は二六年三月二五日、二人に死刑判決を言い渡したが、後に検事総長名で無期に減刑された。すべて筋書きどおりだった。金子は同年七月二三日に栃木監獄で縊《い》死《し》したが、朴は獄中で生き抜いて戦後の四五年一〇月二七日に出獄している。三つ目が「桜田門事件」。三二年一月八日、桜田門外の警視庁の正面玄関付近で、李奉昌《リポンチャン》が昭和天皇の乗った馬車に手榴弾《てりゅうだん》を投げた事件である。九月三〇日に死刑判決、一〇月一〇日に処刑された。

秋水らが刑死した最初の「大逆事件」に関する記録などが、戦後になって初めて一般の目に触れる形で伝えられたのは、やや風変わりだが反骨のジャーナリストの宮武外骨《がいこつ》が編集した『幸徳一派大逆事件顚末《てんまつ》』(一九四六年末)である。隠された資料を発掘し、当時存命だった関係者への丹念な聴き取りなどによって真相を克明に明らかにしていった神崎清の「革命伝説」が雑誌『世界評論』で始まったのは四七年一一月号からで、単行本化されたのはさらに後である。また住井すゑが、小学生のときに事件の話を聞き、それを原点に超大作『橋のない川』(全七部)の筆を執ったのは、敗戦から一〇年以上を経た五八年からだ。「大逆事件」を思想の弾圧と、その核心を早くに見抜いた石川啄木が、事件関係の新聞記事を筆写し、判決全文などを収めた「日本無政府主義者陰謀事件経過及び附帯現象」や秋水から三弁護人に宛てた「陳弁書」などを収録した「A LETTER FROM PRISON」(これには重要な話「EDITOR'S NOTES」が付いている)が公になったのは一九五一年である。また思想を権力で抑えるのは不可能と指摘した評論「所謂今度の事」が明らかになったのは五七年七月だった。

今川の「卒論」の話を聞きつつ、そんなあれやこれやが私の中でぐるぐる回ったが、実は今川ら子どもたちには運平はいても、「大逆事件」は存在していなかった。国民学校世代の少女たちは、事件の名前さえ耳にしていなかったのだから。それが、今川らを思わぬ八幡《やわた》の不知藪《やぶしらず》のような迷路へと誘いこんでいく。

山間《やまあい》の高屋町田口に住まう「おばちゃん」を子どもたちが訪ねたのは、周囲の樹木や土がしんと静まった凍るようなとても寒い日だった。

「運平さんて、どんな人だったんですか」

はね釣瓶《つるべ》のある庭先にいた「おばちゃん」に、子どもたちはいきなり訊いた。よく遊びにきていた顔なじみの子どもたちから、思いもかけず運平について尋ねられた「おばちゃん」は、ちょっと困惑したような目つきをして、暫く黙っていた。と、急に「おばちゃん」の眼が涙で溢《あふ》れて、頬を伝ってほろほろと零《こぼ》れ落ちていった。

どうして？

「おばちゃん」が何で泣くの？　子どもたちには何の涙なのかさっぱり分からない。びっくりする子どもたちに「おばちゃん」は涙も拭《ぬぐ》わないで、こう言うのだった。

「あんたたちは、まだ小さいから、私の口からはうまく説明できんがね」

「おばちゃん」の涙と運平についての町の人たちの不可解な沈黙が合わさって、今川たちの小さな胸はナゾでふくらみ、何だか息苦しくなった。

ややあって「おばちゃん」がぽつっと呟《つぶや》いた。

「運平さんはね、お国に殺されたんだよ」

「お国に殺された！」。子どもたちは、息を呑むほど仰天した。どういうこと？　子どもたちにうまく説明できないと頭を振った「おばちゃん」の心の中は覗けなかったが、確かに「運平さんは、お国に殺された」と言った。


私たちには、「おばちゃん」の涙や「お国に殺された」というただならぬ言葉は理解できませんでしたし、その背後にあった底深い闇も全く見えませんでした。

その後も卒論を書くために、私たち女生徒三人は一緒に、また別々に運平さんってどういう人って？　町の人にくり返し訊いて回ったんです。とうとう私たちの姿を見ると、「また来た」と逃げられるようになってしまいました。古いお豆腐屋さんには、あんたたちええかげんに止めたほうがええ、と言われましたが、卒論で書くことになっているから、調べないわけにはいかないって、頑張って言い返したこともありました。運平さんに関することなら何でもいい、紙切れ一枚でも残っていないかと探し回りました。ある人から、昔は残っていたが、戦争で物資が無くなって、たきつけにして燃やしてしまった、と言われたときは、とてもがっかりしました。仕方なく、私たちは担任の先生に、相談しました。そうしたら、あんたたち難しいことやるんだね、と顔をしかめられましたが、どうしたらいいかは教えてくれませんでした。でも止めなさいとは言われませんでした。

結局、私たちは運平さんを書こうとして、歩き回り、尋ね回った末、町中にはりめぐらされたような沈黙の壁によって、出口が見つからないまま五〇枚の卒論を書きました。私がまとめて書いたのですが、とても「論」にはならず、歩き回った日録風の記録とふくらむ疑問を書いただけでした。そんなわけで、確か題名も「この人知ってますか」としたように憶えます。町の人たちの沈黙の理由もよく分からず「おばちゃん」のぽたぽた落ちる涙と「運平さんは、お国に殺された」という言葉が、私の中に澱《おり》のように残ってしまいました。

「卒論」をお読みになりたいですか？　でも残念なんですが、無いんですよ。実は、私も読み返したいと思って、高校生のころに返してほしいと先生に頼みに行ったら、もう処分してしまった、と言われて……。

「卒論」は終わったが、今川は夜の迷路に取り残されたような思いを抱いて中学へ進む。

記憶は少しおぼろなんですが、確か新制中学校の二年生のころでした。地元の先生らがつくった歴史年表に「大逆事件」で森近運平刑死、という記述を見つけたんです。たった一行でしたが、「大逆事件」という言葉に初めて出会い、それで運平さんに対する周囲の沈黙と、何かおどろおどろしい感じのする「大逆事件」が少しつながったように思いました。そうか栄子《ひでこ》さん——そのころには「おばちゃん」が、運平さんの妹さんだとわかっていました——が、「運平さんは、お国に殺されたんだよ」と言ったのは、このことだったのかと、いくらか腑に落ちたような気がしました。

今川が「大逆事件」を目に焼き付けたのは、天皇が現人神《あらひとがみ》から象徴の衣に着替え、連合国などからの戦争責任追及の回避と新たな「国民の天皇」を売り込む企図を秘めて全国巡幸し、各地で大歓迎を受けていた一九四九年ごろである。

それでは「大逆事件」とは何だろう？　今川にまた新たな疑問が湧き上がり、それを探る手がかりをつかもうと、「卒論」を書いた友だちと一緒に運平の墓を探しに行った。大人の背丈を越えるほどの雑草が、鬱蒼《うっそう》と生い茂った中をかき分けて森近家の墓所に踏み込むと、大小の墓が二〇基以上あり、それぞれ名前や戒名が刻んであった。だがなぜか運平の名前を刻んだ墓は、どこにも見当たらない。墓所の右手奥に小さな自然石がいくつかあったが、とても墓には見えなかった。

「どうして運平さんのお墓がないんですか？」

今川たちが栄子に訊くと、

「お墓は建てられないんだよ」

悲しそうな言葉が返ってきた。ああそういうことなのか、「大逆」だからかと、そのときは何となく分かったような気がした。でもなぜ「大逆」で墓ができないのか、やはり不思議だった。今川は、また新たなナゾを抱え込む。

森近運平の生地、井原《いばら》市高屋町を訪ねたのは二〇〇七年の九月下旬だった。吉備路《きびじ》の初秋はまだ陽射しが強く、眩《まぶ》しい光の中にあり、涼気は黄昏《たそがれ》どきにならないと訪れない。

山陽新幹線の福山駅で府中へ向かうJR福塩線に乗り換えて三つ目が神辺《かんなべ》駅である。ここで第三セクターの井原鉄道・井原線の総社行きに乗る。旧国鉄の分割民営化の煽りで、開業が大幅に遅れ一九九九年に開通したというから歴史は浅い。私の乗った二両編成の車両は、新しく瀟洒《しょうしゃ》なデザインで窓が大きく、車内は心が開かれるように明るい。窓外はまだ秋色には遠かった。一〇分ほど軽く揺られると、広島県から岡山県に入って井原駅に着く。人口四万六〇〇〇人ほどの井原市の中心地だが、駅での乗降客はまばらだった。かつては備後絣《びんごがすり》に代表される織物の町だったが、七〇年の日米貿易摩擦以後、地域から急激に織機の音は消えた。その後はジーンズの街としても知られるようになったが、現在はIT産業の下請け工場などがある小都市である。

井原駅から車で西へ二〇分ほど走り、東西から南北へと流れを変える川幅の狭い高屋川と県道に沿う奥深い山間の地、田口が、運平の生地である。人家はぽつぽつとしか視界に入らず、小さな田畑が目につくだけで、人気もほとんどない寂しい風景が続く。運平の時代の後月《しつき》郡高屋村は大正の後期の一九二二年まで続き、その後町になり、戦後の五三年に井原町など一〇町村が合併して井原市が誕生したと、市史は誌す。

運平は父嘉三郎、母ちかの長男として一八八〇年に生まれた(正確な誕生日は八〇年一〇月二三日だが、届けは八一年一月二〇日)。倉敷出身で明治・大正・昭和期の社会主義者、山川均と同い年である。生家は、自作兼地主で豪農といってよく、かなり大きな屋敷だったが今はもちろんなく、跡地があるだけだ。

「栄子さんは、晩年に病を得て、大阪の娘さんのところへ移るまであそこに住んでおられましたが、その後は廃屋のようになり、最後は蔦《つた》に覆われ、屋根も崩れていました」

運平の四つ下の弟・良平の孫に当たる間貞雄は、祖母(良平の妻)と母の写真を飾った小さな仏壇に目をやり、ぽつっとつぶやいた。一八九七年生まれの栄子は、兄・運平が処刑されたときは一四歳になる直前だった。子どもの今川らが運平について訊きに行ったのが四六年の暮れか四七年初めだとすれば栄子は五〇歳前後で、地元ではまだ事件は封印されていたころである。

運平が少年のころに暮らし、一九七五年に亡くなった栄子が晩年まで住んでいた家の写真が何枚か残されてある。中の一葉は、撮影年が九六年と印字され、それを見ている と歴史が手の届くところにあると感じさせ、事件関係のアルバムなどでよく見かける中折れ帽にややもさっとした感じで、両端の下がった天神髭《てんじんひげ》の運平が生家跡地からぬっと現れてくるのではないかと思ってしまう。

生家跡と指呼の間に、高さ四メートル近い巨大な歌碑が南に向いて、聳《そび》えるように建っている。その周囲には柿、皐月《さつき》、山茶花《さざんか》の木がある。「この柿の木は運平のころにもあったと思います」。案内してくれた元井原市議の広畑耕滋が、それほど大きくはない柿の木を仰いだ。

石碑に歌が一首、二行で彫られてある。星霜を経てかなり薄れているが、こう刻まれてあった。

　父上は怒り玉ひぬ我は泣きぬ
　　さめて恋しき故郷の夢

運平は、初期社会主義者の中で幸徳秋水らと併称され、危うく難を免れた堺利彦（号枯川《こせん》)らによって、その理論と実践を高く評価されていた。労働運動でも大きな働きをしたが、農学校出身の運平の本質は、農業の構造的な変革を目指した実践的な農業者で、事件に巻き込まれる前から地元で、ガラス温室を使った先進的な高等園芸を始めていた。洒落《しゃれ》っ気はあまりなく、同じ「大逆罪」で刑死した新宮の医師・大石誠之助のように海外経験が豊かで、本業のほかに西洋料理を食べさせるレストランまで手がけ、評論、情歌、俳句などをこなした多芸多才の人士とは異なり、文学方面に関してはあまり得意ではなかったようだ。評論などでしばしば使った雅号の「覓牛《べきぎゅう》」で、「早咲きの梅一二輪冬日和」「早乙女の足洗う岸や水鶏《くいなな》啼く」など素朴な俳句を少しひねったぐらいだ。

そんな運平の獄中詠二首が、刑死後一〇年近くたった一九二〇年ごろに見つかった。堺利彦が宅下げで預かっていた運平の遺品の中に*Philosophy of Socialism* (Simons)があり、その裏扉に爪で刻みつけるように書かれていた。そのころ、堺宅で書生をしていた高屋出身の岡本八枝太《やえた》がそれを発見し、眼病の治療で上京していた弟の良平に、堺が揮《き》毫《ごう》して渡したという。森近研究の先駆者の吉岡金市(故人)は『森近運平――大逆事件の最もいたましい犠牲者の思想と行動』の中でそう明かしている。間によれば「堺さんが揮毫した書は三幅あり、それを祖父、つまり良平が所蔵していたのですが、死後に祖母の貞世が預かっていました。歌碑はその一つで、堺さんの書をそのまま彫ってもらったと聞いています」。文字が薄くなった歌碑の末尾に「とし彦」と刻まれているのが読み取れた。

運平の獄中歌を刻んだ石碑は、農学校の後輩になる吉岡らを中心にできた「刑死五〇周年記念事業」委員会が一九六一年一月二四日に建立した。日米安全保障条約改定反対運動が全国的に広がった五〇年代末から「大逆事件」の再審請求運動が起き、事件連座者の関係地域では社会的復権につながるような試みが労働組合や市民らの手で始まっていた。歌碑建立もその流れの一つで、非業の死を遂げてから半世紀、封印されていた運平の記憶が初めて社会的に想起される試みだった。今川ら子どもたちが尋ね回ってから、約一五年後である。今に残されてある当時の「刑死五〇周年記念事業」委員を記した黄色に変色した名簿には、弁護士、大学教員、県選出の国会議員、周辺市長や町長らの名はあるが、運平の出身地の井原市長の名は見当たらず、地元では運平や「大逆事件」は、国家犯罪と分かってもなお受け入れがたく、遠い存在だったのか。

運平が遺したもう一首は「囚はれて早や二月をふる里のたよりも聞かず秋は来にけり」。碑の歌と資料に残されているこの歌に接すると、無実になると信じながら、寒さの近づいてくる三畳ほどの独房の中で、無念さと断ちがたい望郷の念を搾り出すようにして爪で刻みつけていた運平の姿が目に浮かび、胸がかきむしられる。生石《おんじ》高等小学校の同級生で病弱だった妻・繁子と当時、満七歳だった菊代の待つ故郷にどれだけ帰りたかったか。歌でしか帰れぬとは思いもよらなかっただろう。まして獄中歌が、半世紀後に歌碑になるとは想像もしなかったはずだ。二首とも碑に刻めばよかったのではないかと、無理を承知で思う。

今川が中学生のときに見つけられなかった運平の墓は、歌碑と同じ一九六一年一月二四日に建てられ、生家跡から少し離れたあぜ道を一〇メートルほど上った山際に接した長細い形の森近家の墓所のほぼ正面にある。建立時には墓所の右奥の隅にあったが、二〇〇二年に栄子の四男の細井好が正面に移した。運平の戒名は「法運院真哲義範居士」。文字の響きは、無実の肉親を「大逆」者と烙印を押した国家を見返すようで凛然《りんぜん》とした感がある。それにしてもなぜ墓が長くつくれなかったのか。

無罪を確信していた運平は、予期せぬ死刑判決に驚愕し、獄中から「全く意外な判決」と、家族を含む村民宛てに書き送っている。肝臓を病んでいた運平はしかし、もはや処刑は免れ得ないと覚悟したのか、医学の発展に供したいと解剖を希望し、堺がその手はずを整えていた。

東京・市谷冨久町の東京監獄(一九二二年一〇月に市谷刑務所と改称、三七年に巣鴨に移転)の東北隅にあった刑場跡の児童遊園の片隅に、現在「刑死者慰霊塔」がひっそり建っている。今は訪れる人もほとんどないが、慰霊塔は事件の再審請求に心血を注いで奔走し一九八三年に亡くなった弁護士、森長英三郎の呼びかけで日弁連の有志の募金によって六四年に建立された。この刑場で執行された死刑は、一九一一年一月二四日午前八時前に幸徳秋水から始まり、新美卯一郎《にいみういちろう》、奥宮健之《おくのみやけんし》、成石平四郎《なるいし》、内山愚童《ぐどう》、宮下太吉と続き、運平は七人目で午後一時四五分に絶命した。夕方、東京監獄の不浄門から運びだされた運平の遺体は、帝国大学医科大学（現・東京大学医学部附属病院）に運びこまれたが、いったん解剖を引き受けた大学が、国家権力の意思を慮ったのか急に態度を変えて断り、三日後の二七日に落合火葬場で荼毘《だび》に付された。実は解剖を希望した刑死者が、もう一人いた。一一人目に処刑された古河力作である。しかし大学側は運平の遺体と一緒に運びこまれた力作の遺体の解剖も拒否した。力作と同じ福井県若狭出身の水上《みずかみ》勉は、小説『古河力作の生涯』の中で、「学問が真理のためより、権力のためにゆらぐこの国の一面を物語って面白い」と皮肉っている。

解剖の願いもかなわなかった運平の遺骨は、刑死から五日後に従兄の大西道太郎が故郷へ持ち帰っている。二月一日付の『山陽新報』は「逆徒運平の遺骨」の見出しで「森近運平の遺骨は親族大西道太郎が携帯して同時刻（一月二九日午後五時四〇分）に岡山駅を通過し同夜後月郡高屋村に帰りたるが何れも汽車中にては世間体を憚《はばか》る様子なりし」と伝えている。この汽車には、やはり処刑された熊本県の社会主義系新聞『熊本評論』の創刊に関わった新聞記者・新美卯一郎の遺骨を縁者の新美三郎が携行していた、と同じ記事にある。

遺骨は戻ってきたが、警察は「遺骨を墓地の一隅に埋めよ。墓碑など一切建ててはならぬ」と遺族らに厳命し、やむなく運平の遺族らは墓標の代わりにいくつかの小さな石を墓所の片隅に置くしかなかった。今川らが中学生時代に墓所の隅で目にした小さな石は、墓標の代わりだったのである。

「大逆事件」の刑死者の葬式や墓標については、各地の警察が遺族らに厳しい干渉をしているが、法的な根拠はない。一八九一年七月にできた「刑死者ノ墓標及祭祀等ニ関スル件」内務省令第一一号(一九四七年四月に廃止)は五項目あるが、その中に墓標禁止の項目はない。「墓も許されぬ逆徒」という印象を社会に植えつけようとした警察の圧迫は、死屍《しし》に鞭打つに等しい仕打ちであった。「大逆事件」に連座させられ、殺されていった死者に対してさまざまな思いを抱く遺された人たちにとって、通夜・葬儀や墓標、あるいは記念碑の形態、墓誌の内容などは、死者を想起し、悲しみを癒すだけでなく、理不尽な死への怒りを共有する場であり、記憶を継承する言説空間でもある。明治国家はそれゆえに許さなかった。

六一年にできた運平の墓標には、正面の戒名を囲むように背面と左右の側面の三面にびっしり碑銘が刻まれている。

森近運平は明治一四年一月二〇日父嘉三郎母ちかの長男として生れ、明治三五年九月一日、浅口郡金光町《こんこうちょう》大字佐方《さがた》二二四五弓削繁と婚姻、同三六年七月一四日長女菊代をもうけたるも、妻繁は運平刑死三年後佐方の生家に於て大正三年七月二九日病死。／森近運平は岡山県立農学校卒業後、岡山県庁勤務中「産業組合手引」を著述、反戦運動の為退職、イロハ倶楽部を組織、「大阪(日本)平民新聞」を編輯、「社会主義綱要」を著述、大逆事件に連座せしめられて死刑に処せられたるも、雪冤《せつえん》のため刑死五〇年忌に再審請求。／森近運平は明治四四年一月二四日東京監獄に於て刑死、墓碑を建てることも禁圧されていたが、東京には「大逆事件の真相《(ママ)》をあきらかにする会」が、岡山には「森近運平刑死五〇周年記念事業委員会」が結成され、真相もあきらかになったので五〇年忌に建之。

吉岡金市撰の碑文は淡々とした記述で、狭い墓石からはみ出さんばかりである。運平の無念の死を想う遺族らの五〇年の怒りと悲しみが強く伝わってくる。「大逆事件」で処刑された人びとの墓で、三面にわたって銘が刻まれている例は他にない。

二〇〇一年一月、運平の歌を刻んだ碑の左側に「森近運平生家跡」の謂《いわ》れを記した解説板が建てられた。内容は、当時の農民の困窮の根源を社会構造にあると見た森近が、それを是正するため社会主義者として活躍したが、彼はむしろ人道的社会活動家で、時の国家権力によって「大逆事件」の謀議者とされて、不当な罪名で刑死したが、現代に通じる先覚者として讃えられるべきである云々とある。末尾に刑死九〇年を記念して

「森近運平を語る会」が建てたと記されてある。二〇〇七年四月、アクリル製だった解説板は、甥の細井によって丈夫な石造りに建て替えられている。

「語る会」は、元倉敷市議で運平を評価していた歴史好きの久保武が、彼の社会的復権を目指し、郷土史研究団体の井原史談会、岡山大学教授の坂本忠次、吉岡の後を継いだ金沢星陵大学教授の森山誠一らの協力を得てつくった市民団体である。「大逆事件」当時、司法省民刑局長として指揮した岡山出身の検事・平沼騏一郎《きいちろう》(号機外)の『回顧録』を読み「ファイトを燃やし」たという久保の活動は精力的で、刑死八〇年の九一年には坂本、森山らによるシンポジウムなどを企画し、翌九二年からは毎年「語る会」主催で歌碑の前での墓前祭を催行するようになった。久保はまた、自宅書斎を「有運文庫」と名づけ、全国の関係地を歩いて収集した運平と「大逆事件」関係の資料を公開し、新しい井原市史に運平を再評価するよう働きかけ、その事跡を市民に伝えようと奮闘してきた。だが二〇〇六年一〇月、市議会での運平の名誉回復決議を夢見ていた久保は、悪性リンパ腫のために急死する。八二歳だった。倉敷市議を五期務めた久保は、亡くなる一年前に、今川徳子にこんなはがきを書き送っていた。

「最近政府は私に天皇の名において勲五等をやるといってきました。私はこれを拒否しました。運平は天皇の名のもとに刑死したのです。私は天皇のために働いたのではありません。かつて五〇歳の時倉敷市功労賞をもらったことがありますが、これは倉敷市の自治の為に働いた覚えがあるので受け取りました。私が欲しいのは、運平の復権です」

私が今川を知ったのは「語る会」が発行する会報を通じてであった。関東地方に住む高屋出身の今川は「語る会」に最初からかかわり、一九九一年のシンポジウムでは坂本や森山らとパネラーになり、九五年から年一回発行されるようになった会報にもしばしば寄稿している。九六年の会報第二号では、「なつかしい井原のみなさまへ」と題して書いていた。

「運平さんの生家への道は、私の子供のころとほとんど変わっていないように思われますが、その昔ながらの道を、縁広の麦稈真田《ばっかんさなだ》の帽子を目深にかぶり、めくら縞の備中木綿着物に、へこ帯を締めた運平さんが、急ぎ足で帰って行く姿を、何度も思い描いて見ています。(中略)村中が、でんぐり返った日の、あのときの無常の風が、いまだに郷土のどこかに、吹き溜まっているのではないだろうかと、そんなことが気掛かりでなりません」

この小文からは、病弱だった運平少年が歩いただろう同じ道を、今川が子どものころに歩いた自分と重ね合わせ、若くして非業の死を強いられた彼への愛惜の情がそくそくと伝わってくる。運平は正義感が強く、真っ直ぐな性格もあって村人の尊敬を集め、死刑判決の出た直後には、地元で助命運動が起きた。連座者の地域で、「大逆」という罪名をつけられたにもかかわらず、判決直後に助命運動が起きたのは高屋だけだったが、それは運平の生き方への周囲の敬愛の念の深さを語っていよう。しかし実際に処刑されると、村の空気は一変し、凍りつく。そのときの人びとの驚愕を今川は「村中が、でんぐり返った」と巧みに表現し、その衝撃が「無常の風」となって今も「吹き溜まっているる」のではないかと問うていた。五年後の二〇〇一年の会報第七号では、自らの体験を重ねて「高屋の皆様へ」を寄稿している。

「級友の家が森近家のすぐ近くにあったので、当時は運平の生家とは全く知らずに、その庭先で遊び、運平の妹である栄子さんも見知っていました。(中略)運平のことは、高屋の地底に密封されているように思えてなりません。(中略)監獄の不浄門から仏になって出された運平は、帰るべき故郷からも受け入れてもらえませんでした。しかし高屋の人々の胸中にも、耐え難い思いがあったはずです。(中略)故郷の人も世の「みせしめ」をしたたか受けなくてはなりませんでした」

運平は故郷に受け入れてもらえなかったが、高屋からの行商人も他所では嫌われ、物が売れなかったなど故郷もまた事件による迫害に長く苦しんだことを今川は思い遣る。そのすぐ後で、今も沈黙を続ける故郷の人びとの心を揺すぶるようにこう続ける。「大逆事件から、森近運平から眼をそらさなくてはならない訳は何なのか。それは一体どう言う事なのか、いま、一人一人がしっかり考えて見ることが求められていると思います」と。

やや意外だった。刑死から半世紀後の再審請求によって、地元でも変化があり、その後も「語る会」の働きかけなどがあって二〇〇五年に刊行された新しい『井原市史近現代通史編』には、運平について九ページにわたって丁寧に書き込まれ、〇八年に市教育委員会が全世帯に配布した市民向けの『井原歴史人物伝郷土が生んだ偉人たち』にも森近運平は取り上げられている。県のレベルでも〇六年に刊行された公式観光ガイドにするための岡山商工会議所編の『「岡山検定」公式テキスト　岡山文化観光検定試験公式テキストブック』などにも運平は登場している。それらを重ねてみると、「大逆事件」とその被害者の一人である森近運平の社会的復権は、戦後六十余年の中でカタツムリのような歩みだが少しずつ進み、今川が小学生時代に迷路の中をさ迷ったような沈黙の闇は消え、夜が明け始めたのではないか。私はそんなふうに受け止めていた。けれど故郷の高屋の意識こそ運平と「大逆事件」をどう受け止めるのかの核心だと捉える今川の眼には、小学生のころに知った深い沈黙の闇の状況は、現在も大きくは変わっていないと映る。

運平の墓前祭には井原市内や旧高屋町、さらに「大逆事件」に関心を持っている全国の人びとに広く案内が出されている。私も出席した〇八年四月二九日の墓前祭には、全国から集うた約五〇人の人びとが、萌え立つような鮮やかな緑と天から降ってくるような鶯の啼き声の中で非道な国家に生を潰された森近運平にそれぞれの思いを馳せた。けれども――「今年で一七回になりますが、地元の高屋の人びととの参加は、これまで一回か二回、それもやっと一人でしたか……最近はまったく見えません。案内のチラシは配るのですが、反応もありません」。夫の急死後、「語る会」事務局を引き継いでいる妻の久保冨美子も地元の壁の厚さを膚で感じている。

私も墓前祭には、だいたい毎年出ていますが、高屋からの出席者はありません。実家に帰って、どこへ行くの？ と訊かれて、運平さんのところ、というと、あまりいい顔されません。なんでそんなとこ行くのっていう感じなんです。今でも。子どものころと変わらないんです。行きたい気持ちを持っている人もいるのですが、周りから何か言われたり、思われたりするのがいやなのですね。「大逆事件」は運平さんだけでなく、高屋全体が巻き込まれたという思いが、今も変わらずにあるようです。やはり国家が処刑したという事実は、閉鎖性の強い地域では長く重くのしかかってきたのではと、思います。運平さんの真っ直ぐな生き方や思想に関わらないというのは凍土、いえ凍土の下でぎゅっと固まっているように思えてなりません。

「凍土の下」という比喩に私は凝然とした。天皇に弓を引いた「逆賊」という国家の烙印の闇は、それがたとえ冤枉《えんおう》の罪と判明しても、当事者の地元では明けぬ夜のように長いのか。「大逆事件」は、まだ「大逆」として生き続けているのだろうか。

一九六〇年代半ば過ぎ、弁護士の森長が遺族を励ましたいという一念で、非命に斃《たお》れた人びとの墓などを詳しく踏査し、墓参をした記録を、『風霜五十余年』という六〇ページにもならない手書きの小冊子にまとめた。わずか二〇〇部しかつくらなかったという小さなしかし、中身の重い冊子を、私は「大逆事件の真実をあきらかにする会」世話人の大岩川嫩《ふたば》から、九七年ごろに借覧した。その「はしがき」で森長は書いている。

大逆事件によって、多くの被告人の家族たちや、死刑を免れた被告人たちが、官憲の圧迫や官僚政府の教宣によって、どんなに苦しんだか、その苦しみにたえたかを明らかにすることなしに大逆事件の本質はつかめない。そして遺族たちの苦しみは五十余年後のいまも部分的にはつづいていることをおもうと、大逆事件が世紀の大事件であったことを、いまさらながら痛感するのである。

連座した人たちの遺家族の苦しみが今(六七年当時)も続いているという森長の指摘は、たんに官憲側の圧迫によるだけではなく、凄まじい社会の風圧を想像させる。この小冊子を出した後、森長のもとに遺族から「今さら掘り返してくれるな」という声も届けられたというが、それは社会の圧迫に喘《あえ》ぐ遺家族の悲鳴だったろう。日露戦争前ごろから、自由・平等・博愛を求め、社会主義に目覚め、無政府主義に近づき、あるいはいっときシンパシーを抱き、時に革命をも夢見た人びとと連座者、そしてその遺家族や周辺の人びとの死と生は、事件後に広がった身を凍らせるような冬の烈風の中で、長く翻弄《ほんろう》されてきた。刑死者や無期に減刑されながらも獄死した人の遺家族、また生きて出獄できた人びとには警察が執拗につきまとい、罪名が接着剤で貼り付けられたようについて回り、失意の中で貧しさを抱えながら亡くなっていった人がいる。家族や友人や恋人らの愛が引き裂かれた。国家に荷担して、連座させられた自派の僧侶に救いの手を差し延べず、見捨て、戦後も長く放置してきた宗教教団があった。

「風霜五十余年」からすでに四〇年以上の時を閲《けみ》し、事件から一〇〇年になる。

森近運平は処刑の三日前の一月二一日、妻の繁子に宛てた手紙の中で、処刑後の迫害を予想し、「胸の裂ける思がする」と刻みつけるように記している。「事件の真相は後世の歴史家が明かにして呉れる」と。同じ手紙の末尾では、七歳の娘の菊代に「お前のお父さんはもう帰らぬ。監獄で死ぬ事になった。其訳は大きくなったら知れる」と悲しい別れの言葉を置いている。繁子や菊代は、「真相」や「其訳」を知りえただろうか。

運平のいう「後世の歴史家」とは、決して専門の研究者だけでなく、広く私たちの社会を指しているだろう。

1　かなしき「テロリスト」

宮下太吉

松本から長野へ向かうＪＲ篠ノ井線で犀川《さいかわ》に沿って一五分ばかり乗ると、二つ目が明《あか》科《しな》駅である。木造のこぢんまりした駅は、小さな待合室、売店、飲料水の自動販売機などがあり、隣接するそば・うどん店の暖簾がかすかな風に揺れている。ローカル線の駅では見なれた風景である。駅舎に向かって左手に「明科駅」と縦書きされた木製の表札のような板、右手に「ようこそ安曇野《あづみの》へ」と横書きの看板、西の方には常念岳など北アルプスの秀麗の頂が遠く雲間にのぞく。

篠ノ井線の開通は古く、日露の対立を決定的にした日英同盟協約の結ばれた一九〇二年である。そのころから明科町(現・安曇野市)は人の出入りが多くなり賑《にぎ》わうようになった。「当時の駅舎は改装されていますが、骨格は明治末年に宮下太吉のいたころと変わっていません」。地元の明科に住み、亡父の画家の望月桂と長く「大逆事件」を調べてきた明美はその発端となった中心人物の名を挙げ、「時と場所」を結びつけて短く説明した。

明科駅前の国営明科製材所に勤務していた宮下のころと駅舎もさほど変わらないと聞けば、一〇〇年は近くも感じる。もちろん明科駅前にあった敷地二・五ヘクタールの広大な明科製材所は、今はもうない。宮下が何カ所か移り住んだ旅館や下宿先もない。

二〇世紀の初頭、日露戦争に反対し、自由・平等・博愛の社会を求めた人びととその思想が、国家によって無残に押しつぶされていった「大逆事件」の端緒の舞台がここ信州明科である。

二〇〇七年の梅雨が明けたばかりの七月下旬、私は和歌山県新宮市で紀州・熊野地域の六人の連座者の復権活動を精力的に続けている市民グループ「大逆事件の犠牲者を顕彰する会」のメンバーや刑死した同県東牟婁《ひがしむろ》郡請川《うけがわ》村(現・田辺市本宮町請川)出身の成石平四郎の孫、岡功らと一緒にこの地を訪ねた。大岩川嫩も、望月とともにガイド役を兼ねて同行した。

明科駅前には、畳三枚ほどの大きさのブリキ製の厚い絵図が掲示されている。「明科文化財マップ」とあり、絵はところどころはげているが、⑩とナンバーの振られた箇所に「大逆事件爆弾実験地」と書き込まれていた。宮下太吉の爆裂弾の試爆地が「文化財」に入れられているのだった。

私たちを乗せたワゴン車が、対向車とすれ違えないような細く曲がりくねった急坂を登りきって、夏草や樹木が辺りをさえぎるように生い茂る小高い丘の上に着いた。明科駅から直線距離で一キロほど東へ行ったところである。

「あれが事件の発端地を示す標柱です」

数年前から望月と一緒に地元で事件を調べている「大逆事件を考える会」のメンバーの一人が、道の左側に立つ一本の白い木製の標柱を指差した。大きな黒々とした文字で、「大逆罪(皇室に危害を加える)発覚の地」と書かれている。一〇センチ角で高さは一・五メートルほど、まだ新しそうである。左側面に短い説明があった。

「明治四十二(一九〇九)年十一月二十日夜、この付近の河畔にて時の国営明科製材所職工で甲府生まれの宮下太吉は数名の無政府主義者と共謀し、明治天皇暗殺のために製造した爆弾を試爆した。この実験が引金となり、無政府主義者と社会主義者二四名が逮捕処罰されることとなった」

実際に逮捕処罰されたのは二四人ではなく二六人であるから、事実と違っている。またこの説明文では、国家のつくった冤罪《えんざい》事件という実像は浮かび上がってこない。望月ら「考える会」は二〇〇四年に、独自の標柱案を教育委員会に出していた。その案では、標柱の正面を「大逆事件発端の地」と書き、側面の説明は事件当時に現場検証が行なわれていないなどから期日、場所を特定せず「明治四二年一一月某夜、この付近の会田川河畔で、当時の国営明科製材所職工長　宮下太吉は予てから計画していた国家元首(天皇)爆殺のために製作した爆弾の試爆を決行した。峡谷一帯に谺《こだま》する炸裂音は、やがて全世界を震撼させた所謂「大逆事件」へと波及したのである」とするよう提案していた。限られたスペースでは、最適の説明だろう。ところが、間もなくして松本周辺で発行されている地域新聞に「大逆罪発覚の地」の標柱が建っている写真が掲載されているのを、「考える会」のメンバーが見つけ、提案が無視されたことを知った。明科町は二〇〇五年一〇月に隣接の四町村と合併し安曇野市となったが、町教育委員会はその直前の七月二八日に標柱を建ててしまった。

町教育委員会の標柱正面の「大逆罪発覚」と、望月らの提案した「大逆事件発端」とでは事実をどう伝えようとするのか、向きが異なる。「大逆罪発覚」では、一〇〇年前の「許されざる事件」という当時の国家のつくった物語に沿った言説で、敗戦前か事件直後のようなタイトルである。「大逆罪」についての括弧内の注釈も、廃止された今はなき法を分かりやすく説明する意図とも取れるが、「罪の発覚」というタイトルと合わせると、とても二一世紀の標柱と思えない。

時は、一〇〇年ほど遡《さかのぼ》る。

日露戦争の終結から四年たった一九〇九年一一月三日、明治天皇の五七回目の誕生日「天長節」で、松本では「奉祝花火大会」が開かれ、ドーン、ドーンと空に響く大きな音が一五キロほど離れた明科にもかすかだが、時おり聞こえてきた。二六〇人ほどの職員を抱えていた国営明科製材所も休日で、機械据付工の宮下太吉は午後七時ごろ明科駅に近い下宿先をそっと出た。半年ほど前までいた愛知・知多半島の亀崎と違ってアルプスを抱える山国、信州の秋の夜は冷える。緊張で体が強張る。爆薬と小石を混ぜ合わせた長さ約六センチ、直径約三センチの小さなブリキ製の缶を五つばかり隠し持っていたからである。いろいろ研究して何とかつくった爆裂弾の試爆のためだ。宮下は駅から一キロほど離れた大足山《おあしさん》の会田川に沿ったところまで来て、頃あいを見計らって一〇メートルほど離れた崖に向かってブリキ缶を投擲《とうてき》した。青い火と白煙が立ち上り、耳をつんざくような轟音が谷間に響き渡った。爆風で吹き飛ばされるかと思ったほどだ。投げたのは、一個だけだった。威力は分からなかったが、うまくいったと思った。宮下は急いで逃げるように下宿に帰った。八時ごろだった。残りの爆薬の入ったブリキ缶は処分してしまった。「宿望ようやく端緒につけり」。宮下は、興奮を抑えながら爆弾の製造がうまくいったと、東京・千駄ヶ谷の平民社の管野須賀子に手紙を書いた。

一八七五年九月、刀鍛冶職人の次男として山梨・甲府で生まれた宮下太吉は一六歳で郷里を離れ、見習いをしながら東京、大阪、名古屋などの工場を転々と歩き、二七歳になった一九〇二年ごろに愛知県の亀崎鉄工所に就職、そこで結婚し、落ち着いた。そのころには熟練の機械据付工になっていた宮下は、鉄工所の信用も厚く「出張員」を任されていたと、神崎清の『大逆事件』などにある。宮下が社会主義に目覚めたのは、〇七年一月に創刊された『平民新聞(日刊)』に出会ってからだったようだが、書き残したものはきわめて少ない。

ここで日本の初期社会主義(者)を育て、リードした当時の社会主義系の新聞の盛衰を、「大逆事件」との関係にかぎって、簡単に触れておきたい。

黒岩周六(涙香《るいこう》)の朝報社の『万朝報《よろずちょうほう》』で、日露開戦に反対し健筆を揮《ふる》っていた社会主義者の堺利彦と幸徳秋水が、クリスチャンの内村鑑三とともに退社したのは、一九〇三年一〇月一二日である。内村は単独で「涙香兄に贈りし覚書」を、堺と秋水は連名で「退社の辞」を紙上に公表した。

「予等二人は不幸にも対露問題に関して朝報紙と意見を異にするに至れり」に始まる「退社の辞」は、こう続いている。

「予等が平生社会主義の見地よりして、国際の戦争を目するに貴族、軍人等の私闘を以てし、国民の多数は其為に犠牲に供せらるる者と為すこと、読者諸君の既に久しく本紙上に於て見らるゝ所なるべし、然るに斯くの如く予等の意見を寛容したる朝報紙も、近日外交の事局切迫を覚ゆるに及び、戦争の終に避くべからざるかを思ひ、若し避くべからずとせば挙国一致当局を助けて盲進せざる可らずと為せること、是亦読者諸君の既に見らるゝ所なるべし。

此に於て予等は朝報社に在つて沈黙を守らざるを得ざるの地位に立てり、然れども永く沈黙して其所信を語らざるは、志士の社会に対する本分責任に於て欠くる所あるを覚ゆ、故に予等は止むを得ずして退社を乞ふに至れり（後略）」

堺三三歳、秋水三二歳の格調高き筆であった。この「退社の辞」は、一人の社会主義者を生んだ。一〇月一二日昼ごろ、横須賀海軍工廠の造船見習工だった荒畑勝三（寒村）は、昼の弁当を食べながら何気なく弁当箱を包んでいた『万朝報』を広げた。そこに「退社の辞」が飛び込んできたのである。「火花が眼を射たような衝撃を感じた」一六歳の勝三少年は、社会に広がっていた主戦論に抗して敢然と非戦論を打ち立てて『万朝報』を去った二人の「退社の辞」に身が震え、生涯を社会主義者として生きる決意をする。後に寒村は自伝に「明治三六年十月十二日の感激は、永久に私の心から消え去ることはあるまい」と書き記すのだった。

堺と秋水は翌一一月一五日、社会主義運動の拠点として、現在の有楽町マリオンの斜め前あたりの東京市麴町区有楽町三丁目一一番地の借家に「平民社」を設立、フランス革命の標語である自由・平等・博愛を掲げ、日本で初めての社会主義新聞『平民新聞（週刊）』を創刊した。日本の社会主義運動は一九〇〇年に設立された社会主義協会から始まり、翌〇一年五月にその中心的メンバーの秋水や片山潜らが社会民主党を結成したが、二日後に禁止されてしまった。そこで、再び社会主義協会によって啓蒙活動を始めていたが、「平民社」は日露戦争反対を通して社会主義運動を活発化させるため新聞というメディアを持ったのである。『平民新聞』の、初号は五〇〇〇部刷り、すぐに三〇〇〇部増刷して計八〇〇〇〇部になった。テレビはもちろんラジオもまだない時代に、新しい思想の社会主義と国家の専権事項の戦争を否認する「非戦」を謳う活字メディアの登場は、新鮮で画期的だった。後に堺は「日露戦争中の非戦論、それが日本の社会主義運動の最初の大飛躍だった」と述べている。『平民新聞』の通常の部数は、三七〇〇から四五〇〇部で、これはそのころの新聞業界の部数から見てもそれほど少ないわけではなく、それなりの影響力があった。「共産党宣言」の翻訳を載せた第五三号は初号と同じ八〇〇〇部に達した。しかし罰金、発禁、さらには発行人や印刷人、執筆者まで投獄されるなど厳しい弾圧が続き、とうとう〇五年一月の第六四号を赤刷りにして廃刊した。『直言』『光』などが後を継ぐが、長続きしなかった。

この間、秋水は〇五年一一月から半年間渡米、サンフランシスコで無政府主義に遭遇し、その思想を大きく転回させ、急進的になった。帰国後の〇七年一月一五日、初めて日刊の全国規模の社会主義新聞『平民新聞』が創刊された。秋水は『平民新聞(日刊)』の第一六号(〇七年二月五日号)に書いた「余が思想の変化」で、社会主義の目的を達するには直接行動によるほかないと述べ、議会政策を通じて社会主義の実現を目指した片山潜や田添鉄二らの議会政策派との対立が鮮明になった。秋水の直接行動主義によって日本の社会主義運動は大きく変わり、〇六年二月に結成されていた日本社会党の第二回大会(〇七年二月一七日)では、両派の対立は最高潮に達し、『平民新聞(日刊)』は直接行動派色が強くなった。それだけ当局の弾圧も厳しくなり、創刊から四カ月後の四月一四日第七五号でついに廃刊した。

このあと、〇七年六月には片山潜らが『社会新聞』を創刊、また同時期に大阪では森近運平が宮武外骨の資金援助を受けて大阪市北区上福島北三丁目(現在の福島区福島七丁目の「シティタワー西梅田」付近)に大阪平民社を設立し、月二回の『大阪平民新聞』(後に『日本平民新聞』と改題)を発刊する。運平は堺と同じく直接行動派と議会政策派の中間に位置していたが、新聞は直接行動派色が濃かった。同じ六月には、熊本市で松尾卯一太《ういった》、新美卯一郎らの『熊本評論』(月二回)が登場する。しかし〇八年五月に『日本平民新聞』が、同九月には『熊本評論』がそれぞれ弾圧の中で潰されていく。次いで群馬県高崎市で〇八年五月に、社会主義の啓蒙を謳った月刊の『東北評論』が誕生するが、第三号(一〇月一日)が発禁処分を受けてそのまま廃刊。第三号の印刷人になっていた新村《にいむら》忠雄は二カ月の禁錮《きんこ》で収監され、その後に東京の平民社に寄宿する。

片山潜らの『社会新聞』の〇七年一二月八日付第二八号に宮下の数少ない原稿である「尾張亀崎より」という一九〇字の投書が掲載されている。その中で宮下は、自分の生い立ちや若干の経験を記した後で、労働争議が起きていた横須賀造船所に触れてこう書いている。「(小生は)資本家の圧制手段や瞞着《まんちゃく》手段はよく知っている。貴紙二十六号の横須賀造船所共済会の記事を読み、権力階級を頭に戴いた会や組合は、職工の不利益になればとて決して利益にならぬ事を、能く感じました。左様いふ職工等は、賃金という鎖の外に、共済組合若しくは消費組合と云ふ鎖で、二重に繋がれた様なものです」と。

各地を転々としながら過酷な労働体験を持ってはいたが、まだ労働組合運動も十分に育っていない時代に宮下の労働者の解放の質と方向性は急進的だった。宮下は『平民新聞』を読み、とくに直接行動派に魅《ひ》かれていたようだ。投書が掲載された直後の一二月一三日、宮下は大阪出張の折に初めて大阪平民社に森近運平を訪ね、皇室に関する意見を訊いている。

「森近君、君は皇室のことをどう考えているのか」

初対面でしかも六歳も下の森近にいきなり皇室の問題を訊ねた宮下は、物怖じしないストレートな性格だったのだろう。たしかに社会主義、とりわけあらゆる権力、権威を否定する無政府主義にとって皇室の問題は深刻な課題で、宮下もこの問いに突き当たっていたようだ。それは、無政府主義のガイドブックとして社会主義者に読まれていたロシアのアナキストの活動などを紹介していた早稲田大学教員の煙山《けむやま》専太郎の『近世無政府主義』(一九〇二年刊)を読み、刺激を受けていたからでもあった。ただ宮下は、どこかせっかちだった。いっぽう問われた森近運平は、すでに神話による日本誕生や天皇神話を排した古代史研究者の久米邦武の『日本古代史』などを読んでおり、当時にあっては自分なりの皇室観を持ち始めていた。

「宮下さん、私は日本の皇室だけが世界の大勢に逆らって特別の地位を保つことはできないと思います。それから紀元二五〇〇年というのも間違いで橿原宮《かしはらのみや》の即位という歴史も信じられませんね」

宮下の中に皇室への疑問が大きくふくらんだ。翌〇八年一月一八日、宮下は東海地方に遊説にきた片山潜にも皇室をどうするつもりかと訊いている。

「片山さん、皇室を無くすことはできないのでしょうか」

「それは、議会で社会主義者が多数を取れば、憲法改正もできる。そのためには、何よりまず普通選挙の実現が第一だ」

片山はこう応じ、宮下をがっかりさせたが、なぜ議会政策派の論客にこのような問いをしたのだろうか。翌月、奈良へ出張した際に再び宮下は大阪の森近を訪ねている。そのときの宮下について、森近は『日本平民新聞』二月五日号に「金槌《かなづち》とネジ廻しとを以て、器械を組立てる技術を持った人である。其頭脳の明晰なる事、到底帝国大学の先生方の及び能はざる所である」と高く評価している。率直、技能優秀、頭脳明晰、そして行動力のある宮下の姿が立ち上がるが、運平はしかし後に、秋水には「単純な男」とも評している。これも的外れではなかった。だが宮下の皇室観に最も強く、大きな影響を与えたのが小冊子『入獄紀念・無政府共産』との出会いだった。

〇八年一一月三日、宮下は差出人不明の小包を受け取る。中から粗末な印刷でうすっぺらなパンフレットが五〇部ばかり出てきた。表紙には、赤地に白抜きで「無政府共産」と横書きされ、赤字で「入獄紀念」と縦書きされ、真ん中あたりには白抜きで「革命」の赤旗が描いてある。現在の目で見ても、小さいのになかなかの迫力である。宮下が表紙をめくってみると、いきなり「小作人ハナゼ苦シイカ」という見出しが掲げられていた。これがこの小冊子の本文のタイトルだった。

愚堂が密かに1000部出版したパンフの復刻本．提供：柏木隆法氏

読み進むと、小作人が苦しい理由として三つの「迷信」に縛られているからだとあった。一つは、地主に小作料を納めるのは当然とする「迷信」、二つは納税義務は当然と思う「迷信」、三つは軍備がないと外国人に殺されるから兵役義務は当然とする「迷信」。そこで『無政府共産』の筆者は、政府を無くし、政府の親玉の天子なき自由の国にしようではないかと訴えていた。天子は決して「神の子」でもなんでもない、小学校の教師などから騙されて

いるだけだ、などと説いていた。読み方によれば、アジテーションに近い小冊子である。

宮下はわずか一五ページのこの文書が肺腑《はいふ》に沁《し》みわたり、今までのもやもやした疑問が一気に氷解していくようで快哉《かいさい》を叫びたくなった。冒頭の「なぜにおまいは、貧乏する。ワケをしらずば、きかしやうか。天子金もち、大地主。人の血をすう、ダニがおる」という俗謡がまた、すとんと胸に落ちた。宮下がこの小冊子の送り主が、箱根・大平台の曹洞宗林泉寺の第一〇代住職の内山愚童(一八七四年生まれ)だと知ったのはずっと後であり、愚童には一面識もなかった。

パンフに共鳴した宮下は、差出人も作者も不明だったのに、一週間後の一一月一〇日に天皇の「お召し列車」が大府《おおぶ》駅を通ると知り、会社を休んで出かけ、奉迎に集まる人たちに小冊子を配って歩いた。「天子様なんて、ありがたいもんじゃないんですよ」と言いながら。しかし人びとの反応は冷たく、宮下の期待は大きく外れた。これでは社会主義を実現することはできない、天子もわれわれと同じ人間なのだ、ということを人民に知らせなければ、天子への迷信はなくならないと思い込むようになる。「爆弾をつくり、天子も我々と同じで血の出る人間だということを分からせて、人民の迷信を打破しなければならない」——。こう思いこんだ宮下は、直情的に一気にテロリストへの道を駆けていく。『近世無政府主義』で紹介されていたロシアの革命党の行動に、自身を重ね合わせていたかもしれない。自由・平等・博愛、そして社会主義を達成するには天皇迷信の打破によってこそ、という宮下の思いは性急で、天皇制国家の強大な政治システムを冷静に分析した上でたどりついた思想ではなく、いささか粗雑であった。天皇制を支える社会意識に問題があると直感したところは誠実で鋭かったにしても。

国民の迷信打破のために天子を倒さねばならないと思い始めた宮下は、前のめりになって進む。肉体労働者として生きてきた宮下には、石川啄木が「ココアのひと匙《さじ》」で「われは知る、テロリストの／かなしき心を──／言葉とおこなひとを分ちがたき／ただひとつの心を、(後略)」とうたったように、ことばと行為は分かちがたかったのだろうか。

○九年二月一三日、宮下は製材所の機械据付のために東京出張した折に巣鴨にあった平民社を訪ね、初めて秋水に会う。

「爆裂弾を天皇に投げつければ、われわれと同じだと分かり、迷信を打破できると思います。私はそれしかないと思います」

宮下は爆裂弾による天皇暗殺の決意を告げた。秋水はしかし乗ってこなかった。

「そういう方法も必要かもしれないが、これからだね」

秋水のところで、『日本平民新聞』が休刊に追い込まれ、大阪平民社を畳んで東京暮らしをしていた運平に会い、同じように声をかけた。だが運平にも「私には妻子がいるのでできません」とあっさり拒否されてしまった。運平はその一カ月後の三月に、妻子と一緒に郷里に引き上げる。

しかしその後、宮下は手紙で誘った管野須賀子(一八八一年生まれ、号幽月、スガ)を通じて若い社会主義者の新村忠雄(一八八七年生まれ)が同じ考え方だと知った。宮下は明科へ転勤する際に、再び平民社に寄り、管野に会ったところ新村と、平民社に出入りするようになっていたアナキストで、東京・滝野川の草花園芸場の園丁である古河力作(一八八四年生まれ)を推薦された。力作は、管野から爆裂弾で天皇暗殺への参加を持ちかけられた際に、日ごろから大言壮語していた手前、イヤだとは言えず、いつでも脱《ぬ》けられると思って消極的に同意した、と後に獄中でその真情を吐露している。こうして二人、もしくは三人の賛成を得て宮下は、爆裂弾製造へと駆けていく。だが三人、もしくは四人が集まって協議を重ね、綿密な「暗殺計画」を作成した形跡はない。何しろ宮下と古河は一度も顔を合わせたこともないのだから。後に管野の下宿の部屋で、爆裂弾の投擲の練習や、爆裂弾を投げる順番を決めるくじ引きなどという児戯をした程度で、およそ「大逆」実行のための予備・陰謀にも値しない。

明科の山中での試爆から約半年ほどたった一九一〇年五月半ば過ぎ、地元の警察の動きがあわただしくなっていた。長野県警察部は、宮下が明科に来て間もなく山梨県警察部からの情報に基づき、社会主義者として要視察人のリストに入れ、明科駐在所の小野寺藤彦巡査が張り付くように監視し、製材所にも二人の密偵を送り込んでいた。その結果、宮下が二〇個以上のブリキ缶を同僚の新田融《ゆう》（一八八〇年生まれ）らにつくらせていたなどの事実をつかみ、爆裂弾をつくっているのではないかと疑った。すでに宮下と管野、新村の交流も知っていた。そこで小野寺らは、宮下の下宿を捜索したが、爆裂弾製造の決め手になるような材料や薬研《やげん》などは発見できなかった。警察はさらに聞き込みを続け、宮下が部下の清水太市郎にブリキ缶などを預けていた情報も得た。

五月二五日、長野県警察部の捜査は一気にピークを迎える。

朝六時過ぎ、小野寺巡査らは清水を尋問したところ、宮下が今秋、天皇を爆裂弾で襲う計画で、新村と管野も一緒だと聞かされたと「証言」したのである。四時間後の午前一〇時過ぎ、捜査員らは明科製材所を家宅捜索のために急襲し、ブリキ缶や爆裂弾製造に使用されると思しき薬品、信書類などを押収した。だが肝心の爆裂弾は見つからず、宮下は昼ごろ爆発物取締罰則違反の「準現行犯」で逮捕された。続いて長野・屋代《やしろ》町（現・千曲市）の新村が共犯者として逮捕され、夜も更けた午後一一時過ぎには、忠雄の六つ上の兄で、社会主義者ではなかった善兵衛（一八八一年生まれ）が爆裂弾製造に使ったとされる薬研を調達したなどの理由で、やはり共犯者として逮捕され、三人とも松本警察署へ送られた。東京の管野は、そのころ幸徳秋水と一緒に創刊した『自由思想』が発禁処分とされ、その罰金が払えず、換刑で五月一八日に東京監獄に入獄していた。

捜査はさらに進んで宮下の押収物についていたメモから、東京府北豊島郡滝野川村(現・東京都北区滝野川)にあった花卉《かき》栽培「康楽園」の園丁、古河が共犯者として浮かび上がった。宮下はなぜ一面識もない古河の名前と居住地までをメモしていたのだろう。粗漏《そろう》としかいいようがない。松本署は二八日、小野寺巡査ら二人を東京へ派遣し、古河を任意同行し、二九日朝、長野地方裁判所検事局で逮捕した。また六月二日には、ブリキ缶づくりに協力した宮下の元同僚の新田を共犯者として検挙した。いずれも爆発物取締罰則違反の容疑だった。ここでも宮下の粗雑さが露になる。宮下は社会主義者でもなく、同志でもない、たんなる職場の部下にしかすぎない清水に重要な爆裂弾に関係した品々を預け、あろうことか天皇暗殺の話まで漏らしていた。水上勉も『古河力作の生涯』で「慎重緻密であるべき大陰謀が、いかにも粗漏だった」と呆れている。

宮下は、明科へ転勤するとき、妻に同行を拒まれ、何度か協議をしたようだが、結局離婚した。そこに隙が生じたのか、五月の初めごろから清水の内妻と関係ができてしまった。それに悩んだ宮下は、その話を若い新村に打ち明け相談している。だが「夫」の清水には知られたくない。そのためにより重大な事実を漏らしてしまった――このあたりは、微妙で複雑だが、テロリストへの道を駆けていた宮下が孤独に勝てずに「陥穽《かんせい》」に落ちてしまったのか。無名の社会主義者、宮下太吉は疾走し切れずに「躓《つまず》き石」で転倒してしまったというべきか。神崎清の『大逆事件』第一巻のグラビアページに掲載されている宮下の写真は、逮捕直前の一〇年五月一五日撮影とあるが、真っ直ぐな眼、きりっと引き締まった精悍な表情だが……。

長野県警察部・松本警察署は、小野寺巡査の報告を受けながら、長野地方裁判所検事局と打ち合わせ、爆発物取締罰則違反事件として捜査を進めた。ところが松本署の警部らが五月二五日に作成した文書では、宮下と新村兄弟のほかに、証拠もないのにすでに幸徳秋水がリストアップされ、「密謀の結果、他人に対し危害を加えんとする目的をもって」爆発物を製造したと記している。宮下、新村兄弟逮捕、家宅捜索の状況、さらに清水の話などの報告を受けた長野地裁検事局の検事正・三家重三郎《みついえしげさぶろう》は五月二七日朝、急遽上京し検事総長・松室致《まつむろいたす》、司法省次官・河村兼三郎、司法省民刑局長兼大審院次席検事・平沼騏一郎らに会い、爆発物取締罰則違反事件ではなく、刑法第七三条の適用事件ではないかと進言した。だが松室は慎重だった。「清水証言」だけでは不十分と判断し、とりあえず爆発物取締罰則違反事件での捜査続行を指示した。松室はしかし、刑法第七三条も射程に入れて東京地裁の検事・小原直《なおし》を長野地方裁判所検事事務取扱の辞令を出して急派、捜査は「大逆罪」含みで動いていく。

松本警察署は二七日、宮下と新村兄弟の三人を長野地裁松本支部検事局に送検した。これには、三人のほかに秋水、管野、古河、新田を加えた七人の名前が記されていた。

五月三一日になると、事件の質が大きく変わった。宮下と新村が二九日に東京から派遣された小原と地元の次席検事・和田良平に爆裂弾製造の目的を天皇殺害のためと「自供」したからである。そこで長野検事正の三家はその日のうちに、大審院の管轄に当たる刑法第七三条違反事件として検事総長に送致した。これを受けて検事総長・松室は、「至尊(天皇の意)に対し危害を加えんとの陰謀を為し、且其実行の用に供する為め爆裂弾を製造し、以て陰謀実行の予備を為したる者」として七人を大審院院長の横田国臣に予審請求をしたのである。予審は現在の起訴とほぼ同じだが、公判に付すべきかどうかについて事前に被告人を取り調べ、実質的には有罪に持っていくための捜査と同じだった。予審請求された七人のうち、宮下と新村そして管野らも刑法第七三条違反容疑について証拠がそろっていたわけではないが、新村善兵衛や新田は明らかに巻き込まれた被害者だった。秋水については、「幸徳伝次郎は此の事件に関係のない筈はないというのが、当時関係官吏一同の意見であったのであります。管野スガは其の内縁の妻であり、新村忠雄も宮下も幸徳に無政府共産主義を鼓吹せられて、弟子同様になつて居る者でありますから、幸徳が此の事件に関係のない筈はないと断定した、松室総長も幸徳を共犯と認定とする意見でありましたから証拠は薄弱ではありましたが、幸徳も同時に起訴するやうになつたのであります」。事件を担当した神戸地裁検事正・小山松吉は、後年思想係検事会同でこう語っている。事件は、最初から予断と推測を跳躍台にしてデッチ上げ含みで進んでいくのだった。

信州・明科での爆裂弾製造事件は、宮下逮捕からわずか一週間で刑法第七三条違反事件に変質した。天皇制国家からすれば、「大逆」はあってはならないし、あるはずがないのだった。一八八二年に施行された旧刑法第一一六条で初めて「大逆罪」が盛りこまれる際には、そのような規定そのものが、日本国民としては「不敬」だという反対論が出たのだから。そうであれば、無理に刑法第七三条を持ち出さなくてもよかったろう。しかし刑法第七三条事件は、裁判では一審で終審だったから、社会主義や無政府主義思想の絶滅をもくろむ国家にとってはこれほど便利で、デッチ上げしやすい法律はなかった。

ところで爆裂弾で天皇暗殺という宮下の急進的な方法に管野や新村らが応じたとされる背景には、当時の思想弾圧と政治の風向きが大いに関係している。

一九〇八年七月、西園寺公望の後を襲って政権を握った桂太郎は、政界の最高権力者の元老・山県有朋の意を受けて登場し、組閣に際して出した「政綱」で社会主義関係の出版や集会を抑え込むという思想弾圧方針を堂々と掲げたのである。皇室絶対主義者で社会主義を極度に恐れていた山県は、〇七年一一月三日にアメリカ・サンフランシスコの在米日本人社会主義者による「日本皇帝睦仁君ニ与フ」という天皇へのテロリズムを主張する文書が各地に配布され、さらにそれが密かに日本国内へ発送された事件に仰天し、各方面に思想取締りの強化を求める書信を送っている。山県は、こうした事件の発生は西園寺の社会党取締りが甘いからだと決めつけ、それを天皇に訴えている。そんな中で「赤旗事件」が発生した。

〇八年六月二二日午後一時から、関東で初めて活動写真を興行した神田・錦輝館《きんき》(現・千代田区神田錦町二丁目の東京電機大学の隣りあたり)で、筆禍事件で入獄していた山口義三《よしみ》(号孤剣《こけん》)の出獄歓迎会が、議会政策派と直接行動派など各派合同で開かれた。歓迎会の参加者は約七〇人に上り、講談あり、薩摩琵琶あり、剣舞ありで盛り上がった。途中で大杉栄や荒畑寒村ら元気のいい直接行動派に属する若手活動家が、会場に持ち込んでいた手づくりの「無政府共産」などと書かれた赤旗をひるがえし、そのまま街頭に出てデモ行進を始めた。これを待ち受けていた神田警察署の警察官が猛烈な鎮圧行動に出て、「旗を巻け」「巻けぬ」と奪いあいになり、荒畑、大杉、さらに仲裁に入った堺利彦や山川均、管野ら女性四人を含めて一四人が一挙に検挙、神田警察署に留置された。大杉らは留置場の中でも大暴れし、取り調べにも応じなかった。警官らもいきり立って、殴る、蹴る、踏んづけると暴力をふるった。大杉と荒畑は裸にされ、引きずりまわされて悶絶、大杉は悔しくて大泣きした。後に寒村はこのときのことを思い出して、大杉が泣いたのを見たのは初めてだったと、書き残している。山県らは、社会主義取締りの手ぬるさが生んだ事件だと西園寺政権を激しく批判し、内閣は退陣に追い込まれた。ただこの事件は、山県に使嗾《しそう》された者の挑発だったという見方もある。

一四人は全員、官吏抗拒罪・治安警察法違反容疑で起訴され、桂内閣に代わった直後の裁判で管野と神川松子だけが無罪、他の一二人には最高で重禁錮二年半などこの種の事件としては例のないきわめて重い判決で、予想の一〇倍だった。裁判が弾圧の道具に使われたのである。司法は独立しているはずだったが、実態はそうではなく明らかに山県─桂の意向が働いていた。

重刑判決までを含めた「赤旗事件」が、社会主義者に与えた衝撃は大きく、深刻だった。桂政権による思想・言論弾圧の強化によって、社会主義者には朝起きてから夜寝るまで尾行がつきまとうようになり、思想・信条を隠しても仕事につけない状態で、多くの活動家が苦しい生活に追い込まれていった。管野はこの事件がきっかけで、極端に追いつめられたと感じ、先鋭化して無政府主義者となって革命のほかに手段がない、と覚悟した。この焦慮と閉塞感が、宮下の天皇をあやめねば、人民は変わらないという思いとつながった。愚童が『無政府共産』を林泉寺の須弥壇《しゅみだん》の戸棚の中でつくったのも「赤旗事件」の影響だった。

「サカイヤラレタ、スグカエレ」。結核療養のために郷里の高知・中村(現・四万十市)へ帰り、クロポトキンの名著『麵麭《パン》の略取』を翻訳していた秋水のもとへ、堺利彦逮捕の電報が飛び込んできた。秋水は病身を押して、〇八年七月二一日高知・幡多《はた》郡の下田港から船で東京へ向かった。上京の途次、新宮へ寄り、医師大石誠之助の診察を受け、二週間ほど滞在した。その間、熊野の社会主義者やその同調者らと、熊野川でエビかきなどを愉しんだが、後にこれもデッチ上げの材料の一つにされる。秋水は、紀州・熊野から東京へ向かう途中に伊勢神宮に参拝し、箱根の林泉寺にも寄って愚童と懇談している。秋水が皇室の宗廟である神宮に参拝したのは、彼の天皇観を覗かせているようだ。

さて大審院院長の横田は五月三一日、予審開始を決め、東京地裁の潮恒太郎《うしおつねたろう》、原田鉱、河島台蔵の三人を予審判事に任命した。これは平沼騏一郎の「人事」だった。「予審は大審院でするのであるが、大審院判事では心もとない。そこで東京地方裁判所所長の鈴木喜三郎を通じて大審院に命令させ、潮恒太郎を予審判事としてやらした」と平沼は、得意気に『回顧録』で述懐している。また平沼は信州の事件を聞いて、すぐに指示している。「秋水は首魁《しゅかい》に違ひない。先づ幸徳を捕へねばならぬ。聞くと温泉地にゐると云ふ。逃げるといけぬから顔見知りの警察官を遣した」。先の小山松吉の話と合わせてみれば、最初から秋水に照準を合わせていた司法当局の意図が透けて見える。秋水は無政府主義と社会主義の象徴であったから、司法当局はその思想を抑えるために宮下の事件を利用してあえて「大逆罪」を適用、動員したと読み取れるのである。これは平沼ら司法当局だけの意思ではない。山県の意に沿う社会主義弾圧を「政綱」に掲げた桂内閣のもとでの事件であり、平沼は事件を知って以降、毎朝六時に首相にすべてを報告するようになった。それは司法官僚として自らの出世のためでもあった。

秋水は〇九年の初めころには、妻の師岡千代子と別れ、かつて寒村と夫婦だった管野と一緒になるという入り組んだ状態で、同志から非難ごうごうの中にあった。加えて秋水は、警察の厳重な常時監視下に置かれ、過酷な迫害のために、生活も酷《ひど》く、管野と同棲していた千駄ヶ谷の住まいには警察官のほかは誰も寄り付かなくなった。ときどき訪ねた社会主義者の吉川守圀《もりくに》は、秋水が襤褸《ぼろ》をまとい、穴だらけの足袋を履き、かつては溢れるほど書籍が詰まっていた本箱ががらがらになっている状態を目にして、その荒涼さに絶句した。この苦しい状況を見かねたのが「刎頸《ふんけい》の友」で、当時相場師だった小泉策太郎(号三申《さんしん》)だった。秋水は三月下旬から三申らの世話で、静養と『通俗日本戦国史』執筆を兼ねて湯河原の旅館「天野家」に逗留《とうりゅう》するようになった。五月九日のことだった。「赤旗事件」で、懲役一年半の刑を受け千葉監獄を満期出獄した寒村が、秋水と管野の事情を知っ

幸徳秋水(左)と管野スガ

て、ピストルを懐にして二人を襲ったが、たまたまともに東京へ出かけていたために、難を逃れるという事件もあった。

予審判事に指名された潮は、予審開始が決定されたその日——五月三一日——の夜、早速、刑法第七三条に関わる事件の尋問のため幸徳秋水の勾引状《こういん》を出した。静養しつつも何とか運動を再開したいと考えていた秋水は六月一日朝、東京へ向かうため「天野家」を出て湯河原に近い軽便鉄道の門川《もんかわ》駅近くに来たところ、勾引状を持った横浜検事局の大田黒英記検事らに出会って逮捕された。午前八時半ごろである。このとき秋水は、まだ三八歳だった。

『やまと新聞』夕刊が秋水逮捕を、スクープした。その日、やまと新聞社の校正部に出勤してきた吉川守圀は、玄関前で待っていた「隠れた同志」の同僚に、いきなり社のトイレへ連れて行かれた。同僚は内部からカギをかけ、耳元でささやき声で訊いた。

「おい、夕刊を見たか」

「いや、まだ見ていない」

「そうか、実は幸徳がやられた。夕刊に出ている。だが、人前で決して夕刊を読むな」

驚いた吉川は、校正部に行き、何食わぬ顔で夕刊を懐に入れて、近くの店にタバコを買いに行き、店先でそっと夕刊を広げて見た。

「社会主義者一網に打尽されんとす」「▲幸徳秋水捕へらる！　一類大陰謀の露顕？」

三段抜きの大きな見出しが飛び込んできた。
『やまと新聞』の特ダネを群馬で読み愕然としたのが、秋水を師と仰ぎながら、些細なことから喧嘩別れし、各地を放浪していた坂本清馬《せいま》である。どうなっているのか、と確かめるために東京へ舞い戻った清馬にも捜査の矛先が向かっていた。

宮下が勤めていた国営明科製材所から南西約一キロのところに貯木場とトロッコ道の跡があり、そこからさらに西、犀川に沿ったところに明科歴史民俗資料館がある。この公的施設の奥まったところに全国でも一つしかない珍しい「大逆事件コーナー」が設けられてある。事件関係の年表や明科の地図、事件に関するいくらかの説明、それに宮下、幸徳、管野らの写真、薬研やあやしげな爆裂弾の模造品なども展示されている。特徴的なのは、小野寺巡査に対する表彰展示の多さである。小野寺巡査は、「大逆」の実行を未然に防いだ大殊勲者として讃えられ、地元の明科だけでなく、周辺の町村、県議会、警察署などが「わが郷土の名誉」「忠君愛国」の巡査を競いあうようにして表彰し、感謝状、記念品を贈っている。それらの内容は、不眠不休で「大逆」を未然に防ぎ、陛下だけでなく、国民を救っていただいて、安堵している、あなたは我が長野県警察部の栄誉です……云々というものが多い。「長野県巡査小野寺藤彦　右者犯罪捜査ニ関シ功労抜群一般ノ亀鑑タリ、仍《よっ》テ明治四十三(一九一〇)年勅令四百三十八号ニ依リ、警察官吏及消防官吏功労記章ヲ付与ス……内務大臣正三位勲一等法学博士男爵　平田東助」。小野寺巡査は、「大逆事件」をきっかけにできた警察官吏功労記章制度の第一号受章者として表彰されている。数えてみると、感謝状だけで七枚ある。小野寺巡査への賞讃報道は加熱した。「桂首相、西園寺侯及び河村司法次官等が所用ありて明科駅を通過するや、彼等は皆特更《ことさら》に同駅に下車し、直ちに小野寺巡査を訪問して其功を謝せり」(『信濃毎日新聞』一九一一年一月二七日付)など溢れるほどあり、それは地元だけではなく、連座者を出した熊本の『九州日日新聞』などにも報じられ「時の人」になった。

「大逆事件コーナー」は、さながら小野寺巡査顕彰資料室の相貌《そうぼう》で、時が一九一〇年から一一年で止まったままのようである。このコーナーができたのは、宮下らの処刑から七〇年後の一九八一年と聞けば、改めて国家言説の根強さとその継承の力に言葉を喪《うしな》う。「大逆罪発覚の地」の標柱は、それから四半世紀後の二〇〇五年にできているのである。

当局は六月一日夕、新聞紙法によって関係記事の掲載差し止めを命じた。すでに内務省、司法省には記者クラブができており、言論抑圧の手段としての情報操作もある程度できる状況が生まれていた。四日には、差し止めが一部解かれた。同日付の『東京朝日新聞』は、「当局は一人の無政府主義者なきを世界に誇るに至るまで飽く迄《まで》其撲滅《ぼくめつ》を期す方針なりと云ふ」と政府の方針を伝えた。その一方で、東京地裁検事局の小林芳郎検事正の「事件は小さい」との談話を伝えている。「今回の陰謀は実に恐る可き者なれども、関係者は只前記七名のみの間に限られたるものにて他に連累者無き事件なるは余の確信する処なり」。続いて五日付の各紙は内務省・有松英義警保局長の「今回検挙せられたる被告人は僅々《きんきん》七名に過ぎずして事件の範囲は極めて狭少なり」という談話を報じた。無政府主義者弾圧は徹底的にやるが、七人の「爆裂弾事件」は、一件落着したかのようである。

しかし予断と推測による「大逆事件」は、次のステージに突入していた。〇九年三月に東京朝日新聞校正係に採用された石川啄木は、「陰謀事件」の報道を知って全身を揺さぶられるほど衝撃を受け、社会主義関係の文献を読みだす。一一年の日記の前年（一〇年）の重要記事として啄木はこう記している。「六月――幸徳秋水等陰謀事件発覚し、予の思想に一大変化ありたり」。

2 縊られる思想

前列左から大石誠之助，峯尾節堂，玉置真吉．後列左から﨑久保誓一，髙木顕明，新村忠雄．このうち玉置だけが連座を免れた(1909年ごろ撮影)．提供：新宮市立図書館

小さな階段の手前で、お寺の人と二言三言ことばを交わしていた母は、華奢な背をくるりと返して、からころ下駄の音を響かせて戻ってくると、ぎゅっと義雄の手を握りぐいぐい引っ張って歩きだした。

「関係ないって。もうここは縁が切れたわ。さあ、行こう」

母の声はとがっていたが、濡れているようでもあった。

名古屋から、汽車と船と馬車を乗り継いで、長い時間かけてやっと紀伊半島の東端に近い新宮まで来たのに、母はもう帰ろうと言った。初めての見知らぬ土地では、いうとおりにするしかない。夕闇が近づいていた。母の手をしっかりつかんで、身体を少し強ばらせて歩いた。汽車の中、いや馬車だったかもしれない。三〇を少し過ぎたばかりの母は寂しそうで、ほとんどしゃべらず、泣いてばかりいた。

季節はいつごろだったか思い出せないが、義雄がまだ九歳か一〇歳のころで、時はファシズムと戦争の跫音《あしおと》が近づいていた昭和の初めである。

その日の夜か翌日の夜だったと思う。母は海のきれいな白浜温泉に連れていってくれた。義雄には初めての温泉だった。そこで母は問わず語りにぽつぽつと話しだした。

もう二〇年ほどになるね。お母さんが、今の義雄と同じかもう少し小さいころだった。お父さんは、「たかぎけんめい」と言って、新宮の浄泉寺の住職をしていたが、ある事件に巻き込まれて、警察に捕まり、監獄に入れられて、それっきり帰ってこなかった。死刑の判決を受けて、それからしばらくして、秋田の監獄で死んでしまった。国賊とか、逆徒とか言われたけど、でもお父さんは決して悪いことをしたんじゃない。立派な人だった。だから、罪人なんかじゃない。ちっとも恥ずかしくなんかないんだよ。

母の話は、ほぼこんなふうだった。そのとき初めて祖父に当たる人の名を知った。字は分からなかったが、「けんめい」の音だけが身体に浸み込んだ。祖父は寺の住職をしていた、捕まって裁判で死刑判決を受け、遠い北の地の監獄で死んだ、悪い人じゃなかった、恥ずかしくなんかない、そんな話がパズルの切片を散らすように語られた。それは、子どもに話すというより、自分自身に説き聞かせていたのかもしれない。この夜、母はもっと多くのことを話してくれただろうが、遠い時代で、幼かった義雄には記憶があまりに切れ切れで、思い出せない。どんなお祖父さんだったのかなあ、何で捕まったんだろう、どうして死刑になんかなったのだろう、疑問がどんどん湧き上がってきたが、その夜は訪ねて行った寺から追い返されるように戻ってきて泣いてばかりいる悄然《しょうぜん》とした母のほうが瞼《まぶた》に残った。義雄の中で、そんなあれやこれやが浮かんでは沈み、心はくすんだ色に包まれるようだった。それっきり母は一九七二年に亡くなるまで二度と新宮へは足を向けなかった。

それから一〇年ばかり後、高木義雄(一九二〇年生まれ)が二〇歳前後のころである。中国への侵略戦争は、撤退という選択肢がないかのように日本軍は奥地へ、奥地へと入っていた。ある晩だった。もう「けんめい」を高木顕明《けんみょう》と知っていた義雄は、長火鉢を前に酒をちびちびやっていた母の加代子に、訊いてみた。「お祖父さんて、どんな人だった?」と。名古屋や豊橋などで芸者をしていた加代子は評判の美形で、義雄は小さいころ母と一緒に歩くのがどこか得意気だった。そのころ、加代子は浜松の元浜町で料理屋を経営し、女将になっていた。店にいた若い子らへの面倒見がよく、とくに芸妓として「売られて」きた子には、とても温かく優しかった。

母の語りは、夜長の酒に乗って勢いがついたようだった。

私は、六つのときに他所からもらわれてきたんだ。養父の「けんめいさん」と一緒に暮らしたのは、三年ちょっとかなあ。でも私にとってはお父さんだ。いい人だった。貧しい人からはお布施ももらわなかった。私は小さかったけど、お父さんに手を引いてもらってよく檀家回りをしたこともあったなあ。差別されている人に施しをし、助けた。

戦争にも反対したって聞いた。あれは明治の終わりごろで、まだ私が新宮尋常小学校の四年生の夏のころだった。天皇を暗殺しようとしたとかいうことで、無政府主義者や社会主義者らがたくさん警察に捕まる事件があって、新宮では六人も逮捕され、お父さんが急にいなくなった。でも私には何のことか、さっぱり分からなかった。お父さんの姿が見えなくなった、それだけだった。

「大逆事件」だと聞いたのはずいぶん後だった。お父さんが捕まってから、夜、寝ていたところに、こぶしぐらいの大きさの石が投げ込まれ、がちゃんとガラス戸が割れて、真っ暗な中で怖かった。殺されるかと思った。通っていた小学校でも身体が縮こまるような言葉が投げつけられ、新宮の町では「逆徒の寺」「非国民」「国賊」などの怖い言葉も聞こえてきた。それからどれぐらい経ったか分からないが、身の回りのものを風呂敷に詰め込んで、追われるようにして養母の「たし」さんと浄泉寺を出た。風の冷たい寒い日だった。行き先は、名古屋にいたたしさんの妹の嫁ぎ先だった。三日目には持っていた食べものもなくなり、行く先々で施しを受けながら、ほとんど歩き通しだった。何日かかったか覚えがないよ。とにかく随分、歩いた。

叔母さんのところでの生活は、ひどかった。小学校を卒業すると、芸者置屋に売られてね……お父さんが死刑判決を受けたと知ったのは、叔母さんのところにいたころで、秋田の刑務所で兵児《へこ》帯で首を吊って死んだと聞いたのは、いつだったか。後で、人づてに聞いたら大正三(一九一四)年六月二四日だったそうだ。何でお父さんが自殺したのかはわからない。でもお父さんは、悪いことしてない。無実や。立派な人やった。何にも恥ずかしがることはない。

母の話は、義雄が思ったよりも簡単な内容だった。それでも話の中身は重量感があり、心にのしかかってくるようだった。「大逆事件」——何というおぞましい響きを持つ言葉か、と思った。母の話を聞きつつ、そう言えばと、思い当たる不可解なことがあった。ときどき、店に浜松の警察官が来て、さして用があると思えないのに長時間、母と取り留めない話をして、帰っていった。ある時には、義雄も一緒に警察署の柔道場に連れて行かれて、とくに何をするというのでもなく、長いこと留め置かれた。後から思うと、それは決まって「天皇陛下や皇族が浜松を通るとき」だった。母の話を聞いて、顕明のこと、死刑判決、その死、石もて追われるようにして新宮を離れたこと、警察の目、そして母の出自など、義雄の心にかかっていた靄《もや》がうっすらと取れていくようだった。

その後も加代子は折にふれて、「顕明さん」は立派だった、無実なんだから恥ずかしいと思うな、と義雄の全身に刷り込むようにいい続けたが、それは最後まで断片的で、具体的な話はあまりなかった。幼くして養女となり、顕明との暮らしは短かったのだから、やむを得ないだろう。浄泉寺を一緒に出て、ともに苦労した養母のたしについては、義雄が「たしさんはどうしているの？」と訊くと、顔をしかめて「お母さんのことは二度と口にするな」と怖い顔で封じるのだった。養父への絶大な尊敬の念に比べて、加代子の養母への眼差しは冷ややかであった。一九〇一年生まれの加代子が顕明と妻のたしの養女になったのは、二人の結婚から二カ月後の〇七年三月で六つのころだ。「大逆事件」で顕明が勾引されたのが一〇年六月だから、わずか三年ほどしか一緒に暮らしていない。しかも加代子は、すでに出生のときに他家に養女として出されている。薄幸の生い立ちと、年端も行かないころに予想だにしなかった「大逆事件」に巻き込まれ、一〇代で芸者置屋に売られるなど翻弄され、涙の壺を抱えてきた運命を思えば、養母への屈折した感情も、これまた致し方ないのかもしれないと、義雄は思った。

私が、髙木顕明（一八六四年生まれ）の孫に当たる義雄から話を聞いたのは、一九九七年から九八年にかけてだった。引き合わせてくれたのは、八〇年代から歴史に埋もれた顕明の事績を掘り起こし、大谷大学教員をしていた真宗大谷派僧侶の泉惠機《しげき》である。加代子の歩みについても泉の研究に負うところが大きい。義雄はやや細身で小柄、鋭い大きな眼、どこか国士風で押し出しの強い雰囲気が漂い、口調にも力があった。会った時には、すでに七〇代半ばを超えていたせいか、話はやや乱れ、脈絡に欠けるところが少なくなかった。自身の出自についても多くを語ろうとしなかった。それでも加代子への思慕の情は、口を挟ませないほどに厚く、母を通して造形した顕明への尊敬の念も深かった。加代子は亡くなるまで顕明の娘だとは周囲には洩らさず、義雄が名乗り出たのもやっと九七年である。朝の来ない夜のような事件の底深い闇を思う。

顕明は、なぜ「大逆事件」に巻き込まれたのか。再び一九一〇年六月まで遡る。

検事局の捜査は、信州から熊野へと伸びた。潮岬《しおのみさき》を先端に新宮を含む紀伊半島の扇形の部分、西は和歌山・田辺から、東は川幅が広いところでは一〇〇メートルにもなる熊野川を越えた三重県の熊野市辺りまでを熊野と呼ぶ。この地域は、峻険な難路が多く、近代になっても僻遠《へきえん》の地で、紀勢西線の田辺までの開通は一九三二年、東回りと西回りの全線がつながったのは、戦後の五九年である。深い山々を背後に抱く熊野は、いっぽうで黒潮が洗うスケールの大きな、そして変化に富んだ海岸が続く。とりわけ前方に太平洋が開け放たれたようにある新宮は、新しい人や思想を受け入れる懐の深い風土的土壌があった。

当局のターゲットは新宮町の町医者で、有数の社会主義者の大石誠之助(一八六七年生まれ、号祿亭《ろくてい》)だった。早くから幸徳や堺ら中央の社会主義者と交わり、資産家で平民社へ資金援助をしていた「祿亭大石」の名はその世界では広く知られ、それだけに当局のマークは厳しかった。大石が明科事件に端を発した刑法第七三条事件の捜査線上に浮かび上がったのは、すでに逮捕・予審請求された新村忠雄が秋水の口利きで一九〇九年三月末から五カ月ほど大石医院で薬局生として住み込んでいた事実、それに忠雄の逮捕時に、兄の善兵衛がそれを大石らに伝えるはがきを投函しようとしたことなどからだった。

六月三日午前八時、東京地裁検事局から派遣された検事・高野兵太郎らが多数の警察官を引き連れ、新宮町船町の大石の医院と自宅を急襲、約一時間にわたって家宅捜索したうえ大石を勾引した。つづいて浄泉寺、大石の甥・西村伊作宅、熊野川を越えた三重県南牟婁郡市木《いちぎ》村(現・御浜町市木)の元新聞記者・﨑久保誓一(一八八五年生まれ)宅を捜索した。午後には新宮町仲之町の日本キリスト教新宮教会(牧師・沖野岩三郎、一八七六年生まれ)など五件の家宅捜索を行なった。さらに熊野川に沿った東牟婁郡請川村(現・田辺市)の薬種などを扱っていた雑貨商の成石平四郎(一八八二年生まれ)にも捜査が及んだ。この日の家宅捜索では、新宮から約一二〇キロ離れた西牟婁郡田辺町の地方紙『牟婁新報』社(社主・毛利清雅、号柴庵《さいあん》)も早朝から家宅捜索を受けた。いずれも大石と親密な交流を持っていた人たちが襲われたのである。

家宅捜索・取り調べで、当局は多くの信書類などを押収したが、「大逆罪」につながるモノは何もなかった。成石平四郎宅の捜索では、ダイナマイト四個と導火線が押収されたが、これは平四郎が魚獲り用に炭鉱の坑夫から買ったものだった。大石宅で押収した信書類の中に、新村忠雄が〇九年八月下旬に熊野を離れるとき、新宮の海の玄関口になっていた三輪崎港から乗船する間際に投函した「四カ月半の滞在は暴風の前の静寂」などと書いたはがきがあった。当局は、これを「何か深い意味があることだと思はれ」、「はつきりしたことはまだ判つて居なかつた」(小山松吉)が、大石に疑いをかけて刑法第七三条違反容疑で六月五日に予審請求し、直ちに東京へ護送した。ここでも予断と推測による強引な捜査が行なわれた。

代々医師や学者が出ている家庭に育った大石は、一八九〇年二三歳のときに渡米し、オレゴン州立医科大学二年に編入、在学中に医師免許を取得し、学びながら同州のポートランドで開業した。卒業後はカナダへ行き、モントリオールで外科学を学び、コロンビア州でも開業し、けっこう流行っていたという。しかし郷里からの帰国の催促が激しく、九五年一一月に新宮に戻り、翌年一月には内務省から医師免状を受けて仲之町に「ドクトルおほいし」の看板を掲げて開業した。新宮の人びとは、耳慣れない「ドクトル」を梅毒や胎毒を取る「毒取る」医者と思い込んで「どくとるさん」と親しんだ。

大石は根っからの自由人で、情歌(都都逸《どどいつ》)に凝り、後に斯界《しかい》では最高の雅号とされた禄亭永升を師匠の鶯亭金升《おうていきんしょう》から与えられ、許しを得て宗匠《そうしょう》にまでなっている。知識欲旺盛な大石は、開業して二年そこそこで今度は、伝染病研究のためにイギリスの植民地だったインドのボンベイ大学に留学する。九九年の初めである。インドでは脚気の研究までしているが、凄まじいカースト制度による激しい貧富の差を知り、イギリスから入ってきた社会主義に出会い、それが彼の一生に大きな影響を与えた。持ち前の反骨精神に加えて、新思想の社会主義が大石の中に注入されたのである。一九〇一年に帰国した大石は、今度は場所を船町に移して再び開業、間もなく社会主義者を名乗る。三三歳のころで、秋水らが社会主義協会で活動を始めたのが一九〇〇年一月だから、紀州・熊野の大石は日本でも早い時期に社会主義者になったといえる。〇三年に『平民新聞（週刊）』が誕生すると、すぐに支援者になり、投稿も始める。いっぽうで大石は、自宅の向かいで洋食レストラン「太平洋食堂」を開店する。これは一七歳下の甥の西村伊作（一八八四年生まれ）と相談して始めたようで「ザ・パシフィック・リフレッシュメント・ルーム」と名づけられた。ちょうど日露戦争の開戦のころだ。「私たちは戦争反対の考えを持っていた。平和主義者（パシフィスト）であった。それでその洋食屋を太平洋（パシフィック）食堂とした。それにこの新宮の町が太平洋に面しているからでもあった」と西村は洒落たネーミングの訳を解説している。「太平洋食堂」の前で大石らを撮った写真が新宮市立図書館に所蔵されてあるが、レストランはうまくいったとは言えないようだ。

大石はまた、若い人たちが社会主義関係の新聞・出版物に触れられるようにと、『熊野実業新聞』記者で俳人の徳美《とくみ》松太郎（号夜月）の仲之町の自宅に新聞雑誌縦覧所を設け、若き佐藤春夫らも出入りしたという。こんなふうに大石は新しいことを、いいと思えば、あるいは面白いと感じれば、既成観念や閾《しきい》を軽々と超え、貪欲に採り入れ、試みた。実に異能異才、多彩な自由人だった。一〇年ほど前に、新宮市立図書館の一隅で彼が海外旅行で使っていた銅製のライト・ブラウンの横長の大きなトランク(縦四五センチ横七五センチ)を見たが、その中には医学だけでなく、社会主義などの新思想がいっぱい詰まっていたのだろう。

残っている彼の写真の多くは、短髪で、白皙《はくせき》に似合う見事な鬚、ステッキを持ち、時に異国の帽子を被り、風変わりな衣装を纏《まと》い、いつも微笑を湛え……という感じである。実際、当時にしては長身、すらっとした大石は新宮の町を、そんなスタイルで闊歩《かっぽ》していた。しかし日露戦争に対して堂々と非戦論を主張し、県の公娼設置に顕明らと一緒に反対し、権威・権力に抗《あらが》う生き方は一級であった。大石とつき合った人びとは、宗教の面、非戦を含む社会主義の面、差別問題などの側面、また文人の面などさまざまなレベルに広がっていた。

当局は、強引に捕縛・起訴した地方の大物・大石を軸にして、事件をエスカレートさせる新たな物語を創っていく。何しろ「大逆罪」につながるかもしれない物証は、宮下の関係で押収したブリキ缶と薬品しかなかった。そこで大石を「大逆罪」に結びつけるために、予審による供述から「物語」を創る手がかりを得ようとした。「大逆事件」の裁判では、非公開・証人不採用だっただけでなく、刑事訴訟法で保存を義務づけられていた法廷での被告人供述などの裁判記録「公判始末書」が不可解だが行方知れずで、検事聴取書はいうまでもなく、本来中立であるはずの予審でさえ「大逆事件」での尋問は、有罪に持ち込む意図を持って行なわれており、したがって予審調書にはよほどの注意がいる。しかも調書は、尋問の後に判事が恣意的に取捨選択して問答スタイルにまとめた記録である。ここでは当局が、信州を舞台にした事件を端緒にして「大逆事件」をどのように拡大していったかを知るために、一九一〇年六月八日に東京地方裁判所で行なわれた予審判事・潮恒太郎による大石への第一回の尋問の冒頭のところだけを見よう（要旨）。

問　幸徳も無政府主義を主張しているか。
答　さようです。
問　幸徳は、どんな方法でその主義を実行しようというのか。
答　四十一年十一月中私が上京したとき、巣鴨の平民社に二回幸徳を訪ねました。最初行ったときいろいろ主義のことについて話しましたが、そのとき幸徳は日本でもロシアやフランスのように暴力の革命が必要であると申しました。その後二、三日たってまた幸徳を訪ねましたとき、同人はフランスのコムミュンの話をしまして、決死の士が五十人ばかりあれば、これに爆裂弾その他の武器を与え、裁判所や監獄、市役所やその他の官庁、さらに富豪の米庫を破壊し、暴力によって社会の勢力を占領すれば、革命の目的にとって非常に利益であると申しました。

大石が所用で上京したのは一九〇八年一一月一〇日で、二六日まで滞在し、その間に巣鴨の平民社で秋水を診察し、腸結核と診断している。各地の社会主義新聞は発行禁止処分を受け、しかも「赤旗事件」から間なしで、桂政権による思想弾圧が一段と厳しくなっていたころである。秋水と大石の間で閉塞状況を何とか打破したい、打破しなければという話が出たとしても不思議ではない。むしろ当たり前だったろう。自由・平等・博愛を大事にした人びとなのだから。だがそれらは、雑談や放談の域を出ず、何かを企てたり、具体的な行動計画を練ったなどというものではなかった。

だが当局にはおあつらえ向きというべきか、大石らにとっては運悪く、たまたま「赤旗事件」で最も激しく当局を批判し、廃刊に追い込まれた『熊本評論』の中心人物の松尾卯一太(一八七九年生まれ)が、別の用件で同じころに上京し、秋水を訪問していた。これは警視庁の尾行記録でつかまれていた。松尾の訪問と大石の予審における供述を結びつけて、当局はこんな物語を書く。「熊本の松尾卯一太と言ふ主義者が大石誠之助と同時に巣鴨の平民社に来て居ることが判つた。熊本の巨魁と和歌山の巨魁が、二人同時に幸徳を訪ねたと云ふことは、何か不穏の話をした」にちがいない。それは、革命のために「決死の士」を集めるための謀議だった、と。検事・小山松吉はデッチ上げの筋書きを後にこう明かしている。さらにこのとき、折悪しくというしかないが、やはり休刊した大阪の『日本平民新聞』の森近運平が九月下旬に上京し、一一月二六日まで巣鴨の秋水のところ(平民社)に同居していた。また高知出身の坂本清馬もこのころ秋水の書生として平民社にいた。こうして秋水、大石、松尾、運平、清馬が、一緒にではなく、ばらばらに居合わせた〇八年一一月の巣鴨平民社は、大きな悲劇を生む架空の「一一月謀議」の格好の舞台にされてしまった。

大石の予審調書に出てくる秋水が語ったとされる革命のための「決死の士」という言葉は、実は司法側の造語で、「大逆事件」をふくらましていく重要なキーワードにされる。大石は東京からの帰りに京都に寄って、新宮から転居していた歯科医の山路二郎や、新聞雑誌縦覧所をともに開設した俳人で京都出身の新聞記者(当時は『日出新聞』記者)の徳美松太郎らと懇談し、東京での厳しい事情などを披露した。大石が大阪へ入ったのは一一月末で、常宿にしていた和歌山県人経営の西区の「村上旅館」に投宿し、一二月一日夜に大阪平民社のメンバーで金属彫刻業・武田九平(一八七五年生まれ)、会社員・岡本穎一郎《えいいちろう》(一八八〇年生まれ)、ブリキ細工職人・三浦安太郎(一八八八年生まれ)ら数人と茶話会を持った。それらも大石らへの取り調べから当局の知るところとなり、「大逆」の計画が進められた場に相違ないと、「一一月謀議」はさらに広げられていく。帰郷した大石は、翌〇九年一月下旬の旧正月のころに新年会を催し、そこに成石平四郎、高木顕明、三重県南牟婁郡相野谷村《おのだに》(現・紀宝町)の泉昌寺で留守居僧をしていた臨済宗妙心寺派の峯尾節堂(一八八五年生まれ)、﨑久保誓一の四人が参加した。しかしこの新年会さえも当局は「一一月謀議」の教宣の場として捉えたのである。

同年七月初め、紀州・熊野に鬼検事として知られた武富濟《わたる》(後、民政党衆議院議員五期)が新宮に派遣され、彼の強引かつ威圧的な取り調べで新年会参加者らが次つぎと「大逆罪」の網にかけられ、七日に高木、﨑久保、峯尾がそれぞれ勾引され、起訴された。続いて一〇日には、新年会には出ていなかった平四郎の兄で、薬種業を営んでいた勘三郎(一八八〇年生まれ)が起訴された。彼は、商用で新宮へ行った〇九年七月二一日、弟や新村忠雄、大石を老舗料亭の「養老館」に招き、大石から東京の土産話を聞き、酒の勢いもあって「やるべし、やるべし」と放言し、弟の頼みで爆裂弾の製造を試みたこと(不成功)などが「大逆罪」容疑の理由だった。いっぽう魚獲り用のダイナマイトを押収された弟の平四郎は、いったん釈放されたが、六月下旬に爆発物取締罰則違反容疑で再び勾引され、友人のあやふやな「証言」によって、七月一四日に無理やり刑法第七三条に切り替えられて予審請求された。

熊野地方は風水害や火事の多いところだが、一九一〇年初夏の熊野は無法のつむじ風が吹き荒れ、六人とその家族そして周囲の運命が突然、ひっくり返った。当時の和歌山県知事・川上親晴が七月二〇日付で内相・平田東助に宛てた「社会主義者陰謀事件検挙の顚末報告」には、家宅捜索を受けた人は大石らを含めて四〇人を数え、証人として呼ばれた人はさらに多数に上ったとある。

七日に起訴された顕明は愛知県西枇杷島町《びわじま》(現・清須市)出身で、真宗大谷派浄泉寺の住職になったのが一八九九年、三五歳のときである。当時、浄泉寺の門徒は約一八〇戸で、うち一二〇戸が差別に苦しむ被差別部落の人びとだった。宗教者として差別の実態に初めて触れた顕明は、自らに染みついていたそれまでの差別感情・意識を、門徒の日常に触れる中で少しずつ変えていき、「部落差別」の解消に取り組み、〇六年ごろから浄泉寺で部落問題などをテーマに談話会をたびたび開き、そこでは大石や〇八年に中村から上京の折に来新した秋水らも講演し、顕明自身も語り手になった。全国水平社の創立が一九二二年であるから、顕明の差別問題への実践的な取り組みは際立っている。また大石らと一緒に女性の尊厳を踏みにじる公娼設置に反対し、さらに仏教者として非戦の立場から日露戦争に反対し、本山・大谷派の積極的な戦争協力とは逆の生き方をしていた。開戦に盛り上がった戦勝祈禱《きとう》を拒み、戦勝記念碑や忠魂碑建立にも反対した。今ふうにいえば反差別・反戦で、人権獲得のために実践的に社会と関わった。顕明のこうした活動は、すべて真宗の教えから導かれ、支えられていた。内に閉じこもる宗教者ではなく、積極的に社会と関わる生きる仏教者だった。それゆえ顕明は、社会の矛盾や問題と関わらず、国家の良き伴走者だった町内の他の宗教者には疎んぜられたが、いっぽうで新宮教会の牧師・沖野岩三郎との交流は密で、沖野が事件後に書いたいくつかの作品のモデルにしばしば顕明が仮名で登場する。沖野は弁護人の平出修宛ての書簡の中で顕明を紹介するに当たって「極めて単純で正直です。感情に激し易くて何事にでも感心し易い」と、書いているが、これは他者の人柄をズバッと評する沖野の独特の言い回しで、悪意はなく、ここでは顕明の性格の一端を捉えていた。

顕明には『平民新聞』や田辺にあって一時期管野須賀子や若き寒村らが健筆を揮い、社会主義にシンパシーを持っていた『牟婁新報』などへの投稿もなく、書き残した原稿、また獄中手記の類や家族宛ての書簡も発見されていない。獄中からはわずかに平出と堺利彦への短いはがきが各一通あるだけである。そんな顕明が、真宗仏教者としての生き方や思想などを綴った貴重な草稿を新宮時代に残していた。六月三日の家宅捜索の際に押収された「余が社会主義」で、日露開戦後の〇四年四月ごろの執筆と思われる。四〇〇〇字にもならない小論で、真宗の教えを軸に昂揚する当時の社会の戦争歓迎の実相を鋭く捉え、実践的な平和や平等の思想を語っている。泉恵機の校訂によって「余が社会主義」の内容を見ておきたい。

緒言で顕明は言う。「余が社会主義とはカール・マルクスの社会主義を稟《う》けたのではない。又トルストイの非戦論に服従したのでもない。片山(潜)君や枯川(堺利彦)君や秋水君の様に科学的に解釈を与へて天下ニ鼓吹すると云ふ見識もない。けれども余は余丈けの信仰が有りて、実践していく考へであるから夫れを書て見たのである」。

そして顕明は、真宗教義の核心である「南無阿弥陀仏」は、「闇夜の光明」で、「絶対的平等の保護」であると述べ、「余ハ南無阿弥陀仏には、平等の救済や平和や安慰やを意味して居ると思ふ」と続けて、平等を軸に仏教教団の主戦論を厳しく批判し、平和を説く。

「余は南条(文雄《ぶんゆう》。梵語《ぼんご》学者。真宗大谷大学第二代学長)博士の死(ぬ)るハ極楽ヤッツケロの演説を両三回も聞た。あれは敵害心《(ママ)》を奮起したのであろーか。哀れの感じが起るではないか」

「極楽世界には他方之国土を侵害したと云ふ事も聞かねば、義の為に大戦争を起したと云ふ事も一切聞かれた事はない。依て余は非開戦論者である。戦争は極楽の分人の成す事で無いと思ふて居る」

「名誉とか爵位とか勲章とかの為に一般の平民が犠牲となる国ニ棲息して居る我々……或は投機事業を事とする少数の人物の利害の為めに一般の平民が苦しめられねばならん社会……富豪の為めには貧者は獣類視せられて居るではないか。飢に叫ぶ人もあり貧の為めに操を売る女もあり雨に打るゝ小児もある。富者や官吏は此を翫弄《がんろう》物視し是を迫害し此を苦役して自ら快として居るではないか……実に濁世である。苦界である。闇夜である」

「此の闇黒の世界に立ちて救ひの光明と平和と幸福を伝道するは我々の大任務を果すのである。諸君よ願くは我等と共に此の南無阿弥陀仏を唱へ給ひ。今且《しば》らく戦勝を弄《もてあそ》び万歳を叫ぶ事を止めよ」

タイトルのとおり顕明の理解する「真宗的社会主義」である。

非戦・平等の地平に立った顕明の思想は、貧しい箱根・大平台の地域に生き、天皇制国家・社会から離脱した地点にまでたどりついた禅僧・内山愚童の思想につながっていくようでもある。そんな顕明が「大逆罪」で起訴されたのは、明治国家が非戦・平等の思想を許さないというメッセージでもあった。

突然、勾引された顕明らはどうして「大逆罪」に搦《から》めとられてしまったのか。顕明が公判廷で語った言葉を弁護人・今村力三郎が書き留めている。「田辺ノ検事ノ調ベヲ受ケ此死ゾコナイメト一喝サレ林トイフ巡査カ扇子ヲ首ニ当テパット云ハレ自分ハ到底殺サレルモノト思ヘリ」。つまりは強迫である。警察官や検事というむき出しの国家権力と直接向き合った経験もない真っ直ぐな僧侶にとって、彼らの問い詰めがどれほどの恐怖であったか。震え上がってありもしない捜査当局のつくった筋書きを認めさせられていったのは、ひとり顕明だけではない。「大逆事件」の真相を戦中から密かに追っていた神崎清が偶然、発見した膨大な「獄中手記」の中に峯尾の「我懺悔《ざんげ》の一節」がある。それを読むと、逮捕された無実の人びとがはめられていく取り調べの様子が、ネガに光を当てたように浮かび上がる。峯尾のケースを「獄中手記」から追ってみよう。

峯尾は大石宅で薬局生をしていた新村忠雄らが勾引されたのを新聞で読み「何が理由

でひっぱられたのだろう」と、不思議に思う。その火の粉が、結婚して間もない浮きうきした気分の中にあった二五歳の己に降りかかってくるとは思いもよらなかった。社会主義から離れていたという自覚もあったから。田辺警察署に勾留されていた峯尾が検事・武富に呼び出されたのは、七月八日の真夜中だった。尋問の瞬間から峯尾は「鋭い眼付」で、「きつとにらみ」つけられて怯《おび》えた。

「お前は新村からおやぢ(天皇の意)をやつつけると云ふ事を聞いたことがあるだらう」

「そんな事を聞いたことはありません」

峯尾はがらがら声だったというが、そんな声で応答したのだろうか。

「真直ぐに白状せぬと、偽証罪に陥《おと》すぞ」

「真実私は左様な事は聞きません。而して私は社会主義を既に止めてをります」

「其方は大石から幸徳から四・五十名の者を集めて諸官省の焼打をやるといふことを聞いた事があるだらう」

峯尾はふっと思い返した。そういえば、去年(一九〇九年)の一月の新年会で、大石が東京で幸徳と会って聞いた放談を軽い話として紹介したなあ。でも誰もあんな話は、真面目に受け取っていなかった。

「ハイそれは聞きました」と答えると、武富はすぐに追ってきた。

「其時誰れが何といつたか。某甲《なにがし》は何といつたか」

「それは覚えてをりません」

「覚えてゐないことは無い筈だ。そんな大事な秘密を打ち明かされて覚えてゐないとは横着千万。承知しないぞ。其方はどう云つた」

「どうも言ひません」

「嘘を云へ。そんな一大事を明かされて何んとも言はないといふ事があるものか」

一大事とは思ってもみなかった峯尾は、返答に窮した。

「お前が既に社会主義を廃《や》めてをるといひながら、さう隠蔽《いんぺい》する処を以つて見ると、お前は矢張り社会主義者だ。廃めて居るとは口ばかり、愈々《いよいよ》以つて承知が出来ない」

武富にぐっと睨みつけられた峯尾は、一気に崩れてしまう。

「他の人は何と云つたか、それは覚えませんが、私はやりますと申しました」

「よく言つた。よしお前はやると云つたんだな」

武富は直ぐに筆を執って紙に書きつけた。そしてさらに尋問を続けた。

「新村がおやぢをやつつけると云ふのも聞いたらう」

「ハイそんな言葉は聞きませんが、皇室を尊崇するのは迷信だと云つてをりました」

密室で事件がつくられていく様が見えるようだ。

顕明や峯尾が特別だったわけではない。古河力作も獄中の手記の中で予審調書について書いている。会ったことも、手紙のやりとりもない大石について無政府主義者かどうかを訊かれて、「何主義者か知りませんが」、新聞や雑誌で書いたものを読んでいたから、天皇や国家を「有難がつては居ますまい」と答えた。それが調書では、大石について「有力なる無政府主義者です」と古河が言ったとされた。

公判が始まって間もないころ、一〇年一二月一八日付で、秋水が今村力三郎ら三弁護人に長文の手紙（「陳弁書」）を送っている。これは、秋水が事件の核心とされた無政府主義の革命観、その運動の性質に対する正確な理解を得んために草した非常に重要な書面で、後に見るが、この中で彼は検事聴取書と予審調書についてとくに一項を設けて、その杜撰《ずさん》さと危険性について弁護人の注意を喚起している。

「検事の聞取書なる者は、何を書てあるか知れたものでありません、私は数十回検事の調べに会ひましたが初め二三回は聞取書を読み聞かされましたけれど、其後は一切其場で聞取書を作ることもなければ随つて読聞せるなどゝいふことはありません」。ところが予審廷で検事の聞取書がときどき読み上げられ、それを聞くと秋水の述べたこととほとんど違って、たいてい検事がそうであろうといった言葉が「私の申立として記されて」あった。「多数の被告に付ても皆同様であつたらう」と秋水は推測し、検事の聴取書と被告の申立てとどちらを重視するのか「実に危険」だと書いている。

取り調べのやり方も「カマをかける」ことが多く、それを見破る力と、検事と対等に議論ができる抗弁力がなければ、検事の言うとおりになってしまい、「地方の青年などに対しては、殊にヒドかつたらう」と心配する。巧妙な「カマ」には、何人も引っかかり「アノ人が左ういへばソンナ話があつたかも知れません位の中立をすれば」、「ソンナ話がありました」と確言したように書かれ、これがまた他の被告の「責道具になる」という。結局、検事聴取書は「曲筆舞文《きょくひつぶぶん》牽強附会で出来上つてゐる」と秋水は断言している。

また予審調書については、仮に予審判事がどれほど公平であっても不完全だと指摘して、次のような実態を明かしている。調書は速記ではなく、被告の申立てを聞いた後で、判事の考えで問答の文章を作成し、「中立の大部分が脱」し「言わないが言葉が挿入される」。そのうえ、調書の訂正がすこぶる困難だと述べる。一応、調書の読み聞かせはあるが「長い調べで少しでも頭脳が疲労して居れば、早口に読行く言葉を聞損じないだけがヤツトのことで、少し違つたやうだと思つても、咄嗟《とっさ》に判断がつきません。それを考へてる中に読声はドシ〳〵進んで行く。何と読まれたか分らずに」終わってしまう。文字を誤りが何十箇所もあっても「指摘して訂正し得るのは一ケ所位に過ぎない」。文字をよく知らない者は「こう書ても同じではないかと言はれゝば争うことは出来ぬのが多からう」。秋水でさえ「一々添削する訳にも行かず、大概ならと思つて其儘《まま》にした場合が多かつた」。

最後に秋水は、自身を含め初めての予審体験について「下調べ」であまり重要ではなく、公判で訂正すればいいのだと思っていた被告がほとんどで、予審調書は決定的に重要だったと述懐している。その予審調書が「甚《はなは》だ杜撰なもの」だった。秋水は、「気の毒な多数の地方青年等」のためにその点をよく含んでほしいと、今村らに訴えていた。

まるで現在の冤罪事件の原形を見るようだ。

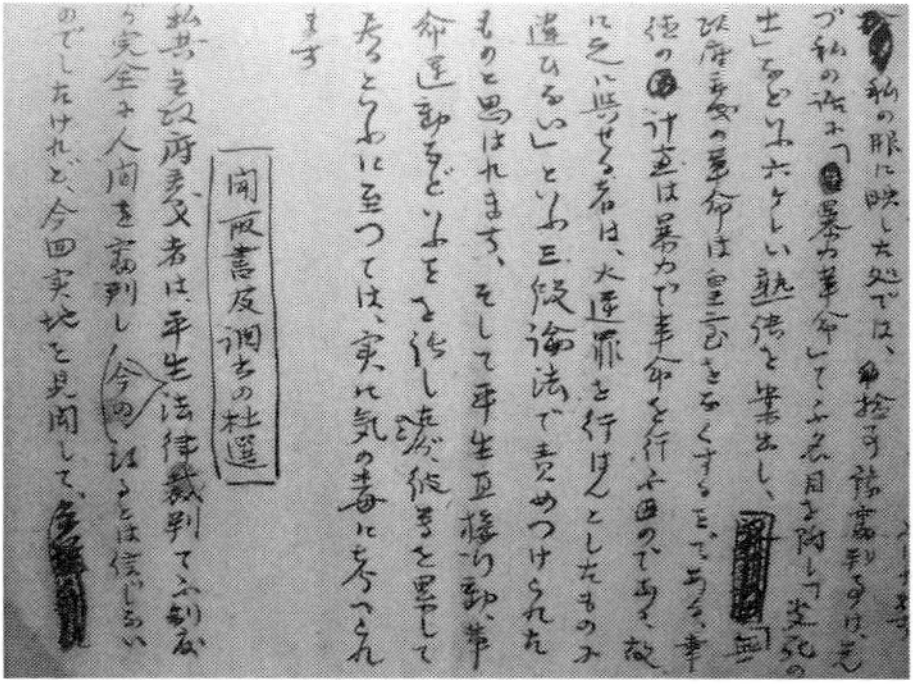

幸徳秋水の陳弁書

七月に顕明ら五人が起訴される前に、二人の男が勾引、起訴された。一人は森近運平、もう一人は奥宮健之(一八五七年生まれ)である。森近は、かつて岡山県庁の職員時代に日露戦争の戦時国債を買うなと演説し、後に知事から社会主義の放棄を迫られて〇四年末に辞職、堺利彦に導かれて翌年には岡山を離れて大阪や東京で社会主義運動に入っていく。だが社会主義弾圧のために活動と生活が逼塞《ひっそく》し、秋水と管野須賀子との一件も加わって、妻繁子と一子菊代と一緒に四年ぶりに懐かしい郷里の高屋に戻った。一九〇九年の春が深まる少し前の三月中ごろである。農学校を出た運平は、積極的に新しい農業に取り組んだ。実家から少し離れたところ、高屋の中心の笠岡に縁者の協力を受けて加温式ガラス温室を二棟つくり、欧州ブドウ、イチゴ、トマト、ナス、キュウリなど、当時にあってはまだ誰もやらなかった先進的な高等園芸を始め、郷里での生活は軌道に乗り出した。久しぶりに接する土に運平は、自分の帰るべきところがどこにあるのかを実感しただろう。そんな静かで平和な運平一家の生活が暗転した。六月一四日の朝、食事を摂っていた午前六時二〇分ごろである。温室近くの仮寓に、突然腕車(人力車)九台が乗りつけられ、岡山地裁検事ら約一〇人が家宅捜索を始め、午後一時ごろ運平は勾引され、東京へ護送された。

実は、運平はすでに三日前の一一日に「大逆罪」で起訴されていた。内務省警保局の調査資料には、このころの運平について「至極平穏ニシテ何等怪シムヘキ行動ナシ」と報告されているのにである。なぜ運平が勾引され、しかも「大逆罪」で起訴されたのか。「森近は「自分は親もあり、妻子もあり、乱暴なことをする考はない」。斯《こ》う云ふことを言つて居る、……どうもそれは森近の口癖に云ふ言葉であるが、何か訳があらうから、別に端緒を得られさうもないことであるけれども、さう云ふことからでも何か端緒を得られるだらうと」。こんな乱暴な理由で運平を起訴したと、小山松吉は二〇年後の思想係検事の集まりで得意気に語っている。

次いで六月二八日にはかつての自由民権運動の闘士で、土佐出身の奥宮が起訴された。

連座者中の最年長で、当時五四歳だった。奥宮は同郷の幸徳の頼みで目的も知らず、爆裂弾の製造を教えたとされているが、他の連座者と同じように「大逆罪」では無理があった。彼の長兄正治は、当時宮城控訴院検事長だったが、弟の一件で失脚する。

捜査は熊野から、「巨魁」にされた松尾を手がかりに『熊本評論』関係にも伸びる。その際にも「決死の士」がキーワードになる。東京から帰った松尾から、秋水の放談「決死の士」を集めるようにという話を聞き、それに同意したとして熊本評論社の新美卯一郎(一八七九年生まれ)が、また同社に出入りしていた飛松與次郎、浄土真宗本願寺派の即生寺(現在は本願寺派から離脱)の住職の三男、佐々木道元(共に一八八九年生まれ)が起訴された。飛松は、生地近くの熊本県鹿本《かもと》郡来民《くたみ》町(現・山鹿市)の小学校教員をしていたところに秋水の『社会主義神髄』を読み社会主義に近づき、『熊本評論』の創刊号以来の熱心な読者だった。『熊本評論』の後継紙として創刊された『平民評論』(一九〇九年三月、第一号で廃刊)の発行人兼編集人になっていた。佐々木は社会主義の匂いを嗅いだ程度だった。三人が起訴された当時、松尾は『平民評論』に係る新聞紙法違反に問われ、禁錮一年の刑で熊本監獄に入獄していたところ、七月二〇日に刑法第七三条違反容疑で東京監獄に移送され、八月一二日に起訴された。紀州から熊本へ捜査が進む中、一時期『熊本評論』の記者をしていた坂本清馬が浮浪罪で東京・芝警察署に勾留されていたところ、八月九日秋水との関係で、また「一一月謀議」の際に参画していたという疑いをかけられて、「大逆罪」に切り替えられて起訴された。

夏の終わりから捜査の網は、関西に広がる。東京からの帰途、大石の話を聞いた大阪の武田、三浦、岡本の三人が八月二八日に起訴された。翌二九日、韓国を名実ともに植民地支配する韓国併合条約が公布された。啄木が「地図の上朝鮮国に黒々と墨を塗りつゝ秋風を聞く」と詠んだのは九月九日である。

捜査は神戸に伸びた。九月二八日、神戸・夢野の海民病院(後の湊川病院か)職員の岡林寅松と養鶏業の小松丑治《うしじ》(ともに一八七六年生まれ)が、「大逆罪」容疑で予審請求された。二人は高知の小学校の同級生で、日露戦争前から非戦論に共鳴し、『万朝報』や『平民新聞』を読み、神戸平民倶楽部をつくり、社会主義の研究会活動をしていた。二人の起訴には、内山愚童が絡んでいた。すでに愚童は〇九年五月に出版法違反(『帝国軍人座右之銘』『無政府主義道徳非認論』も秘密出版)や家宅捜索によってダイナマイト(これは爆裂弾とは違う)などが出てきたことから爆発物取締罰則違反容疑で逮捕され、一〇年四月に懲役七年の刑が確定し、横浜監獄(根岸)に服役していた。愚童は、逮捕前の〇九年春、永平寺で修行(約一カ月)を終えた後、名古屋や大阪の社会主義者らに会い、神戸に足を伸ばし、岡林寅松、小松丑治らに会った。二人には初対面だったが、すでに小冊子『無政府共産』を送っていた。愚童は「革命運動では儲嗣《ちょし》(皇太子)に危害を加えるほうが効果的」などと言い、爆裂弾の製法などの話もしたとされる。二人は、愚童の意見に賛同せず、爆裂弾の薬品については、話の域を出るものではなかった。ところが二人は、愚童の意見に「賛同の意を表し」爆裂弾製造の薬品名を教えたなどとデッチ上げられて、起訴されてしまった。社会主義者やそれと思しき人びとを手当たり次第に起訴していった様子がここにもよく現れている。服役中の愚童が刑法第七三条で起訴されたのは、一〇年一〇月一八日である。こうして「大逆事件」の捜査の幕は下りた。

事件が拡大していく中で、文部省は全国の図書館に社会主義関係図書の閲覧禁止を訓令し、また主義の名前を口にする教職員、学生、生徒の解職、放校処分を指示(一〇年八月四日)した。九月初めには社会主義文献五種が発売禁止され、残本が差し押さえられ、その後も毎日数種類の社会主義関係書が発禁とされていった。東京朝日新聞校正係の啄木は、日々思想弾圧の情報に接し、「題号に「社会」の二字あるが為に累を受けたるものあり……一笑にも値ひしがたし」と「日本無政府主義者陰謀事件経過及び附帯現象」(一九一一年六月)に記している。

潮ら三人の予審判事は一九一〇年一一月一日、二六人全員が刑法第七三条に違反するとの意見書を大審院院長・横田国臣に提出した。これを受けて、大審院特別刑事部(裁判長・鶴丈一郎)は検事総長・松室致《いたす》の意見を聞き、一一月九日、大審院の公判に付すと決定した。同日『東京毎日新聞』は、先走って「社会主義者廿六名死刑に処せらる可し」の見出しをつけた号外を発行した。二六人の大半は、国民には知らされないまま闇の中で勾引され、起訴され、検事・判事らのつくった物語の中にはめ込まれ、演じさせられた。それは個人の思想が暗殺されていく恐ろしい光景である。この日から、社会は「非戦・平和の徒」である連座者らに「許されざる逆徒」というレッテルを貼りつけていく。それは、社会全体に接着剤でくっつけたように容易には剝《は》がれなかった。

大審院の公判は一二月一〇日からと決まったが、特別裁判を担当する七人の判事は、鶴裁判長以下全員が有罪を前提に公判に付すべしと決定した同じ判事だった。

顕明は公判に付された直後の一一月一一日、本山から住職を解く差免《さめん》の処分を受けた。日清戦争以後、国家に迎合した大谷派は自派の僧・顕明を切り捨てた。これは、顕明の平和と平等思想を本山が抹殺したのも同然だった。顕明にはしかし、この後にもっと過酷な仕打ちが待っていた。曹洞宗の愚童に対する処分はさらに早く、「大逆罪」で起訴される前の一九〇九年七月六日に林泉寺の住職を諭旨免職し、まだ予審判事の意見書さえ出ない前の一〇年六月二一日に最も重い「宗内擯斥《ひんせき》」処分にし、僧籍を剝奪《はくだつ》してしまった。妙心寺派も一一月一四日付で峯尾節堂を擯斥に処した。

顕明の孫の義雄が二〇〇二年に亡くなったのを知ったのは「大逆事件の真実をあきらかにする会ニュース」第四二号(二〇〇三年一月)に掲載されていた泉恵機の「髙木義雄さんのこと」と題した追悼文によってだった。義雄の死を知って、私は一枚の写真を引っ張り出した。少し大仰にいえば、それは日本の近現代の民衆の歴史を繋ぐような写真である。「大逆事件」で刑死した一二人のうちのただ一人の女性、管野須賀子の遺体が埋葬された東京・代々木の正春寺では、毎年、処刑された一月二四日(管野だけ二五日)前後の土曜日に追悼の集いが開かれ、全国から関係者らが参集する。手元にある写真は、九八年一月二四日の集いの後に正春寺本堂前で撮影された。写真中央には、黒のコートに身を包んだ義雄がいる。その隣りに毛糸の帽子を被り分厚いキャメルのコート姿の大柄な感じの男が写っている。二人は背中を互いの腕で支えあっているようでもある。厳しい表情の中にもうっすらと笑みを泛《うか》べている義雄に比べ、大柄の男はこの一瞬を悦んでいるような表情だ。「横浜事件」の被害者の一人で新宮出身の木村亨《とおる》である。アジア・太平洋戦争の最中、天皇制国家体制の変革を企て、共産党再建を図ったと、神奈川県特高警察にデッチ上げられ、官僚、企業人、編集者ら約六〇人が治安維持法違反で囚われ、半数が有罪にされた。その大半が敗戦後の裁判であった。この事件では、特高の激しい拷問によって五人が獄死し、木村も拷問によってありもしない共産党再建に加わったと認めさせられ、敗戦後の横浜地裁で有罪にされたが、戦後一貫して特高の暴力を告発し続け、無実を主張して再審請求を続けていた。「横浜事件」の連座者に暴力をふるった特高警察は、「大逆事件」をきっかけにして全国に設けられていったのである。

「大逆事件」の被害者の孫と「横浜事件」の直接の被害者が並んだ写真は、たぶんこれ一枚だろう。写真を撮る前、木村は「大逆事件」の追悼集会の席で、「みなさんは怒りが足りない」と大きな声で叫ぶように言っていたのが、私の耳に今も残っている。木村には、事件の「先輩格」の国家犯罪である「大逆事件」が法的に無罪になっていないことへの強い苛立ちがあった。「横浜事件」の再審請求の重い扉が開いたのは、有罪判決から半世紀後の二〇〇五年だった。しかし木村は、この吉報を聞けなかった。正春寺本堂前の記念写真から七カ月後の九八年八月に亡くなっていたから。その四年後に、義雄も不帰の客になってしまった。

3 海とさだめしづく

中央大学を卒業した頃の成石平四郎

男女二人の演歌師がどこからともなく舞台に現れた。男の演歌師はヴァイオリンを弾き、女性の演歌師は歌を歌いながらロビーや客席を流し、歌本を売る。

セミの声……

舞台の一隅で若い女がしゃがんで下駄の鼻緒をすげ替え、立ち上がる。

再びセミの鳴き声……

女は演歌師のヴァイオリンの音色に耳を欹《そばだ》て、かすかに笑みを含んで白いパラソルを颯爽《さっそう》とさして、立ち去っていく。

と、突然、暗く、そして地を這うような悲しい響きを持つ音楽が場内を大きく包み始め、舞台の正面にスクリーンのような幕が下り、新聞号外が大きく映し出された。その瞬間――。客席の前から二列目、中央あたりにいた小柄な六〇代の女性が、絶叫とも悲鳴ともちがう動物の吼《ほ》えるような声を発した。隣りにいた三〇前の男性がその声に仰天し、心配そうに耳元でささやいた。

「おかあちゃん、大丈夫か……外へ出よか？」

女性はふっと我に返ったように頭を振り、小さく、しかし毅然とした口調で答えた。

「いや、大丈夫や……最後まで観る」
女性の異様な声は、大きな音楽とその残響に吸収されたのか、毎日ホールの数百人の観客は気づかなかったようで、男性は小さくふっと息をついた。

もう四〇年ほど前のことで細かなことは忘れてしもたんですが、あの芝居の始まった途端に母の上げた声が今でも聞こえてくるようなんですワ。これがわが母親かと思えるような、今まで聞いたこともない声やったんで。そら、ほんまにびっくりしてね。しもた、連れてこんかったらよかったと、思たんですワ……せやけど母親は、終わりまで観るとゆうたんで。それでも私の頭の中は半分真っ白になったままで、芝居も半分で、連れて帰るのがやっとやったんです。

大阪府立和泉工業高校の教員だった岡功(一九四三年生まれ)が、大阪労演主催の文学座の「美しきものの伝説」(作・宮本研)を母の意知子(一九〇八年生まれ)と一緒に観に行ったのは、「大逆事件」の判決から六〇周年の一九七一年三月一六日の夜だった。意知子は、事件で刑死した成石平四郎(一八八二年生まれ)の一子だった。父が熊野の山奥から弁護士を目指して中央大学に入り、叔母のとみがミシンを踏む仕事をしながら学費の援助をし、五年がかりで卒業し、無実の罪を着せられたまま死刑になったなどという話を聞いて意知子は育った。平四郎が二八歳で人生をへし折られたとき、まだ二歳だった。功は、そんな母が衝撃を受けないようにと、事前に死刑判決を伝える号外の写しを見せ、目の悪い母のために会場の毎日ホールでは、前方の席を予約しておいた。だが舞台が始まって間もなく母の身体は、息子の想像をはるかに超え、本人も制御できないほど激しく反応した。意知子は実時間の中では、父の死刑判決を伝える号外には触れてはいなかったが、舞台の号外に接してあたかもそれを体験したかのように震えたのである。

一九八八年に亡くなった劇作家・宮本研に〈革命伝説四部作〉という一連の戯曲がある。宮本が自ら解説しているように第一作の「明治の柩《ひつぎ》」にハイフンでつなぐような二作目が、意知子と功の観た「美しきものの伝説」である。直接「大逆事件」を扱ってはいないが、事件前後から日本の初期社会主義が窒息させられていったころ、「赤旗事件」で獄にあったために生き残った堺利彦、大杉栄、荒畑寒村、そして突然のように歴史の舞台に躍り出た若き女性活動家の伊藤野枝《のえ》らに、松井須磨子といった演劇世界の人びとを加えてにぎやかな議論がくり返され、「冬の時代」と社会を浮かび上がらせた、余韻の長い戯曲である。

意知子が観客席で異様な声を発した冒頭のシーンは原作によると、幕が上がってすぐのプロローグのところである。

天井からロープがさがり、輪になった先端がかすかにゆれている。

紗幕《しゃまく》に、大逆事件の新聞記事。被告たちの顔。

舞台の紗幕に映し出された新聞記事は、死刑判決をいち早く、生々しく伝えた一九一一年一月一八日付の『熊野日報』号外だったろう。功はそう記憶する。

私は平四郎の孫なのに、まだあのときは「大逆事件」を教科書の一ページとしてしか理解していなかったんですね。でも母のすごい声を聞いて、母の体には事件の時代を生き抜いた辛酸が染みついていたんやなあと。せやから、母の声は不当な事件に巻き込まれて死んでいった祖父、平四郎の絶命の瞬間の心の底からの叫びやったんではないかと思うんです。母は、しょっちゅうゆうてました。私は、平四郎という文字を見ても、名前を聞いても涙が出るんや、と。

「堺蛙聖《あせい》・岡功」――岡がくれた名刺にはこう印刷されてある。郵便物など書き物にも大きく、読み手が圧倒されるほどの筆圧の高い文字で、それがフルネームであるかのように「堺蛙聖・岡功」と力強く書く。「蛙聖」は、祖父・平四郎が若いころから名乗っていた号で、それに居住地の「堺」と獄中の祖父と交流のあった堺利彦を重ねてつけた。

母が病気で倒れて入院していたとき、ゆうたんです。今日から、お祖父さんの蛙聖を名乗ろうと思う、と。そうしたら生気のなかった母の顔が、急に上気したように赤みがさして、ベッドの両端をつかんで半身を起こし、それから私の手をぎゅっと握って、頼むぞ〜って。私はその母親の言葉と声が、平四郎と一緒に頼んでいるように聞こえました。あの芝居から二〇年近く経っていましたが、この日がくることになっていたのかもしれません。

祖父の号を名乗ると伝えた日は、母が満八〇歳の誕生日を迎えた八八年五月九日だった。

母に連れられて和歌山県本宮町(現・田辺市)請川の成石家の墓所にある祖父・平四郎の墓へ初めて行ったのは、中学一年の夏休みで一九五六年でした。これがお前のおじいちゃんの墓や、「大逆事件」というので死刑になったんや、そうゆうて母が教えてくれた墓は路傍の石のように小さく、「蛙聖成石平四郎之墓」と刻んであって、戒名はありませんでした。小学生のころにも、お前のおじいちゃんはなぁ、というような話はときどき聞いてはいましたが、もう一つよう分かりませんでした。墓参りしてから「大逆事件」が私の身体に棲みつくようになりました。母は五人の子どもを育てるのに必死で、ふだんは事件のことや祖父・平四郎についてはあまり話さなかったんですが、事件当時、新宮教会の牧師をしていた沖野岩三郎さんの紹介で東京で働いていたころに、大石誠之助の奥さんで、そのころやはり東京で暮らしていたゑいさんに会って、無実なんやから胸を張って生きなさいと励まされたという話は何度か聞きましたね。人前では決して涙を見せなかったんですが、泣くときは風呂に入って泣いたと……高等小学校を卒業した後、一〇代で行儀見習いをしていたころや、とゆうてました。

親父の寿一郎は、母と同じ請川の出なんです。あれは確か結婚五〇年のときですから、昭和五五(一九八〇)年でした。親父が、ふとゆうたんです。功、オレはなあ、ほんまは意知子と結婚するのいややったんや、事件で処刑された人の娘やろ、親父にも尾行ついてたし、子どもが出けても兵隊にもなれんし、てね。やっぱし、時代が時代やったからねえ。親父がそう思たんも仕方なかったと思いますワ。ええ、その場にはおふくろおりませんでした。

意知子の記憶にはなかっただろう一九一〇年の暮れ、平四郎は他の二五人とともに東京監獄の冷え切った三畳ばかりの独房と大審院の間を、毎日のように行き来させられていた。

その日の東京都心は前夜から急に深く切り込むように冷え、翌朝には手水鉢《ちょうずばち》の氷の厚さが三センチほどにもなった。一二月一〇日土曜日午前五時過ぎ、市谷の東京監獄の裏門には、払暁《ふつぎょう》のしじまを破って二頭立ての檻車《かんしゃ》が街路の霜柱を踏み砕き、軋《きし》み音を響かせて揃った。一台、一台、また一台……全部で八台。馬の吐く白い鼻息も凍るようだ。

平四郎ら二六人の被告は、それぞれの独房でいつもの朝より早く午前五時に起こされ、朝食後の六時に檻車に乗せられて司法省に並ぶ赤レンガづくりの大審院（霞ヶ関の東京地方裁判所構内にあった。アジア・太平洋戦争中の空襲で焼失）へと向かった。八台のうち六台には、幸徳秋水、管野須賀子、大石誠之助、奥宮健之、森近運平、新村忠雄の六人が一人ずつ乗せられ、それぞれの檻車の前後の網窓は白布で隠された。六台を挟んで先頭と最後尾の馬車には警戒のために警察関係者と看守長らが乗り込んだ。その光景を、凍りつく寒さの中で遠くから不安そうに佇《たたず》んで見ている一人の若い女性がいた。大石の妻ゑい（当時二八）である。公判期日が伝えられてから、たまらず和歌山・新宮町から上京し、毎日のように夫に面会、差し入れを続けていた。

東京監獄を出発した八台は、檻車の軋みとひづめの音を響かせ、谷町通りの陸軍士官学校前の坂を上り、右折して濠端《ほりばた》から四谷見附を左に、麴町通り六丁目を右に折れ、大横町、紀尾井町を経て霞ヶ関を下っていった（地名は当時）。大審院の裏門に着いたのは、陽も上がった七時五分前である。ほぼ四五分かかった。凍ったような空は、つんと晴れていたが、道すがらの沿道には制服巡査と角袖《かくそで》(和服姿の私服刑事)が垣根をつくるように貼り付き、不気味な緊張感が漂っていた。大審院に着いた檻車は、踵《きびす》を返すように東京監獄へ戻り、残りの二〇人の被告を分乗させて、再び裁判所へと向かった。

「奇怪なる大陰謀」「有史以来未曽有の大陰謀」「恐るべき大陰謀」「大逆無道」——当時のメディアの中心だった新聞は、全国どの地域でも大きく、禍々《まがまが》しく事件を報じ続け、社会にこの事件が国家の仕組んだ冤罪ではないかという疑いを差し挟む隙は寸分も与えない。特別裁判の傍聴には、この日午前三時半ごろから陸続と傍聴希望者が詰めかけ、六時から配布された一五〇枚の傍聴券は、たちまちなくなった。大審院の鉄門が開かれ、傍聴者が構内に入りはじめたのは午前八時過ぎだったが、身体検査がくり返し行なわれ、やっと入廷できた。その異形さを『時事新報』は描写する。「一々綿密に傍聴人の身体検査を行ふ。全く以て稀に見るの一異観なり。両袖、懐中、袴、羽織の間、帽子の中に至るまで検査精細を極め苟《いやしく》も金属製の物品を所持する者は入廷を禁じぬ」。

大審院二階の第一号大法廷へは、いったん二階へ上がり三階を通って再び二階へという複雑な経路を辿った。現在の最高裁の大法廷へ行く経路もこれにきわめて似ているのは、こんな面でも大審院を継承しているのかと思う。大審院の傍聴席では、麴町警察署長ら三〇人近い警官が壁に立ち並んで警戒の目を注ぐ。九時半過ぎ、黒の斜子《ななこ》橘《たちばな》の紋付羽織袴で手錠をはめられたままの秋水が入廷し、森近、宮下、奥宮らが続き、最後尾は管野であった。新聞は二六人の入廷の様子を、「幸徳伝次郎は……悠々と入り来るや傍聴席を顧みて笑を漏らし四面の人々に軽く会釈をなしるが軽侮の意は面に現はれたり……中にも異彩を放てるは内山愚童の古き法服を着けたると一寸法師然たる古河力作……管野須賀子は頭髪を銀杏返しに結び矢絣《やがすり》の着物に……五つ紋薄紫羽二重《はぶたえ》の羽織を纏《まと》ひ嫣然《えんぜん》たる微笑を含み満場をジロリと見て平然として意に介せざるものゝ如く蒼白の顔面に一種の凄味を帯び」(『神戸新聞』)などと講談のように伝えて、「逆徒」イメージを型押しする。二六人は廷内に、前後四列に分けられた一二脚の椅子に着席させられ、各人の間に被告同士が言葉を交わせないように看守が一人ひとりずつ割り込むようにして席を取った。裁判官席に向かって第一列の右側が幸徳、四列目の左端が管野である。廷内には暖炉が用意されて暖かく、窓から射し込む冬の陽射しが二六人の背中を包む。約一時間後の一〇時半過ぎ、小太りで濃い顎鬚《あごひげ》の裁判長の鶴丈一郎に続いて六人の陪席判事が三人ずつ左右に座り、ついで顔の長い顎がしゃくれた検事総長の松室致、事件を政治主導で仕切った司法省民刑局長で大審院次席検事の平沼騏一郎、そして板倉松太郎らの検事が入廷した。被告を弁護するのは、帝国議会の代議士でもあった花井卓蔵、磯部四郎、鵜沢総明《ふさあき》に今村力三郎ら、有数の弁護士から若手の平出修《しゅう》らを含めた一一人である。

一〇時四〇分、書記が二六人の名を読み上げ開廷した特別裁判は、裁判長の鶴が住所、氏名、身分、職業などを訊く「人定尋問」から始まった。二〇番目に、赤い獄衣を纏った内山愚童が「そのほう僧侶か」と問われる。すでに曹洞宗から破門されていた愚童は処分を「喜んで受けました」と答え、曹洞宗を見返したような毅然たる態度は、傍聴人の耳目をひときわ集めたと報じた新聞もある。全員の「人定尋問」を終えると、裁判長は「本件は安寧秩序を紊《みだ》す虞《おそれ》あるをもって公開を禁止する」と告げ、新聞記者も含めて傍聴人らすべてを廷外に追い出した。

こうして刑法第七三条に係る初めての、しかも一審で終審という過酷な事件の審理は、結審に至るまで全過程が最初から国民に隠されたまま進んだ。新聞記者らは法廷前までは行くのだが、「公開禁止後の公判は素《もと》より之を知るに由《よし》なきも洩れ聞く所によれば」(『時事新報』)、「審理は相変わらず秘密なり。左れど聞く所によれば」(『東京朝日新聞』)などといった形でしか報じていない。

成石平四郎の二歳上の兄・勘三郎(一八八〇年生まれ)は、東京監獄に移送されてから急性の重い関節リウマチに罹り、発熱と全身の痛みで寝起きも用便も不自由になり、公判開始のこの日は、特別に医者につきそわれ手錠を外されて入廷した。勘三郎は、東京監獄で記した「回顧所感」の中で裁判初日の公開禁止について不安を訴えている。

「秘密公判で一般に公開を許さない。何から何迄被告の利益ではない。……公開せねば罪状の経路が不明だ。其故に悪計《ばか》りが世間に知れて、同情すべき点は一つも知れない」

勘三郎の不安は、社会から隔離されて進行した「大逆事件」裁判の抱える問題の核心を衝いていた。すでに触れたように刑事訴訟法で保存が義務づけられていた「公判始末書」が未発見で、肝心の被告らの法廷発言は、ほとんどわからない。ただ今村と平出の両弁護士が、断片的な法廷記録の公判ノート、法廷覚書をリアルタイムで残し、また裁判を批判した「芻言《すうげん》」(今村)や小説「逆徒」(平出)などによって闇の法廷に幽《かす》かな光が当てられ、怪しげな審理の様子がぼんやりとだが浮かび上がる。二人の弁護士の貴重なメモから、冒頭の公訴事実の陳述を簡単に見ておこう。

公開禁止された後の第一回公判の午前中は、松室検事総長が膨大な予審調書などに基づく公訴事実を簡単に冒頭陳述した。まず、幸徳以下二六人は、一、二の例外は別にして、無政府主義をかねてから主張し、それを「我が国に実行しようと計画」していた、と事件の根は思想にありと述べた。そして無政府主義の思想に基づいて、〇八年一一月の幸徳、大石、松尾卯一太の「一一月謀議」を出発点に、森近を加えて「決死の士」を募り、「大逆罪陰謀ヲナシ」たと断じた。続いて大阪では、大石から「陰謀ヲ伝へ」られた武田九平、三浦安太郎、岡本穎一郎の三人が「同意」し、ついで大石は新宮での〇九年一月の新年会で「陰謀」の話を披露し、平四郎、顕明、峯尾、﨑久保の四人は「決死の士」に同意し、熊本の松尾は新美卯一郎らに企てを語り、「決死の士」を『熊本評論』の読者中から募ることを相談したなどという具合に公訴理由を陳べていった。冒頭陳述は、二六人のほとんどが無政府主義者であると決めつけ、「大逆」が無政府主義思想から起こされたという予断・独断・推論を前提に構成されていた。具体的な事件である宮下太吉は後景に回され、明科での爆裂弾実験からは「大逆事件」は構成できなかった。あまりにも事実が乏しく、具体的な証拠がなかったからである。

第一回公判の午後には、宮下と新村の二人の事実審理が行なわれた。この後の進行は、当初から予定されていたかのような猛烈なスピードで進む。第二回は一日おいて一二日、第三回一三日、第四回一四日、第五回一五日、第六回一六日と、連日の事実審理で二六人全員の取り調べを終えた。裁判長は一六日の第六回で事実調べの後、証拠調べに入ろうとした。だが弁護人らの反対で、二日休んで次回一九日から二二日まで四日間、被告に対する補充の尋問が行なわれた。

第一一回公判の二三日、弁護側は新宮教会牧師の沖野岩三郎、松尾の妻・静枝ら多数の証人を申請したが、裁判所は二四日の第一二回公判で証人申請をすべて却下してしまった。二六人もの被告人を死刑しかない法によって問い、わずかな審理で、ただの一人の証人も認めないという裁判は、あまりに無惨だった。被告らの法廷発言は自由だったと伝えられているが、それは期待を持たせただけにいっそう残酷であった。

二五日の第一三回公判で検事側は論告を行なった。午前中は平沼の総論、午後は平沼と板倉検事が詳論した。このときの平沼の論告を今村は「公判摘要」に、平出は「大逆事件特別法廷覚書」に同じようにメモふうに記録している。

今村は「被告人ハ無政府共産主義ニシテ其信念ヲ遂行スル為大逆罪ヲ謀ル　動機ハ信念也」と簡潔に記し、平出はやや詳しく書き留めている。

一　当公廷ニ審理ヲ求メタル事件ハ大逆罪ノ予備陰謀ナリ　此法廷ニ於ケル被告人ノ多数ハ無政府共(産主義)ヲ信ズルモノドモナリ

本筋ヲ信念ヲ遂行スル為ニ企画シタルモノト推断スル

一　動機ハ信念ニアル

一　此考ハ現今ノ国家組織トハ相容レザルモノナレバ現今ノ国家組織ヲ破壊セネバナラヌトナル

平沼の論告は、二六人のほとんどが無政府主義者だったという、検事総長の冒頭陳述と同じように実際と異なる事実を前提にしていたが、起訴した全員を「大逆罪」で有罪にするにはそうでなければならなかったのである。これを前提に論告の核心は、無政府主義という信念、つまり思想こそが問題で、この思想に基づき、思想を実行するために「大逆」の予備・陰謀がなされたという点にあった。平沼の論告はさらに、無政府(共産)主義はその目的実現のために暴動、暗殺などを手段にし、近頃は爆裂弾も使用し、彼らの「信念」からすれば「国体ヲ無視スル　皇室モ倒スト云フ」と述べた。具体的に茶話会や新年会や歓迎会、そして秋水が「赤旗事件」で上京する際に立ち寄った〇八年夏の大石らとの紀州・熊野川でのエビかきまでも「逆謀」の相談だったなどと、「信念」実行の予備・陰謀に結びつけたのだった。

今村、平出の両弁護士がともに、平沼の「動機は信念」の部分に注目し書き留めたのは、「大逆罪裁判」が、国家が個人の思想を裁くところに事件の核心があると見抜いたからである。

両検事の論告の後、松室検事総長が締めくくった。

「刑法第七十三条ヲ以テ処断スベシ　同条ハ特別ノ法律ナリ　大宝律以来ノ長イ歴史ヲ有ス「(天皇、皇族らへ危害を)加ヘントシタルモノ」ナリ　予備、陰謀ヲ含ム」

求刑は死刑だった。

二七日から二九日までは弁護側の弁論に当てられた。中日の二八日の平出修の弁論は二時間に及んだ。沖野岩三郎から、文学上の先輩である与謝野寛(鉄幹)を通じて髙木と崎久保の弁護を依頼された平出は、事件全体に及ぶ内容の大弁論を行なった。彼の残した約一万五〇〇〇字に上る「刑法第七十三条に関する被告事件弁護の手控」がその内容を今に伝えている。

平出は平沼の立論を支えていた二つの問題の論破を試みる。まず、前提にされた無政府主義についての平沼の理解を問う。

「時と処と人とにより、其説き方、其運動方法が一様でないと云ふ、無政府主義の歴史を閑却せられた、その事である」と、平沼の無政府主義の捉え方の浅薄さを指摘し、思想とは何かを述べる。「新らしい思想と云ふものは、之を在来思想から見れば常に危険であらねばならぬ、それは新思想は、旧思想に対する反抗若しくは破壊であるからである、それで新旧両思想の何れが勝つか負くるかは、つまり何れの思想が人間本然の性情に適合するか否やによりて定まるので、之は社会進化論の是認し(て)来た法則である、されば思想自体から云へば危険と云ふものはない訳である、平沼検事は、茲《ここ》の道理を閑却せられたのではあるまいか、社会主義は危険だ、無政府主義は恐るべしと一概に論断されるけれど、日本の社会主義、日本の無政府主義が何程の危険を含んで居ると云ふのか、又何程の実行を其信条としたと云ふのか、その点に論及して居らぬ」

平出は、無政府主義は他のすべての思想と同様に、さまざまな条件、環境によって色も形も現れ方も異なるという本質を、平沼論告は軽んじていると批判した。「無政府主義が、時と処と人とにより、其色彩なり、感情なりが一様でないとすると、平沼検事が置かれた第一仮定、日本に於ける無政府主義は、暴動を手段とする危険なる思想なりとの論が破れてくる、従つて平沼検事の組立られた総論の第一角は崩れてしまつた事になる」。

平出の第二の追及点は、平沼論告で被告らの無政府主義という「信念」が予備・陰謀に結びついていると断定したところである。「本件被告に此信念がないと云ふことになると、此断定は当然其基礎を失ふ」と述べて、被告らの「大多数」にはこの「信念」がなかったと具体的に述べる。平出は、事件構成の大前提である東京での幸徳、大石そして熊本の松尾と「一一月謀議」、さらにそれに基づく大阪、新宮、熊本の間で同意を得て、「決死の士」を集めたという「事実」にも疑問を呈する。平出はいう。「紀州で大石が同志に語つた折に、既に大阪の同志に同意を得て居たのだから、普通の順序として紀州の同志に対して、さて大阪では之れ之れの話をなし之れ之れの同志を得たと云ふことをどうしても云はねばならぬのである、然るに本件記録には、一点もそのことが云ふてない」「もし真に被告等に東西相応じて、機を見て不軌《ふき》を計らうと云ふ実行的意思があつたのなら、必ず大石を通じて東京、大阪、九州との連絡がとれて居ねばならぬ筈で、その事実は、又必ず本件記録の何れにかあらはれて居なくてはならぬ筈であるに拘らず、何処を尋ねても、それが見えぬ、こんな馬鹿々々しい陰謀があらうか」と嗤う。無政府主義という「信念」から、この事件が生まれたと断定した「平沼論告」を三二歳の弁護士・平出は、完膚《かんぷ》なきまでに論破したのだった。最後に平出はこう述べて、長い弁論を締めくくった。

「法の精神、被告の事情、犯罪事実の真相、さては、刑事政策上の見地、何れよりするも彼等二人(高木、﨑久保)は七十三条を以つて律すべきものでない。之は余が彼等の弁護人として云ふことであると云ふよりも、之れ実に忠良なる日本帝国国民の輿論《よろん》の声である」

ちなみに平出は自由主義者ではあったが、「忠君愛国の士」を自認していた。無名の弁護士の平出の熱誠あふれる大弁論は、裁判を茶番とみていた管野や新村忠雄らだけでなく、秋水や平四郎を含めた多数の被告の胸を震わせ、監獄から平出本人や今村、さらに堺利彦らに感激の書簡が届いた。とりわけ管野は感動が深かったようで、年が明けた一月九日付で平出宛てに長い感想を寄せている。「力ある御論、殊に私の耳には千万言の法律論にもまして嬉しき思想論を承はり、余りの嬉しさに、仮監に帰りて直ちに没交渉の看守の人に御噂致し候程にて候……御高論を承はり候て、全く日頃の胸の蟠《わだかま》り一時に晴れたる心地致し申し候、改めて厚く〳〵御礼申上候」。この法廷の弁護人として熱血の人権派弁護士として、敗戦後まで活躍した布施辰治が加わっていたら、と想像する。実際、明治法律学校(現・明治大学)で平出の一年先輩に当たる布施は管野の弁護人に名乗りを上げたが、布施の長男の柑治《かんじ》によると恩師の磯部四郎に「君は法廷の発言で問題を起しそうだ」と断られた。やむなく布施は弁護士として特別傍聴したという。

残念ながら平出のこの鮮やかな弁論を、当時の社会は一言も聞けなかった。新聞には、非公開だったために被告とされた人びとの生の声がなかったのはやむを得ないとしても、この迫力ある平出の言説を伝えようと努力した形跡は影さえない。社会が平出の言葉を少しでも聴いていれば、その後の「大逆事件」観はいくらか違っていたに違いない。国家の側が法廷と社会を遮断したのはそんなところにも理由があったのだろう。国家のつくった事件とそれを垂れ流した当時のジャーナリズムのありようが、事件に連座させられた人びとに対する迫害や「逆徒」という視線、社会主義やアナキズムといった思想に対する偏見に満ちた社会意識の形成、さらには国家観や天皇(制)観にも大きな影響を与えたのは否定できない。それは現在まで続いているのではないか。

この日は、アメリカとドイツの大使館員が特別傍聴を認められたから、彼らも平出の見事な弁論を見聞したはずである。すでに公判前から、世界各地から事件に対する日本政府の対応への批判が高まっていた。一一月にはサンフランシスコなどで、社会主義者やアナキストらの抗議行動が起き、日本政府に寄せられた抗議文は数百件に上った。アメリカだけでなく、ヨーロッパにも抗議は広がった。それらは外務省などを通じてもたらされ、政府も神経をとがらせ、対策を考えていた。両国大使の傍聴許可の背景には、そうした国際世論の動向もあったにちがいない。

二九日の弁護側の最終弁論が終わると、裁判長の鶴が結審を宣した。夜の九時ごろだった。

「大逆罪」適用の初めての裁判が公判開始からわずか半月足らずで幕を下ろし、舞台が回った。判決が透けて見えるような審理だった。辣腕《らつわん》弁護士の今村は「裁判所が審理を急ぐこと奔馬《ほんば》の如く一の証人すら許さざりしは予の最も遺憾としたる所」と天を仰いで慨嘆した。

囚われの身になった二六被告の多くは、拘置されてからすでに大方が半年を超えていた。故郷を想い、家族を思う被告らの多くは初めての裁判で、それも大審院での「大逆事件裁判」、被告らの心情は動揺し続けた。かつて語り合い、議論をし、笑いもした同囚にさえ、恨みや猜疑心が生じる。なぜこんな目に遭わねばならないのかと反省や悔悟を重ね、時に自らを責める。卑屈になったり、落ち込んだり。身に覚えのない「大逆罪」に陥れられ、その理不尽さに憤りはしたが、国家への批判より、有罪となれば死刑しかない「大逆罪」と知って、命を取りとめたいという思いのほうが勝りがちになる。三畳足らずの独房に閉じ込められ、外の世界との接触は限られ、不安と絶望、希望とかすかな期待が日々、いや刻々と交代で襲ってくる。

平四郎は囚われて五カ月ほどたった一二月三日、甥から来着したはがきに伯父さんに代わって「孝行をするから心配せずに身を大切にして下さい」との一文に触れて落涙する。母於里乃《おりの》や妻むめ、そして二歳の意知子を思い、自責する。「此伯父の為め学校友達など一種の侮辱と指弾とをうけるだらう。アレの伯父は監獄え行つたのだ。アレハ無(謀)叛人の甥ぢやと。妻や子は此の如き侮辱と指弾は一層甚だしく受けるだらう。皆自分のまいた種ぢや。呼《ああ》、自分ほど罪の深いものはない」。公判中の一二月一七日には

「どんな判決を受く(る)のかそればかり心配して仕方がない。昨年(一九〇九年)から自分は全く社会主義をすてゝあつたにもかゝはらず、此様な苦しみを見るのだから、どうも法律上の問題としてのみ考え得られない」と不安の中で政治的事件の臭いも嗅ぎ取っている。そのいっぽうで期待感も寄せる。「自分は今回の事件は、最初から罪なども定めているのだらう、公判なども一個の形式ぢやと思つておつた。所が以(意)外たしかに丁寧なる審理をうけた。此調子では事実の真相に適合した判決を見ることが出来るであらう」。大学卒のインテリで、熊野川の船乗りになり、幾十人の船頭を束ねて労働運動を組織し、自由を求め、社会主義に魅かれ、反骨精神旺盛で、大酒豪でもあった熊野の快男児といわれた平四郎の心の揺れが獄中記「無題雑感録及日記」から読み取れる。だが平四郎のかすかな期待が砕かれるのに時日を要しなかった。

判決言い渡しは年が明けた一月一八日と決まった。その三日前の一五日、外務省は在外の日本大使館に「大逆事件裁判」についての説明書を送った。同時に内務省がその英訳文を国内の英字紙にも送付した。それは一審で終審の裁判や非公開に対する諸外国からの批判が次第に強くなったからで、裁判は不正でも不当でもなく、法に従って適正に行なっているというのだった。しかしこの説明書は、奇妙だった。「被告人の多数は何れも所謂無政府共産主義者に属し、其主義を普及する一手段として、本年秋季を期し、恐多くも、皇室に対し逆を敢てし、進んで国務大臣を暗殺し、放火掠奪を行はんとの陰謀を企てたるものにして、此の事実は被告人の多数の自白、爆裂弾の存在、其の他の証拠に徴して頗《すこぶ》る明瞭なる所」。石川啄木は、文中に、「本年秋季」とあるところから文書はすでに前年の一九一〇年中に用意され、しかもその内容から「政府が裁判判決前已に有罪を予断しゐたる」と読み取った。

一九一一年一月一八日、判決言い渡しの日は薄日の射す日であった。この日午前中、宮中で「歌会始」があり、法廷は午後一時に開廷された。第一回公判と同様に特別法廷は一般にも公開されたが、やはり厳重な警戒の中で始まった。午前一時半ごろから傍聴券を求める人びとが裁判所前に並び始め、その数二三四人に上った。法廷での全二六被告の席順は、公判中と同じであった。ただ平沼の姿は法廷になかった。首相、司法大臣らと減刑の打ち合わせのためだった。

午後一時五分開廷、裁判長は主文を後に回すと告げ、二六人に着席するよう指示し、まず理由の朗読を始めた。冒頭で「被告幸徳伝次郎は夙《つと》に社会主義を研究して明治三十七年北米合衆国に遊び、深く其地の同主義者と交り、遂に無政府共産主義を奉ずるに至る」と秋水から始まり、「赤旗事件」とその判決を契機に、無政府主義者らが報復として、国家の破壊のために元首を狙ったと粗筋を述べた。そして各被告の具体的な罪の理由を述べる前に、帝国憲法第五七条の「司法権ハ天皇ノ名ニ於テ法律ニ依リ裁判所之ヲ行フ」を拠り所にして、わざわざ次のような言葉を挿入していた。

「国体の尊厳宇内《うだい》に冠絶し列聖の恩徳四海に光被する帝国の臣民たる大義を滅却して畏多くも神聖侵すべからざる聖体に対し前古未曽有の兇逆を逞《たくましゅう》せんと欲し(中略)凶謀発覚したる顚末は左の如し……」

これだけでも判決主文が予想できた。判決理由の中身はほとんど予審「意見書」と同じであった。死刑を覚悟していた管野須賀子は、無関係の被告らが何人かでも無罪になるかもしれないとかすかな期待を持っていたようだ。それは法廷での被告らの陳述が調書の捏造をあぶり出したと聞いたからだろう。平出の弁論もあった。だが主文の前の理由の朗読を聞くうちに管野の期待は一気に吹き飛ばされた。彼女は獄中記の「死出の道《みち》艸《くさ》」の中で書いている。「無罪と信じて居た者まで、強ゐて七十三条に結びつけ様とする、無法極まる牽強附会《こじつけ》が、益々甚だしく成つて来るので、私の不安は海嘯《つなみ》の様に刻々に胸の内に広がつて行くのであつたが、夫《それ》でも刑の適用に進むまでは……」。管野は一言も聞き漏らすまいと全身を耳にした。朗読は四七分かかり、そのあと直ぐに鶴裁判長は被告全員に起立を命じ、「主文！」と一声を上げ、一気に読み上げた。

「被告幸徳伝次郎、管野スガ、森近運平、宮下太吉、新村忠雄、古河力作、坂本清馬、奥宮健之、大石誠之助、成石平四郎、高木顕明、峯尾節堂、﨑久保誓一、成石勘三郎、松尾卯一太、新美卯一郎、佐々木道元、飛松與次郎、内山愚童、武田九平、岡本穎一郎、

三浦安太郎、岡林寅松、小松丑治ヲ各死刑ニ処シ被告新田融ヲ有期懲役十一年ニ処シ被告新村善兵衛ヲ有期懲役八年ニ処ス」

秋水以下二四人に死刑判決を言い渡したのである。ガラスが一瞬にして砕けたようにかすかな望みも飛び散った。判決と同時に管野の身体はぶるぶると震えた。「余りの意外と憤懣の激情」に制御できなくなったのだ。〈無法な裁判だ〉と、管野はようやく独りごちた。と、突然編み笠を被せられ、退廷を促された。「皆さん、さようなら！」。思わず声を上げていた。それに誰かが応じた。「さようなら」「御機嫌よう」と。そして「無政府党バンザイ！」の声が追ってきた。大阪の三浦の声だった。多くの被告が唱和するように、同じ言葉を叫んだ。「無政府党バンザイ！」は、平出が後に小説「逆徒」に託して語ったように無法な判決への不満を表象する被告らの精いっぱいの意思表示だった。

平出は、判決直後に「後に書す」という一文を草した。

「もし予審調書其ものを証拠として罪案を断ずれば、被告の全部は所謂大逆罪を犯すの意思と之が実行に加はるの覚悟を有せるものとして、悉《ことごと》く罪死刑に当つて居る。乍併《しかしながら》調書の文字を離れて、静に事の真相を考ふれば」宮下、管野、新村の三人の企画で、やや実行の姿を現しているだけだと述べて、予審調書こそ問題であると、鋭く切り込んだ。そして平出は「二十四名悉く死刑！　之れ何たる事であらう。之れが事実の真相か、之れが時代の解釈か、之れが自由平等の愛情か、智識か、迎合か、公正か、血迷か」と怒りを叩きつける。それでも平出は揺らがない。「余の確信は此判決によりて何等の動揺をも感じて居らぬのである、余が見たる真実は依然として真実である。記録されたる文字そのものがすべて事実であるならば、訴訟は常に予審終結と共に終了すべきである」。最後に、平出は昂然と胸を張って口を閉じる。

「彼等は国家の権力行使の機関として判決を下し、事実を確定した、けれどもそれは彼等の認定した事実に過ぎないのである、之が為に絶対の真実は或は誤り伝へられて、世間に発表せられずに了《おえ》るとしても、其為に真実は決して存在を失ふものではないのである、余は此点に於て真実の発見者である、此発見は千古不磨である、余は今の処では之れ丈けの事に満足して緘黙《かんもく》を守らねばならぬ」

新田融と新村善兵衛には、「大逆罪」ではなく爆発物取締罰則違反で懲役一一年と八年の有期刑であった。したがって二人については、大審院で終審ではなく差し戻さねばならなかったはずである。だが怒濤のような大量の死刑判決の中で、司法は誤魔化してしまった。

「二四人に死刑判決」の報は、全国に号外で伝えられ、ほぼリアルタイムで国民の知るところとなった。新宮町の地域新聞『熊野日報』の号外は、幸徳と管野の二人に加えて熊野の連座者六人の計八人だけを大きな活字で伝えていた。号外は新宮町内の各所に貼り出され、その一枚が大石の自宅近くの米屋の壁にも貼り付けられた。大勢の人だかりの中に、大石の二人の幼い子、長女鱶《ふか》（六歳）と長男舒太郎《のぶたろう》（四歳）も混じっていた。死刑判決の翌一九日には、一二人が恩赦によって無期に減刑された。武田九平、岡本潁一郎、三浦安太郎、岡林寅松、小松丑治、佐々木道元、飛松與次郎、髙木顕明、峯尾節堂、崎久保誓一、成石勘三郎、坂本清馬である。「助かったのだ。命だけはとにかく助かった。私は涙を流した」。坂本清馬はそのときの正直な気持ちを後年、自伝の中で語っているが、他の一一人にも共通する気持ちだったろう。だがなぜ一二人なのか、なぜ他の人たちが減刑されなかったか、その正確で詳しい理由は明らかではないが、社会には天皇の恩だけが印象づけられた。「逆徒」とされたがゆえに「恩赦」は、無実の人びとへの死刑判決の誤りを消してしまう効果を持ったのである。「聖恩逆徒に及ぶ」（『紀伊毎日新聞』）、「聖恩天の如し只感泣あるのみ」（『琉球新報』）、「広大無辺の聖徳」（『九州日日新聞』）、「聖主の慈仁に浴したる心地するのみ」（『東京朝日新聞』）というふうに全国の新聞は、真相に迫ろうとはせず「逆徒」と「聖徳」を対照させるような報道を続けた。天皇制国家の見事な演出で死の淵《ふち》をのぞかされた一二人は、判決から三日後の二一日から秋田、千葉、長崎・諫早《いさはや》の三監獄へ移送されていった。しかし有期刑の二人を含め減刑者のその後の生は、決して平穏とは言えなかった。

死刑と決まった一二人は、一週間もしない二四日に一一人が、二五日には管野が縊《くび》られた。ここでは成石平四郎の声を聞こう。

死刑判決後、平四郎は妻のむめ宛てに手紙を出している。

「此手紙着く頃は最早我等の死刑なることを知って居るであろうとおもう。今に成ってからは何とも申しません。おとなしく死につくまでのことです。僕はかまわんが兄には気の毒です。これが皆生れ合せとおもわねばしかたがない。死刑の宣告をうけたが、まだまだ死ぬまでにはいくらかひまがあるから、もし僕にそうだんがあるなら言って来てもよいが、あとあとのことはすべて思うようにす可し。どのようにしても不足はない。必ずしも後家を立てることもありません。よき縁があったらかたづいてくれ。(イチ子)は自分でそだてようと思えば育てようし、貰い人があれば他所へやってもよい。外の人の家内や親戚はそれぞれであいにくるようですが、そのもとには決して面会などにはきてならん。これはかたく言っておく。もしあいに来ても僕は面会しません。このてがみを見たからとて、性(正)体をうしなうことのなきようにす可し。人間は一度は必ず死ぬのじゃほどに、あまりなげくことはいらぬ。僕は一足先へ行って極楽で蓮の花の半座をふみわけて待っているから、そのもとも此世では出来るだけよきことをして地獄へ踏み迷わぬように気をつける可し。とりあえず死刑になった事をしらします。南無阿弥陀仏」

　平四郎がこの手紙を出した日付は一月二四日である。処刑されたのは、幸徳から数えて四人目で絶命時刻は午前一〇時三四分。妻が夫の手紙を受け取って愕然とし、全身を震わせていたときには、平四郎はもう縊られてしまっていたのだ。

東京監獄の東北隅にあった絞首台に上る前に平四郎は、口頭で遺言を母に伝えてほしいと典獄に依頼した。東京監獄から届いた二月三日付の書類にはこうあった。「遺骨は居村佑(祐)川寺に葬るべく、戒名は付するを好まず、「蛙聖成石平四郎之墓」と記すべし。又生前の履歴等を墓石に刻することを禁ず」。なるほど平四郎の孫の岡功が少年時代に見た墓に戒名がなかったのは、平四郎の遺志だったのである。

私が初めて平四郎と兄勘三郎の墓を訪ねたのは九八年で、佐藤春夫研究家の辻本雄一の案内だったと記憶する。その後も何度か訪れているが、二〇〇七年八月には、初めて岡功に同行した。成石家墓所は、熊野川の支流の大塔《おおとう》川にかかる本宮町請川の成石橋のたもと近くにあり、そこには二六基の墓石がある。高さ五七センチの平四郎の墓は、そのほぼ中央にある。一九一一年二月一九日に堺利彦から送られた遺骨を、警察は昼間の埋葬や、墓の建立に圧迫を加え、悼むことさえ抑圧したが、遺族は二〇日夜にこっそりと埋葬し、小さな墓石をつくった。墓所の奥には、一九六七年三月、平四郎の死から五六年後に遺族によって高さ一・六メートルの御影石の記念碑「蛙聖成石平四郎兄弟之碑」が建立された。

「明治政府架空の大逆事件を虚構するや、平四郎勘三郎の兄弟また連座して倶《とも》に冤枉の罪に死す、「行く先を海とさだめししづくかな」は平四郎の辞世なり、風霜ここに五十余年、いま兄弟のために碑を建てて無告の幽魂を弔う」
荒畑寒村による撰文である。辞世は、一月二四日付のむめ宛ての手紙の追伸で母に宛てて記されてあった。記念碑の建立に至るまで、そしてその後も「逆徒」と名指された人びとの遺族ら関係者の苦闘は、平四郎の辞世になぞらえれば「復権」という海への一滴一滴のようであった。

岡意知子は、功から「蛙聖」を名乗ると聞かされた二年後の九〇年五月一〇日、八二年の波瀾《はらん》の生涯を閉じた。

平四郎の孫の堺蛙聖・岡功が倒れて意識不明に陥ったと報《しら》されたのは、二〇〇九年三月一六日朝、新大阪駅のホームだった。

4 死者たちの声

大逆事件で処刑された松尾卯一太の妻・静枝と長男・奚司郎．提供：坂田幸一郎氏

ご存知ですか、この写真？

椅子に腰掛けている和服の女性と、その傍らに起つ袴姿の少年の写真を見せて、坂田幸之助は私に訊いた。

セピア色がかった写真は、それなりの古さを思わせる。枠つきの台紙に貼り付けられ、現在ではほとんど見かけなくなった写真館のスタジオで撮った写真だと、すぐにわかった。撮影用と思しき椅子、二人のカメラ目線、背景、少年の足元は編み上げ靴のようだが、女性はスリッパというややちぐはぐなのもそれを語っている。親子の平穏を象徴する記念写真のようにも見える。誰だろう？「大逆事件」関係者の写真の記憶のページをくってみるが、見覚えがない。といっても私が知っている写真は、それほど多くはないのだが。

写真の左側に目を移すと「謹呈　大正九(一九二〇)年一月五日撮影　松尾奚司郎《けいしろう》　伯父上様」とあった。「松尾」であれば、「大逆」陰謀を企てたと、冤枉の罪を着せられ、悲運の中で処刑された松尾卯一太(一八七九年生まれ)の遺族だろうか。確かめるように訊くと、坂田は日焼けした顔を少し緩めた。

「向かって左側の女性が、松尾卯一太の奥さんだった倭久《しずえ》(通称静枝)さんで、右側の男の子が長男の奚司郎さんです。写真は釜山の写真館で撮って、奚司郎さんが縁者の徳永右馬七さんに送ったものです。私はこの写真を徳永さんの息子の奥さんからもらったのです。私らが持っていても仕方がないので、差し上げますって。もう四〇年ほど前のことです」

私の知っている静枝(一八八六年生まれ)の写真は、地元の研究者の上田穣一と岡本宏が編んだ『大逆事件と「熊本評論」』に収載されている二点だけだった。それも事件前の写真で、静枝の若いころだ。坂田が見せてくれた写真の中の女性と少年が、卯一太が処刑された後の静枝と長男の奚司郎なのかと、改めて厚い台紙に貼付された写真に目を凝らした。

二〇〇八年五月初めから六月にかけて、私は熊本県で事件に連座した人びとの足跡と墓などを訪ね歩いていた。事件後の遺族の写真を持っていた一九二八年生まれの坂田は、松尾の生地の玉名《たまな》郡豊水《ほうすい》村川島(現・玉名市川島)から東に約六・五キロ離れた玉東町木葉《このは》に住む郷土史家である。

再び写真の男の子をよく見ると、『大逆事件アルバム』に掲載されている若き日の卯一太を髣髴させる。奚司郎は、父の卯一太が社会主義に触れた東京遊学から帰郷し、九州でも一、二の大きな養鶏業を始め、月刊誌『九州家禽《かきん》雑誌』を発行し始めた一九〇四年の生まれである。熊本市の南に接する宇土町(現・宇土市)出身の静枝は、卯一太の済々黌《せいせいこう》中学校時代の友人、佐々木常人の妹で、熊本の尚絅《しょうけい》女学校を卒業と同時に卯一太と結婚した。坂田が見せてくれた写真の撮影時は、一九二〇年一月となっているから、卯一太の処刑から九年、美貌で有名だったという静枝は三四歳、奚司郎は一六歳である。写真では、静枝が年齢以上に老けて見えるのは事件にもみくちゃにされたせいなのか。それにしてもなぜ釜山なのだろう。事件後、静枝たちはどうしたのだろう。……時を少し遡る。

卯一太が、幸徳秋水らの主唱する自由・平等・博愛に共鳴して社会主義者になり、済々黌時代の友人の新美卯一郎と語らって、「自由」を高く掲げて熊本評論社を設立、月二回刊の新聞『熊本評論』を創刊したのは一九〇七年六月である。当初は、社会主義一色ではなく、国権主義の政治風土の強かった熊本の秩序と体制を批判する記事が多かった。わけても、人力車夫の営業用番号札の価格問題に端を発した争議では、『熊本評論』は車夫を支援する立場で論陣を張り、人力車夫同盟会の結成(〇八年二月)に大きな役割を果たした。一種のキャンペーンで、新美の活躍はひときわ目覚ましく、車夫らの評判になったという。しかし〇八年五月に大阪の『日本平民新聞』の廃刊後、『熊本評論』は先鋭的な坂本清馬の入社、さらに「赤旗事件」によって政府批判を強め、熊本にありながら無政府主義の全国紙的役割を担い、たびたび新聞紙法などで弾圧され、ついに創刊から一年三カ月で廃刊に追い込まれ、継承紙の『平民評論』を創刊(〇九年三月一〇日)するも、あえなく一号で潰される。卯一太らの運命が突然のようにひっくり返って「大逆事件」に連座するのは、それから何と約一年四カ月も後である。

『平民評論』が新聞紙法違反で問われ、印刷人として禁錮一年の刑を受け、獄中にあった卯一太が、すでに見たように「一一月謀議」によって「大逆罪」にはめられ、東京監獄に送られたのは、一〇年七月二〇日である。松尾宅は家宅捜索を受け、静枝の日記や書簡なども押収された。夫が「大逆事件」に巻き込まれたことも、東京移送も知らぬまま静枝は、熊本区裁判所に呼び出されたうえ、五日間も勾留され、検事らの執拗な尋問を受けた。自宅には六歳の奚司郎と一歳下の次男、同太郎(一九〇五年生まれ)の二人の幼子が、老いた父の又彦と置き去り状態にされたうえでの取り調べだった。その父も証人として二回取り調べられている。二四歳だった静枝に対する検事の取り調べは異常に過酷で、夫に不利な証言をさせられる。自責した静枝は八月一〇日、卯一太に詫びる手紙を出している(消印は一二日)。これは押収された証拠の中にあった。

「(前略)七月三十日裁判所の御よび出しにより出頭、警察署に五日間拘留致し候。父上も八月三日より二日間拘留、何の事件よりして御取りしらべかぞんじ申されど、両人とも御取りしらべとあひなり候。平素愚なる私の事とて、御存じ通り主義の話しとても只一度も聞候事なく存ぜず、始めは事実の儘《まま》を知らぬと述べ候へ居り候も、あまり長日ニ渡り、愛児の事、老父様の御事を思ひ、之には変へられずと思ひ、心ノ許さざりしも、遂に答ニまかせ知りぬる如く返事致し置きたる事も候。若《も》し東京ニ御取りしらべにあひ給ひて此事を聞き給ひなば定めしいつはり深き愚なる女よと心中に独りせめ給ふ事で有ろーと御察し致し、心苦敷思ひ候へ共、老父様二子を思ひかかる愚なる心も出で候次第、何卒深くおとがめ給はぬよふ願上候……十一月必ず御出獄有らむ事を一重ニ祈り居申候（後略）」

何とも痛々しく、涙なくして読めないが、何も知らない妻をいたぶるような官憲の態度にも憤りが抑えがたい。静枝は熊本だけでなく、東京地裁にも召喚され予審判事の尋問を受けている。このためもあって若い静枝は精神的に大きく崩れ、地元では尾行警察官と関係を持ったという忌まわしい噂まで流される。

卯一太が東京監獄から出した静枝宛ての書簡は全部で七通ある。幼子を抱えた妻を思い遣り、励まし続ける手紙は愛の色に染められている。

「今日は十八日なり、判決言渡し日なり。……酷どく寒い日だ。死刑か……、まさかと思って居る。併し自分はもうチャンと準備が出来て居る。ドンナ事があろうとビクともするな。愛は永遠なり、愛は永遠なり」

死刑判決を受けるとは思っていないが、不安も襲い、揺れ、己と妻の双方に懸命に言い聞かせるようだ。しかし判決は、死刑。減刑からも外れた。卯一太は囚われの身になって以後、教誨師《きょうかいし》の影響もあったのか、唯物論から離れ、宗教的境地に入っていく。三日後の一月二一日付の静枝宛ての最後の書簡は、遺言でもある。

「(前略)気を取り乱してはくれるな。御身には大事な父上がある、小供がある。自分は今、神のお召しに応じて行くが、御身には残された仕事がある。……罪なきに刑せらるるが、御身よ恨みること(ママ)勿れ、咎《とが》むること勿れ。ここに神あり、ここに如来あり、ここに救済あるに候わずや。……面会に上京したしとの思の浮ばんも無益なり。却《かえっ》てお互の心情を乱すのみならん、上京は断じてあるべからず……死体は貰えるかどうか分らぬ。貰えるなら骨にして送ろう。葬式はするに及ばぬ。針箱の引出しにでもしまっておけ(後略)」

冤罪だと認識する卯一太だが、宗教的な境地から怒りを包み、懸命に死を受け入れようとしている。一月二二日付の地元紙『九州日日新聞』は、「陰謀者松尾卯一太の父と妻」の記事の中で、静枝の「今回の陰謀には少しも関係ありません」の言葉を紹介し、「哀れなり」と書いている。けれども「関係ありません」と、記者に語った言葉に静枝の必死の抗《あらが》いを思う。

松尾卯一太は一月二四日、九人目に処刑され午後三時二八分に絶命した。遺体は堺利彦の妻・為子が引き取り落合火葬場で荼毘《だび》に付した後、しばらくは四谷区南寺町六番地(現・新宿区若葉二丁目付近)の堺宅の床の間に置かれていた。玉名郡石貫村《いしぬき》(現・玉名市石貫)に住む卯一太の母方の従兄弟の徳永右馬七が上京、堺宅で遺骨を受け取り、二月六日に松尾家墓所に埋骨した。

坂田の聴き取りにしたがうと、遺骨を抱えた徳永は玉名駅までは行かず、大牟田の一駅前の鹿児島本線銀水駅《ぎんすい》(福岡県)で下車し、人力車で松尾宅に向かった。葬式は「黒葬《くろぞう》礼《れい》、つまり真夜中、蠟燭《ろうそく》の灯も灯さず、全くの暗闇で行なわれたそうです」。だが一説には「葬式は許されなかった」とも聞く。

素封家の松尾家は、事件後は裁判費用の出費などがかさみ破産し、屋敷は解体され、その跡地は「逆賊」が住んでいたとの理由で、「表土が一尺ほどはぎ取られ、別の土を被せられた」と、二〇〇二年二月の地元紙は当時の空気を現在に伝えている。父の又彦、静枝、そして二人の子どもの四人はその後、居住地を離れ、半年ばかり郡内高瀬町で借家住まいをしていたが、静枝は一一年七月末に次男の同太郎と一緒に宇土の佐々木家に復籍している。ただ堺利彦が遺家族慰問の旅で寄った一一年四月一一日には、遺族はまだ川島に住んでおり、静枝は夫の恨みを晴らしたいなどと語ったと警察記録にある。奚司郎は祖父の又彦の死去(一九一六年)で親戚を頼って釜山に渡り、さらに台湾を経由して、「満州」へ行き、敗戦後に伯父・徳永のいた石貫村に引揚げ、「今はなくなった老舗の温泉旅館の紅葉館で奥さんと一緒に下働きしていたそうです」と坂田は聞いている。一九七五年まで存命だったという。静枝はその後、兄を頼って釜山へ行き、そこで幼稚園の保母をしていたが、朝鮮へ渡った状況や彼の地での生活など詳細は知れない。

「たぶん、この写真は奚司郎が釜山に行って、保母をしていた母に会ったときの記念写真ではないか、と思います」。坂田の推測である。静枝はしかし、記念写真の一年後の二一年一〇月二四日午後三時、大阪医科大学病院(現・大阪大学医学部附属病院)で病死している。三五歳だった。静枝は、大阪では次男の同太郎と暮らしていたようで、その後一人になった同太郎は三越に勤め、後に軍属として「満州」に渡り、日中戦争の始まる前の三五年、三〇歳の若さで死去している(家族の移動などは主に『大逆事件と「熊本評論」』によった)。

松尾家の墓所は、玉名駅のほぼ南二・五キロの川島地区の土の香りが流れてくる田園地帯にひっそりとあった。かつて卯一太や静枝ら家族が住み、養鶏業もやっていた広大な家のあった近くである。ややひずんだ四角形の墓所には、一〇基を超える墓石があった。卯一太の墓は北の奥にある。周囲の墓石よりぐんと高く、測ってみると高さは一・八メートルもあった。正面に「松尾卯一太之墓」、右側面に処刑年月日と享年三三歳、裏に回ると建立した長男・奚司郎と次男・同太郎の名が刻まれていた。しかし建立年はない。埋骨から数年は警察の圧力で、何も書けず白面のままだったそうだ。しかも当初は、木標だったとの話もある。静枝の墓はここにはなく、宇土にあるとも、没した大阪だともいわれるが詳しくは分からない。一八歳で結婚して六年、夫を奪われ、一瞬のうちに殺され、その後一〇年流浪の旅の果てに縁薄い大阪で亡くなるまで静枝には、陽の輝いた日があったろうか、心から笑えた日が訪れただろうか。また奚司郎や同太郎は、母や祖父から聞いただろう事件のことどもをどう受け止めただろうか。わずかに知る遺族の切れぎれの出来事の行間から、国家権力と時代と社会に翻弄され、手足がばらばらに引きちぎられ崩壊してしまった家族の哀しい声が聞こえてくる。

最近、松尾家の墓所に「松尾卯一太の墓」と書かれた標柱が建てられた。柱の部分はコンクリート製で、名前の部分は金属板である。「私はここへ来たのが久しぶりで知りませんでした」。坂田はやや感動したような面持ちでつぶやいた。川島地区の人に聞くと、玉名市の補助で始まったまちづくり委員会が二〇〇四年にこしらえたのだという。「逆賊」といわれ、誰も振り返らなかった卯一太の墓にほんのわずかだが光が射し込むようになったのか。そう思うと、乾いた喉が少し湿ったようだった。

卯一太と同年の生まれで、済々黌時代から『熊本評論』を経て、刑死まで一緒だった新美卯一郎は、死刑判決後の一月一九日に、事実上の妻の金子トク(徳子)宛ての手紙に書いている。

「(前略)実の所小生は最初より何等の罪なきものにして安心致し居候に、死刑とは真に意外に御座候。而して最早致し方なく、運命に安んずるより外無之候。小生が気の毒に思うのは御身のことに候。思えば四年の日月決して短くはなく候。御身と常に語り居りし如く、我等両名の理想は早く立派なる一家を為し、一個純然なる良民として平和なる家庭を作るにありて、時にはタワイもなき未来の事を語りて楽しみたる事あり……僕の様なものを夫として親切を尽し呉れ候事は小生の深く感謝する処に候……此の手紙は御身へ対する小生の形見に候(後略)」

新美はこの手紙をトクに書き送ったあと、辞世の句を「死ぬる身を弥陀にまかせて雪見かな」と詠んだが、絞首台に上る直前「死ぬる」を「消ゆる」に直したと伝えられている。

新美の刑死時刻は午前八時五五分。満三二歳だった。

連座者中、最年長だったかつての自由民権運動の闘士の奥宮健之も悲劇の人だった。妻サカ(通称さわ)は、奥宮が囚われていた一九一〇年八月一二日早朝、三八歳で肝臓病で亡くなっている。奥宮が無罪を確信していたのは、他の多くの連座者と同じである。姉と妹に宛てた書簡では、身の潔白を渾身の情を込めて訴えている。「今回ノ如キ極刑ノ申渡ニ接シ只タ〳〵意外千万ノ感ニ打タレ候……私ガ此事件ニ関知セザル事ハ死後必ズ其冤ヲ雪《そそ》クノ期アルヘキヲ信シ今ハ只運命ニ一任シ静ニ其臨終ノ期ヲ待チ……入獄以来愚妻ノ病死ノ如キ殆ント絶(耐)ヘ難キ人世ノ悲惨ニ会ヒ今再《マ》タ期(斯《カク》)ノ如キ運命ニ遭遇ス(後略)」(一月二三日付)と、後世に雪冤をも期待している。刑死時刻は午前九時四二分。五三歳。殺されてなお、スパイの疑いをかけられ続けた不遇の人である。

内山愚童の書簡は、判決二日後の二〇日に堺夫妻に宛てたのが最後のようである。「寒い〳〵今日は雪が降るこんな寒い日に火の気のない監房の中で手紙を書くのもあまり面黒くない事ではあるが扨《さ》て死刑の恩命に接して見ると懶《なま》けても居られない」と前置きし、「先日君(利彦)の送つてくれたバイブルの中に「義朝は抜身をひつさげ討死せり」と云ふ句があつたが吾等二十四人も近々抜身だけはひつさげて討死することになつた、オツト幽月(管野須賀子)だけは例外だ」(「バイブル」とは、袖珍本《しゅうちんぼん》の『柳樽《やなぎだる》』)。駄洒落混じりの手紙を書くほど余裕を見せているが、教誨師が禅僧の愚童に念珠をかけたらどうかと勧めると、しばらく考えていた愚童は一言「止しませう」。教誨師が理由を問うと「どうせ浮かばれないのですから」とさびしく笑ったという。刑死時刻は、午前一一時二三分。三六歳。

事件のきっかけにされた宮下太吉は、公判直前、義兄の山本久七に宛てた手紙で「此度は種々勝手な事を願い、猶金子《なおきんす》を遣わせ(裁判費用などだろう)誠に相済まぬ事でした。何れ遅かれ早かれ出獄さえ致せば、未だ老朽ちた年でも有ませんから、……出獄の上で必ず報恩致します」と出獄を想定して書いている。結審前の一二月二六日付の手紙では、もはや死刑は免れないと観念し、「覚悟の上に覚悟をしての事なれば、如何なる事に相成りたりとて後悔などは少しもしませぬから此段御心配無用」と記している。判決後の一月二三日付の約一八〇〇字の長い手紙で、遺体の火葬、墓のこと、遺品の処分など細々と書き、愛用していた母からもらったらしい手提げかばんについてこう頼んでいる。「警察から監獄までついて来たのだから、因縁がなかなか深いので、一所に埋めてくれ」。刑死時刻は、午後一二時一六分。二五歳。

大石誠之助の書簡は、妻のゑいを心配する記述が目につく。それは妻への手紙だけでなく、親しかった牧師・沖野岩三郎宛ての書簡にもうかがえる。結審後に姉の井手睦世《ひと》が面会に来たことを伝えるゑい宛て書信では「(姉は)私の(判決)言渡しがすんでから一先《ま》づ帰ると言つて居た。其時私も一しよに帰れるだらうと信じては居るが未来の事は何とも言ふ事が出来ない」と、妻を安心させようとつとめている。しかし判決の日の朝、平出修の法律事務所に勤めていた新宮出身の歌人・和貝彦太郎への手紙には、胸の裡《うち》をのぞかせる歌四首を添えている。「運命の手にとらはれしわれながら尚ほも生きんともたえつつある」「わがむくろけふりとなりてはてしなきかの大空にかよひゆくかも」がある。妻には見せない心の揺れである。判決後の一九日には、ゑいに書いている。

「ある人の言葉に「どんなにつらい事があらうとも、其日か、おそくも次ぎの日は、物をたべなさい。それがなぐさめを得る第一歩です」といふ事がある。お前も此際くよ〳〵と思つてうちに引きこんでばかり居ずと、髪も結び、きものも着かへて、親類や知る人のうちへ遊びに行つて、世間の物事を見聞きするがよい。さうすればおのづと気も落ついてあ(安)らかになるだらう……かうして何ヶ月過すやら何年過すやら、又特別の恩典で出して貰ふ事があるやら……決して〳〵気を落さぬやうに(後略)」。死刑執行直前の二三日付の平出への封緘はがきでは「一口に言へば寂しき諦らめ——これが目下小生の心持」と記し、事件について「法律の上より政治学の上より果《(ママ)》た犯罪学の上より研究する人は」「貴下を措いて他に何人も之にあたる人無之」と期待を寄せた。判決から三日後の一月二一日、大石は面会に来た堺に「今度の事件は真に嘘から出た真であって、人生は要するにこんなものであらうと思ふ」と語り、獄中手記の中でも同じように人生は「うそから出たまこと」がよく説明していると書き、自身の運命を、歌舞伎の台詞に仮託して語っている。これは、典型的な「嘘」である「一一月謀議」から事件を拡大した国家と、それが「真」にされて死刑にされた判決への批判、そして同時に、文人大石の人生への達観のようにも聞こえる。死亡時刻は午後二時二三分。四四歳だった。

　幸徳秋水に心酔し、神崎清の言葉を借りれば「もっとも激越な無政府主義者の一人」だった新村忠雄の覚悟は固かった。判決前日、堺に宛てて「(前略)あすは死刑の宣告を聞きに行く日です、之から暫らくの間悠々と読書し思索し得るのがうれしい。私は総てを主義によつて批評し判断して居ります、而《しこうし》て極めて平安です、乞御安心(後略)」と堂々と書いている。そんな忠雄が唯一、気がかりだったのは、巻き込まれた兄善兵衛の行末だった。獄中日記の一月一九日の項にある。「兄上様貴方に謝罪します。八ヶ年の懲役にしたのは私です。私を怨んで被下。而して御身大切になすつて……貴方の様なおとなしい人には必ず仮出獄の恩典があるのです。私は兎角反抗の念が燃えます」と。刑死時刻は、午後二時五〇分。二三歳。

体軀一三八センチ、子どものように小柄な古河力作は、東京・豊島郡滝野川村にあった印東《いんとう》熊児経営の花卉《かき》栽培「康楽園」の園丁で、西洋草花の栽培に携わっていた。福井・若狭の小浜出身の力作は一七歳で故郷を発ち、神戸の草花店で二年ほど働いた後、一九歳で「康楽園」に就職し、そこで事件に巻き込まれた。残されてある力作の写真を見ると、聡明そうな目鼻立ち、長年草花と一緒に生きてきた愛くるしい青年だったことを思わせる。そんな力作が社会主義に触れたのは、平民社の同人だった西川光次郎(光二郎)や山口義三らが『直言』の後継紙として〇五年秋に創刊した社会主義新聞『光』の購読を始めてからで、社会主義者になったのは〇七年ごろからである。経緯は明らかではないが「康楽園」近くにあった、社会主義者の川田倉吉が主宰する社会主義クラブ「愛人社」に出入りし始めて社会主義者となったようだ。後に秋水を知り、次いで管野や新村らを知ってアナキストを名乗る。根は優しかったが、人前では豪胆に振る舞い大言壮語する癖があり、それが力作を悲劇の海へ突き落とすことになった。

力作は公判も終わり近い一二月二三日に弁護人・今村力三郎に宛てて自らの真情を流

露した「釈明書」でこう訴えている。

「植木屋と申す者は、日々自然に親しんで居りますから、自ら気も柔和になりまして誠におとなしい者なのです……私共は殊に花専門でありますから、誠に優美な商売で、毎日〳〵奇麗《ママ》な花を見て暮らして居るのですから、自然その感化を受け、春の霞の様に温和になつて居ります。秋霜烈日と云ふ様な壮烈な男性的な心ハ花屋には見出し得ない……ですから私ハ到底陰謀なんどに加はる資格はないのです(後略)」。これは、力作の偽りない素直な言葉だったと思われる。

判決は死刑。「遂に死刑になりました。私の死ぬのは構いませせぬが、両親や弟妹の事を思うと実に堪えられませぬ」(一月二〇日)と叔父宛てに出し、平民社時代からの同志岡野辰之助に宛てた手紙では「今日か明日かとビクビクし乍《なが》ら待って居ります……死ぬのはいやなものです」と、正直に綴っている。

力作には心にかけていた弟と妹がいた。弟は一七歳はなれた三樹松(一九〇一年生まれ)、妹は一九歳下の綱(一九〇三年生まれ)である。綱は一度も兄、力作には会っていなかった。二人が小浜から親戚に連れられて上京したのは公判の始まった一二月一〇日ごろで、早速両親に連れられて、獄中の兄に面会に行った。だが規則では、一五歳以上でないと面会を許されず、二人の願いはかなわなかった。その後で、二人は獄中の兄にはがきを書く。宅下げされた遺品の中にあった一二月一六日の消印のはがきが、遺族から水上勉の

「若州一滴文庫」に寄贈されてある。まだ七つだった綱はカタカナで書いている。「ワタシハウマレテカラマダニイサンノカホヲシリマセンカラチヨツトデモアヒタクテナリマセン」。綱や三樹松は会えずじまいだったのか。判決から日ならずしたある日、東京監獄から特別の面会許可が出た。「兄さんが見えたら、ちゃんとお辞儀をするんですよ」。事前に、母の八尾《やを》から言い含められていた二人は、小さな胸を固くして東京監獄の玄関のタタキのようなところで待っていた。手をつないで。その先三メートルほど奥に、板敷きの廊下が横に走っているのが視界に入った。左手方向から、編み笠を被り、腰縄姿の兄が前後を看守にはさまれて現れた。兄は、編み笠を上げるように二人に目を遣り、無言で右手に消えていった。三樹松も綱も一言も言えなかったが、母の言葉どおり黙って頭を下げたのだった。綱にとっては初めて見た兄であり、最後に会った兄だった。三樹松が、遠い日に焼き付けたような記憶を、「大逆事件の真実をあきらかにする会」の世話人の大岩川嫩に語ったのは、七六年も後の一九八七年一

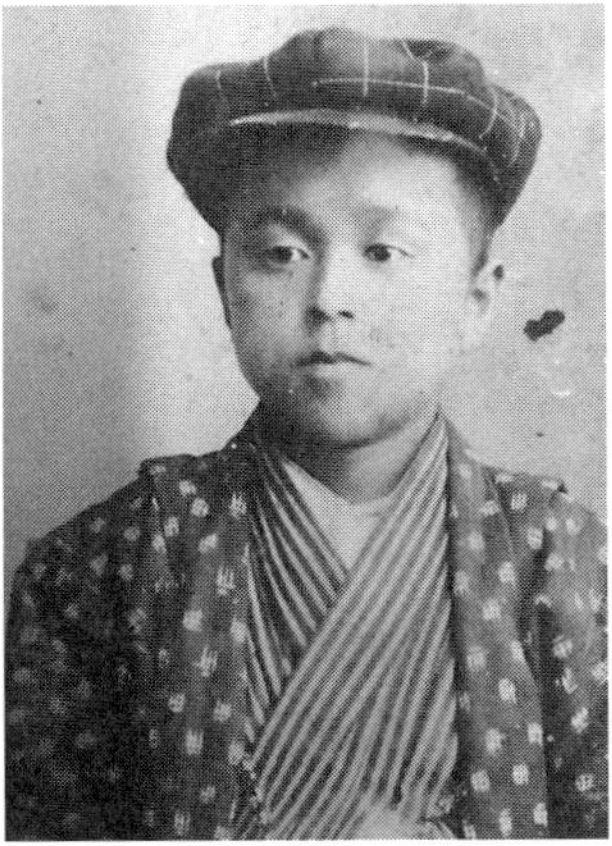

小浜時代，16歳のころの古河力作．童顔は変わらなかった．
提供：若州一滴文庫

二月五日だった。

力作の処刑は、幼い弟と妹の面会から間もなくであったろう。刑死時刻は午後三時五八分。二六歳だった。綱は戦後間もなく四〇代初めに、腸閉塞で亡くなっている。

力作は、墓も、戒名もいらないと遺言し、森近運平と同じように解剖まで望んだが、すでに記したようないきさつでかなわなかった。下落合の火葬場で荼毘に付された力作の遺骨は、堺利彦の世話で市谷冨久町の道林寺に埋められ、戒名が付けられたが、どういう経緯か不明だが、道林寺は町田市相原町に移転し、力作の遺骨は行方知れずのままになった。三樹松は、力作の遺骨を長い間、探し回っていたが、結局見つからなかった。

しかし力作の墓は、郷里の小浜、青井山の曹洞宗妙徳寺の深い木立に囲まれた「古河氏」の墓所の右奥の一隅にひっそりとある。妙徳寺への道は、かなりの急坂で、遠くに若狭の海が臨めるのは途中までである。墓標の表面右側に「慎道全逸居士」、左に「行山恵力居士」と彫ってある。ともに院号はないが「慎道……」のほうが字は大きい。右が父の慎一、左が力作である。慎一が亡くなったのは、力作の刑死から五年後の一九一六年八月二二日で、それを機会に戦後まで生きた妻の八尾が、夫と長男の力作とを一つにして親子墓としてつくった、と三樹松の娘たちは何となく聞いている。「祖母の八尾は、力作のことを、頭のいい優しい子だったと、よくゆってました。でも力作さんの墓を、古河氏の墓所につくるのは、簡単ではなかったのでは、と思います」。三樹松の娘、八尾の孫に当たる多賀さゆみは、そう思いをめぐらせる。ただこの墓には、慎一の行年は彫られてあるが、力作には何もない。彼がこの地に眠っていると思っている人たちにしか分からない。

三樹松はアナキストとして、敗戦前は警察につきまとわれながらも精神の自由を貫き、阪神淡路大震災の年、九五年まで、風のように飄逸《ひょういつ》に生きた。そんな彼も幼くして離れた故郷、若狭には行きたがり、「ワカサと聞けば、その音だけで心が騒いだようです。実際に、小浜へ行けたのは、戦後でした。やはり受け入れられないような空気が、若狭に長くあったからでしょう」。多賀の声が、少し湿ったようだった。

ただ一人の女性の管野須賀子の処刑は、一月二五日だった。獄中から出した須賀子の書簡は二八通に上り、それらはすべて清水卯之助編『管野須賀子全集(3)』に収められている。ほかに判決の日から筆を起こした獄中日記「死出の道艸」がある。これらを読むと、しばしば言われる「情熱淫奔《いんぽん》の女」というイメージより、確かに烈しいが、むしろ優しく、情の細やかな女性が立ち現れてくる。それは死刑という絶対不可避の状況に置かれたところから来ているとしても。

須賀子は、新村と同じで初めから死刑を覚悟し、他の連座者のことを気にかけていた。一八日の日記に「死刑は元より覚悟の私、只廿五人の相被告中幾人を助け得られ様かと、夫《それ》のみ日夜案じ暮した」が、それが打ち砕かれ「不運なる相被告に対して、何か一言慰めたかつた。然し余りに憤慨の極、咄嗟に適当な言葉が出て来なかつた。「驚いた無法な裁判だ！」と、独り繰返す外はなかつた」と怒りをもてあましている。一一人が処刑されているのも知らず一月二四日、堺に書く。「(前略)死刑の相被告が半数以上助かつたといふ事を聞きました。(検閲により数文字削除)兎に角一旦宣告を受けた人が助かつたのは何より嬉しうございます。当人方も嘸《さぞ》喜こんだ事でせう」。この日、彼女のもとへ一四六枚の「判決書」が届けられている。「死出の道艸」の二四日の項にある。「針小棒大的な無理強ゐの判決書を読んだので厭な気持になつた。今日は筆を持つ気にならない(後略)」。須賀子の最期の筆だった。刑死時刻は一月二五日午前八時二八分、二九歳だつた。

一九八三年、高知県中村市(現・四万十市)の為松公園のほぼ中央に幸徳秋水を敬愛する市民らによって、流麗かつ闊達な彼の「絶筆漢詩」の石碑が建立された。

区々成敗且休論(区々たる成敗　且《しばら》く論ずるを休《や》めよ)
千古唯応意気存(千古　唯《た》だ応《まさ》に意気を存すべし)
如是而生如是死(是《か》くの如くして生き是くの如く死す)
罪人又覚布衣尊(罪人　又《ま》た覚ゆ　布衣《ほい》の尊きを)

(「布衣」とは平民の意で、読み下しは『一海知義著作集(7)』による)

刑死九〇周年に当たる二〇〇一年には、「幸徳秋水を顕彰する会」(当時会長・森岡邦廣)の手で、石碑の横に一海による現代語訳板が添えられた。

「こまごまとした成功失敗について、今あげつらうのはやめよう。／人生への意気を捨てぬことこそ、古今を通じて大切なのだ。このように私は生きて来て、このように死んで行くが、罪人となって、あらためて無官の平民の尊さを覚えることができた」

森岡や現会長の北澤保らの案内で、中村駅から北西二キロほど、四万十川の東北にある為松公園にある秋水の七言絶句の石碑の前に立ったのは、二〇〇八年二月だった。絶筆とされる漢詩は、秋水が死刑判決を受けた直後、看守の菅野丈ヱ衛門に頼まれて監房内で揮毫し、一九七七年二月、菅野から秋水の故郷の中村市に寄贈された。戦争と思想の弾圧に抗し、当時の人びとの解放のために社会の構造的変革を目指し、社会主義からアナキズムへ行き着き、病と圧迫と貧しさに堪えながら疾走した「五尺にもならない」(石川三四郎)小柄な革命的詩人・思想家・ジャーナリストの幸徳秋水。この漢詩は、死を目前にした三九歳の秋水の悠揚《ゆうよう》迫らぬ死生観を湛えている。

判決直後、秋水は『万朝報』以来の最も信頼する同志、堺利彦に「まづは善人栄えて悪人滅ぶ、めでたし〳〵の大団円で、僕も重荷を卸した様だ、今日は気も心ものびやかに骨休めして居る、是から数日間か数週間か知らないが読める丈読み、書ける丈書いてそして元素に復帰することにしやう、一切人の世の面倒な義務も責任も是で解除となる訳だ」と書き送っている。『自由新聞』以来の親友、小泉策太郎には判決三日後に「愈々何も角も千秋楽となつた。俺も肩が軽くなつたやうに覚える。死といふ者は高山の雲のやうなもので、遠方から眺めてると大した怪物の形にも見えるけれど、近ついて見ればなんでもないものだ。唯物論者には、左右に振て居た柱時計の振子が停止したより以上の意義はない。殊に親もない子もないおれは、睾丸《こうがん》なぞは大丈夫だから安心してくれ」と諧謔《かいぎゃく》をまぶしつつ、心境を綴っている。秋水は、不当な国家に対する限りない憤怒を抱えてはいたが、囚われて以後は覚悟を固め、法廷では自己についてはほとんど語らず、管野と同じように連座者の救出に心を砕いた。

「絶筆漢詩」から浮かぶ秋水のどこか突き抜けたような「さばさばした死生観」には、少なくとも二つの背景があったように思う。その一つは、前に見た今村ら三弁護人に宛てた「陳弁書」である。これには取り調べの酷さは後半に記されているが、一万字に上る「陳弁書」の大半は、アナキズムへの誤解を解く内容である。「陳弁書」を平出修から借り出した石川啄木は、一一年一月五日の日記に記している。「幸徳の陳弁書を写し了る。火のない室で指先が凍つて、三度筆を取落したと書いてある。無政府主義に対する誤解の弁駁と検事の調べの不法とが陳べてある。この陳弁書に現れたところによれば、幸徳は決して自ら今度のやうな無謀を敢てする男でない。さうしてそれは平出君から聞いた法廷での事実と符合してゐる」。啄木はこの「陳弁書」が、事件の中身を知るきわめて重要な文書と鋭く判断して、「A LETTER FROM PRISON」として筆写している。

肉体そのものが氷塊になってしまうような獄の中で、秋水が執念のように書き綴った「陳弁書」の核心は、大審院法廷を支配していた「無政府主義者は暗殺者なり」という検事らの誤解や「妄見」を解くところにあった。直接的には、幸徳の思想によって「大逆罪」で縊られようとしている無関係の人びとを救い出さねば、と考えたからである。「大逆事件」を利用して無政府主義が、悪の思想であると社会に植えつける国家の目的を挫《くじ》きたいという希《ねが》いも秘めていただろう。

秋水はまず、無政府主義思想について「東洋の老荘と同様の一種の哲学で、今日の如き権力武力で強制的に統治する制度が無くなつて道徳仁愛を以て結合せる相互扶助共同生活の社会を現出するのが人類社会自然の大勢で、吾人の自由幸福を完《まった》くするのには此大勢に従つて進歩しなければならぬといふに在る」と陳べる。それゆえ、「無政府主義者が圧制を憎み、束縛を厭ひ、同時に暴力をも排斥するのは必然の道理で、世に彼等程自由平和を好む者はありません」と力説する。このような無政府主義者からは、暗殺者は少なく、むしろ「暗殺主義なりと言はゞ勤王論愛国思想ほど激越な暗殺主義はない」と古今東西の歴史的事実に基づいて切り込む。

さらに暴力の歴史を繙《ひもと》けば「初めに多く暴力を用ゆるのは、寧《むし》ろ時の政府有司とか富豪貴族とかで、民間の志士や労働者は常に彼等の暴力に挑撥され、酷虐され」、追い詰められて已《や》むなく、暴力を対抗的に用いるに過ぎないと陳弁する。

秋水は、革命の性質、革命運動、直接行動の意義などについても説明し、続けて無政府主義者が皇室をどうするかについて興味深い考え方を述べている。「武力権力に強制されない万人自由の社会の実現」を望む無政府主義者の社会では、「何人が皇室をドウするといふ権力を持ち命令を下し得る者がありましやう」と問い、こう言い切る。「他人の自由を害せざる限り、皇室は自由に勝手に其尊栄幸福を保つ」ことができ、「何等の束縛を受くべき筈はありません」と。

最後に秋水は、無政府主義者は暴力を好まず、無政府主義の伝道は暴力の伝道ではないと強調し、欧米では、誹謗中傷はあるものの、自由は保障されていると述べ、「乱暴な迫害を加へ同主義者の自由権利を総て剝奪蹂躙して其生活の自由まで奪」っているのは、日本とロシアだけだと批判している。

「陳弁書」を貫いてある思想は、完璧な自由である。秋水は、一二月二二日の法廷でも「陳弁書」と同じ趣旨の陳述をしたようだ。弁護士への「陳弁書」と法廷での陳述によって、不当な「大逆事件」で囚われた状況／地点から、多くの連累者を救うために自らの思想を語り、ある「達成感」を獲得したのではないか。

もう一つは、最愛の母の喪失である。公判が始まる一カ月前の一九一〇年一一月二〇日、秋水は遺著となる『基督抹殺論』を獄中で書き上げる。その八日後の二八日、中村から遠路はるばる上京した七〇歳になる母・多治が、堺利彦に伴われて秋水に面会した。帰郷した多治は、それから一カ月後の一二月二八日に突然のように世を去った。秋水がどんなに衝撃を受けたか。堺に宛てた手紙を読んでみよう。

「(前略)母の死は僕に取ては寧ろ意外ではなかつた、意外でないだけに猶ほ苦しい、去十一月末、君が伴ふて面会に来た時に、思ふ儘に泣きもし語りもしてくれたなら左程にも無つたらうが、一滴の涙も落さぬ迄に耐えて居た辛らさは、非常に骨身に徹《こた》えたに違ひない……▲廿八日の正午の休憩時間に法廷の片隅で花井君や今村君が気の毒さうな顔して、告け知らせてくれた時は、扨こそと思つたきりで、ドンナ返事をしたか覚えぬ位だ、嘸《さ》ぞ見苦しかつたであらう、仮監へ降りて来て弁当箱を取上げると、急に胸が迫つて来て数滴の熱涙が粥の上に落ちた……▲最後の別れの折に、モウお目にかゝれぬかも知れませんと僕が言ふと、お前もシツカリしてお出で、と言捨てゝ立去られた音容が、今もアリ〳〵と目に浮んで来る、考へて居ると涙が止らぬ……モウ浮世に心残りは微塵もない。不孝の罪だけで僕は万死に値ひするのだ」。秋水の「さばさば感」の襞《ひだ》の奥に触れたような気がする。

それでも実は、秋水は絞首台に引き出される直前まで「死刑の前」と自ら題をつけた五章構成の「論文」を書いていた。これを読むと、死(刑)と向き合って格闘している秋水がいる。第一章を書き終えたところで、筆は止まっている。

刑死時刻は午前八時六分、三九歳。東京監獄の教誨師だった真宗大谷派僧侶の沼波《ぬなみ》政憲は後年、秋水を含めてほとんどの被告が「従容《しょうよう》として」死についたと語っているが、死者たちの書簡などを読めば、それはかなり違うのではないか。そういう部分があったとしても、もちろんそれは彼らが、不当な逮捕、拘束、起訴、判決を受け入れたのと同義ではない。

遺体は堺が引き取り、翌日落合火葬場で荼毘に付された。「或る日、六畳の床の間の上に白い四角い包みが四つ五つ並べておかれたのである。それは明治四十四年一月二十四日に処刑された大逆事件の人のお骨の箱であり、一つは幸徳さんのであったであろう」。当時数えで九歳だった堺の娘、真柄《まがら》がそんな記憶を後年記している。堺は、「赤旗事件」で獄中にあったときに、翻訳から宣伝文まで文章ならなんでも引き受けるというしたたかな商売を思いつき、「大逆事件」公判の結審直後の一〇年の大晦日に自宅に「売文社」の看板を掲げた。宮本研の「美しきものの伝説」の舞台は、売文社である。

「新宮町民の恐懼《きょうく》」——和歌山・田辺の地方紙『牟婁新報』は、一九一一年一月二四日付でこんな見出しの記事を報じた。「大逆事件に新宮町より三名(大石、高木顕明、峯尾節堂)迄大罪人を出したるは至尊に対し恐懼に耐へず且同町の一大不面目たるを以て一九日役場の議員及び区長等会合し協議の結果二十一日午後一時より新玉座にて町民大会を開き謹慎の誠意を表し新宮中学校教諭は我が国体及び歴史に就き講演を成せり」。実際には、「恐懼する」町民集会が開かれた形跡はないが、町内には重苦しい空気が上から被さり、広がっていった。『新宮市史』は、判決直後に速玉《はやたま》神社（現・熊野速玉大社）で町民大会が開かれ、「謹しんで宮内省へ陳謝状を送呈する決議」がされたと記している。また、同町に残る小学校の『沿革史』の記録から、「恐懼」の空気を伝える記録を紹介している。

「（前略）大逆ヲ企テタルハ我国史ニ一大汚点ヲ印シタルモノ吾人臣民ノ恐懼措《お》ク能ハザル所ニシテ彼等逆徒ノ兇悪実ニ憎ムニ余アリ……当町民大石誠之助ソノ中ニアリ尚恩命ニヨリテ死ヲ赦サレタルモノ〻中ニモ峯尾節堂、髙木顕明ノ徒アリ、当町ノ不面目実ニコレニ過グルモノ無シ、当町小学校ニ職ヲ奉ズルモノ〻責任、今後一層ノ重キヲ加ヘタルヲ覚悟セザルベカラザルナリ云々」

「恐懼」が社会を覆う中で、熊本の新美については興味深い聞き書きがある。新美の遺骨は、従兄弟の三男の三郎（弟の勝三郎という説もある）が上京し、堺宅で受け取って一月二九日に熊本に着いた。このときのことである。「熊本駅に着いた時は、人力車夫同盟会の人たちが大勢出迎え……みんな涙を流しておがんで下さった。そして白木の箱を持っていた父に「どうぞ乗って下さい」と云った。父は「車などいらぬ」と断ったが、「そんな他人行儀なことを云わずにどうぞ送らせて下さい」と無理にすすめられて人力車で(熊本市)新屋敷の家に帰った。無論、車賃などとらなかった。このとき車を曳いた車夫は父の同級生で津留《つる》という人だったそうです」。非常に具体的な話である。これは地元で丹念な調査研究をしてきた上田穣一が七〇年代に、三郎の三男の新美一喜が父から聞いた話として聴き取った。人力車夫同盟会結成に尽力した新美への恩義と愛情だったのだろう。

森近運平の郷、岡山・高屋村では、「大逆事件」の連座者では唯一、助命運動が起きた。判決二日後の一月二〇日、運平は「死刑! 全く意外な判決であった……実に言渡の時刻まで多分無罪と予期して、色々と将来の事を考えていた」と弟良平らに書き送った。この書簡は、すでに写しで読んではいたが、二〇〇九年三月に運平の甥の細井好から現物を見る機会を得た。黒く、太く「死刑! 全く意外な判決」と書き付けられた文字が、一〇〇年という時空の壁を破って今に訴えてくるのだった。

高屋村の村民は運平の死刑判決に驚き、すぐに友人や有力者らが寄って運平を救うために隣村の神道教団・金光教《こんこうきょう》の宿老で宮内省の信任が厚かった佐藤範雄に助命嘆願を依頼した。要請を引き受けた佐藤は、上京し内務省の有松英義警保局長に面会したが、すでに刑が執行された後で、間に合わなかった。むろん執行以前であっても、国家権力が思いとどまる状況ではなかったろう。それでも、保守的な寒村で、しかも「恐懼」が覆う中で、運平を信じ、事件の冤罪性を嗅ぎとって具体的に行動した勇気ある人びとがいた。運平が、天皇制を支える精髄が神話だと見抜いた見識の持ち主だったところまでの気づきはなかったとしても、高屋村民の助命運動は記憶に留めておきたい。

金光教の佐藤はなぜ運平の救援に動いたのか。金光教教学研究所員としてその経緯を調べた渡辺順一(現・金光教羽曳野教会長)によると、高屋地域を含む芸備地方には金光教教祖の出身地の金光町(現・浅口市)があり、信者も多く、運平の両親も信者で、しかも森近家と佐藤家とは遠いが縁戚関係にもあったという。日露戦争後に、教監として金光教団を牽引してきた佐藤は、運平の地元での信頼の厚さ、影響力に注目し、運平が帰省した一九〇九年春ごろから「思想緩和」、つまり転向させる目的で接触、交流するようになった。その中で佐藤は、運平の知力、人間性、実行力に圧倒され、一目おくようになっていく。家族的国家観の持ち主の佐藤はしかし、事件を「恐懼すべき」出来事で、国民は「親」である天皇に詫びるべき「大不孝」と捉えていた。だから思想弾圧のために仕組まれた国家犯罪の被害者だったという認識は、佐藤にはない。それでも佐藤は運平の従兄弟を

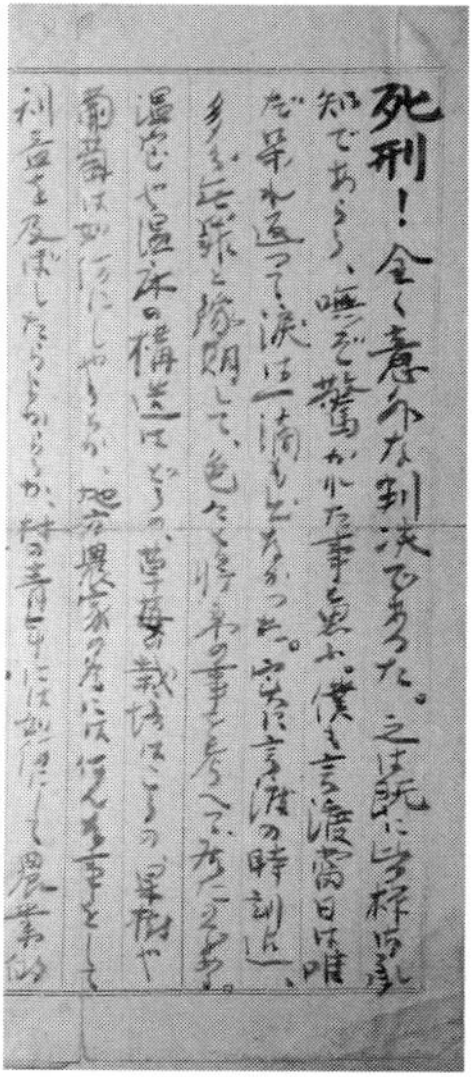
死刑！全く意外な判決であつた。

判決直後の森近運平の手紙．提供：細井好氏

自らが校長を務めていた金光中学校の書記に採用している。これは金光図書館に残っている当時の職員録から確認できた。一八年間勤めたとある。後に金光町教育委員長になる内田律而が書いているように「当時の世情、ことに草深い田舎の地にあって、大逆罪につながる一家一族は世の指弾を受けて就職口を閉ざされてしまっていた」時期の採用だった。そんな佐藤は、運平処刑から一六年後に再び連座者の救援活動に登場する。

運平の刑死後、当時の谷口留五郎岡山県知事は、一月二八日付の『山陽新報』紙上で、「岡山県より森近運平を出したるは殊に恐懼に堪へざる」と語り、社会主義取締りを青少年レベルからやらねばならない、と強調した。文部省からは各知事に「日本歴史に一大汚点を印したるものにして実に国家に対し聖明に対し恐懼措かざる所を知らざる次第なれば、今後一層教育に留意し、日本国民として堅実なる思想の発達に鋭意努力すべし」との通知が届いていることも明らかにした。

刑の執行という冷酷な事実は、運平を信じていた村人に重くのしかかり、天皇に弓を引いた「逆徒」を印象づけ、かつて村の中にあった運平像は、地中深く「凍土の下」にまで埋め込まれてしまった。一条の閃光《せんこう》の後の長い長い闇は、天皇観と「お上」意識という国家観の重なりがもたらしたのだろう。

処刑された運平と遺族には、さらに残酷な出来事が待っていた。

5 謀叛論——慰問

売文社社長時代の堺利彦
(1911 年 3 月撮影)

武蔵野の晩秋はよほど美しかった。蘆花《ろか》・徳冨健次郎が、東京府北多摩郡千歳村粕谷《かすや》(現・東京都世田谷区粕谷)で、妻の愛子(本名は藍)と半農生活を始めたのは一九〇七年二月からである。そこでの生活ぶりを六年にわたって綴った『みゝずのたはごと』で蘆花は一一月の武蔵野の風景を、音と色で鮮やかに描いている。

空は高く、たゝけばカン〱しさうな碧琉璃《へきるり》になる。朝日夕日が美しい。月や星が冴《さ》える。田は黄色から白茶《しらちや》になつて行く。此処其処の雑木林や、村々の落葉木が、最後の栄を示して黄に褐《かち》に紅《くれない》に照り渡る。緑の葉の中に、柚子《ゆず》が金の珠《たま》を掛ける。光明は空から降り、地からも湧いて来る。

蘆花がほとんど晴耕雨読で暮らしていた地は、今は環八通りの西に面し、喧騒と振動と隣り合わせだが、旧宅のある蘆花恒春園に身を置くと、ハクモクレン、ユリノキ、イロハモミジ、クヌギ、ナラなどの樹木に包まれて、往時の武蔵野の香りが舞い降りてくるようだ。

その日——一九一一年一月二二日日曜日は前日来の大雪が止んで、空はぎゅっとしまったように晴れ上がった。冬枯れの武蔵野の風景の中で、雪と碧空のコントラストが映え、冷え込みはしたが気持ちのいい朝だった。午前一〇時過ぎだったろうか。雪の甲州街道を踏んで、二人の学生が訪ねてきた。第一高等学校(現・東京大学)弁論部の河上丈太郎と鈴木憲三である。玄関で二人は、講演の依頼に来たと用向きを夫人に伝えた。気難しく、簡単に講演を引き受けない作家として有名だったから、河上らは会えるかどうかさえ不安だった。ややあって再び姿を見せた夫人は、母屋の奥の別棟「梅花書屋」にある書斎に二人を案内した。四畳半の小さな部屋に暖をとる火鉢があり、二人はそれをはさんで著名な文豪に緊張して向き合った。

「先生、お願いがあります。弁論部では年度末の役員交代の折に、恒例として講演会を開くことになっております。先生には五年前にもご講演をしていただきました。今度もぜひお願いしたいのですが、いかがでしょうか。すでに新渡戸(稲造)校長の許可も得ております」

戦後、社会党委員長になる河上は、このとき二二歳。鈴木は後に弁護士になるが、夭折する。一八六八年生まれの蘆花は四三歳で、「不如帰」「思出の記」「黒潮」など多くの話題作を生み、一九〇六年にはロシアまで行ってトルストイに会見後は、文壇からも遠く離れるようになった。髪は丸刈り、黒メガネ、顔はひげに包まれ、八〇キロは優に超える体軀は圧倒的な存在感があった。河上は内心、断られるかもしれないと思った。

「よろしい」

蘆花は、二人の学生が拍子抜けするぐらいあっさりと講演を引き受けたのである。期日もいつでもいいというのであった。河上は、胸の高鳴りを抑えながら、訊いた。

「それで先生、演題はどうしましょうか？」

「ウム」

ここで蘆花はしばし考え込んだ。ややあって、

「一高は不平を吐露するに、よいところだからな」

低く太い声で呟《つぶや》きながら、蘆花は火箸を取って灰をまぜ返しながら、何かを書いた。

河上らが火箸の先に目を落とすと、

「謀叛論《むほんろん》」

灰の中の文字をそう読むと同時に、「謀叛論」という蘆花の低い声が二人の耳に響いた。河上らは一瞬、ドキッとした。「大逆事件」だ、ピンときた河上は全身が粟立つような戦慄と興奮をおぼえた。蘆花は、それ以上何も言わなかった。河上らも訊かなかった。講演日は二月一日とすんなり決まった。河上は四〇年後に『文藝春秋』五一年一〇月号でほぼこんなふうに緊張の瞬間を回想している。

一月二二日といえば、二四人への死刑判決はもちろん、一二人の無期減刑も明らかになっていた。情報の到達がほぼ一日遅れだった東京の西のはずれ粕谷にも届いていた。

蘆花は「大逆事件」の公判が始まるころから、その成り行きに強い関心を持ち、判決直前には死刑が避けられそうにない雰囲気を察知した。天皇を崇拝していた彼は「陛下より大赦があればいいが」と愛子に漏らすようになる。危惧したとおりに二四人に死刑判決が出ると、蘆花の生活はそれを止めさせるためにどうすればいいかを軸に回っていく。この時期、蘆花は日記をつけていなかったが、愛子が、蘆花の様子を鮮やかに書き留めていた。愛子の日記は公刊されていないが、神崎清や中野好夫が紹介しているので、それによる。

死刑判決後の翌一九日に一二人の減刑を知った蘆花は、それが元老・山県有朋―首相・桂太郎―司法省民刑局長・平沼騏一郎らの描いたシナリオだったとも知らず、新聞が書きたてたように「聖恩如海」と受け止め、きっともう一度減刑があるだろうと期待する。それでも不安が去らず、桂の側近で評論家の兄・徳富蘇峰(猪一郎)に助命の尽力を乞う手紙を書く。これが二一日である。蘆花は、情報の弾圧下で「大逆事件」それ自体が社会主義、無政府主義を潰すために政府がつくり上げた国家犯罪だとは気づかない。「大逆」実行のための予備・陰謀したかどうかさえ明らかにできなかったあやふやな裁判の実態も知らない。

さて演題を「謀叛論」と決めたとはいえ、暫くは中身をどうするかは考えていなかった。蘆花は、一二人の救出のために何ができるか、それだけを考えて連夜うなされるほど思いつめていた。二五日朝、ついに蘆花は「天皇陛下に願ひ奉る」といういわば直訴状を草し、それを新聞に掲載してもらうために、見知ってはいなかったが同郷の熊本出身の東京朝日新聞主筆の池辺三山宛てに郵送した。蘆花が処刑を知ったのは、その日の午後である。手遅れだったと知ると、直ちに池辺宛てに第二信を出し、礼を述べ「天下これよりますく〳〵多事なるべく候」と認《したた》め、蘇峰にも同旨の書簡を出した。愛子の日記は夫の衝撃の姿を記している。

『朝日』報ずる臨終の模様など、吾夫折々声をのみつつ読み給へば、きくわが胸もさけんばかり。無念の涙とどめあえず。吾夫もう泣くな〳〵ととどめ給へど、其御自身も泣き給へり。犠牲の心持ち、身にしみ〳〵とこたへて、いかにもかなしくやるせなし。大逆徒とあざけられし彼等ゆゑ、引取人ありやなしや。とにかく出かけて見ん。もしなくば、ここに引取らん。（中略）何と無惨の政府かな、体うちふるへて静かに死につくしたまはんとしたまひしが、（吉田）松陰と遠からぬ此地に彼等を葬るも能からん、と身したく紙上に加藤時十（次）郎氏、枯川（堺利彦）氏の引取の記事ありたれば、ひかえてやめたまふ。「かたり暮して夜にいる。」

明けて二六日も蘆花の悲しみと怒りは冷めず、殺暗殺！」「陰険なる政府の仕方よ」「かへすかへすも可愛さうなり」「にくむべし」など夫の呻《うめ》くような声を妻は書き留める。その頃から講演の原稿を草し始めたようで、深くなるばかりであった。「政府の謀蘆花の義甥で東京高等商業学校(現・一橋大学)の学生だった浅原丈平によると、三日三晩にわたって想を練り、二八日朝にはほぼ出来あがり、愛子を最初の聞き手として読み聞かせている。「われ思はず手をたゝきぬ」と愛子は記している。自筆の草稿は三種あるというが、蘆花記念館に第一稿と第二稿の草稿の一部が展示されており、すさまじい推敲の跡が眼を射抜く。

一高講演の日、二月一日水曜日はくもりだった。蘆花は数日来、腸の調子が悪く朝おかゆを摂って昼ごろに人力車で本郷の一高へ向かった。講演は午後三時から一〇〇〇人収容の第一大教場で行なわれた。前人気が高く、他校の学生らもつめかけ会場は溢れ返った。「外面より窓にすがり」と、弁論部員で後に東大総長になる矢内原忠雄は日記に書いている。当初、壇上のビラは「演題未定」となっていた。弁論部委員の交代と紹介、挨拶のあと、休憩があり、その間に演題が「謀叛論」となっていた。「異様な空気がサッと場内に流れた」と浅原は回想している。

蘆花は「僕は武蔵野の片隅に住んでいる」と語り始め、東京へ出るたびに井伊直弼の墓のある豪徳寺、吉田松陰の墓と松陰神社の見えるところを通るという話を枕に置き、幕末から明治維新への大転換の際の「志士」の思想と行動を評価する。「新思想を導いた蘭学者にせよ、局面打破を事とした勤王攘夷の処士にせよ、時の権力からいえば謀叛人であった」と。この後、四海同胞、人類はひとつというトルストイ的世界観を述べた後に第一の本論に入る。

「今明治四十四年の劈頭《へきとう》において、我々は早くもここに十二名の謀叛人を殺すこととなった」。こう慨嘆した蘆花は、「僕は幸徳君らと多少立場を異にする」「僕は、臆病で、血を流すのが嫌いである」と続け、「大逆の企があったとすれば」「はなはだ残念に思う」し「暴力は感心できぬ」と言い切る。一呼吸おいて、持論の「殺すな」に入る。

「彼ら十二名も殺したくはなかった。生かしておきたかった。彼らは(中略)、ただの賊ではない、志士である。ただの賊でも死刑はいけぬ」と死刑廃止論を躍然として語る。さらに「社会主義の何が恐い？　世界のどこにでもある。しかるに狭量神経質の政府は、ひどく気にさえ出して、ことに社会主義者が日露戦争に非戦論を唱うるとにわかに圧迫を強くし、足尾騒動から赤旗事件となって」と批判の矛先を政府へ向ける。生かしておきたかった一二名はなぜ殺されたか。蘆花はそれに入る前に「諸君、我々の脈管には自然に勤王の血が流れている。僕は天皇陛下が大好きである」と天皇への思いをひとしきり語って後、そんな陛下のもとで一二名を殺したのは、君側の責任であると激越な政府批判を展開する。

「幸徳らに対する政府の遣口は、最初から蛇の蛙を狙う様で、随分陰険冷酷……網を張っておいて、鳥を追立て、引《ひっ》かかるが最期網をしめる、陥穽《おとしあな》を掘っておいて、その方にじりじり追いやって、落ちるとすぐ蓋をする。彼らは国家のためにするつもりかも知れぬが、天の眼からは正しく謀殺 —— 謀殺だ。(中略)死の判決で国民を嚇《おど》して、十二名の恩赦でちょっと機嫌を取って、余の十二名はほとんど不意打の死刑 —— 否、死刑ではない、暗殺 —— 暗殺である」

蘆花は「謀殺 —— 暗殺」と烈火のごとく政府批判をしたが、宗教界に向かっても鋭い矢を射ている。「出家僧侶、宗教家などには、一人位は逆徒の命乞いする者があって宜いではないか。しかるに管下の末寺から逆徒が出たといっては、大狼狽《だいろうばい》で破門したり僧籍を剝《は》いだり、恐れ入り奉りとは上書しても、御慈悲と一句書いたものがないとは、何という情けないことか」。

講演は最終章に入る。

「諸君、幸徳君らは時の政府に謀叛人と見做《みな》されて殺された。諸君、謀叛を恐れてはならぬ。謀叛人を恐れてはならぬ。自ら謀叛人となるを恐れてはならぬ。新しいものは常に謀叛である」「我らは生きねばならぬ。生きるために謀叛しなければならぬ」。蘆花は謀叛を恐れるなとくり返し、こう締めくくった。「諸君、我々は人格を研《みが》くことを怠ってはならぬ」。一〇〇〇人を超える会場は、最後の言葉が語られた後、一瞬静まり、すぐに「万雷さながらな感激の拍手が堂も割れよとばかりに強く鳴り響いた」。浅原は戦後もその興奮が冷めなかったように回想している。

講演を依頼した河上は「一生涯二度と聞くことのできない大講演であった。一同は感激して蘆花を送りだしたが、足駄をはいた蘆花が夕日をあびて校門を出ていくうしろ姿が、今でも目に見えるようだ」と神崎に語っている。

現在の眼で「謀叛論」を読むと、蘆花が「大逆事件」の本質を知らなかったのは当然だとしても、強い天皇崇拝主義にはいささか辟易《へきえき》とする。また殺された一二人を「志士」と見立て、主義に殉じたという捉え方など、当人たちの思いとはかけ離れ、物足らない点も少なくないが、「謀叛論」にはそれらをはるかに超えた鳥肌の立つような凄みがある。現在でも読む者の心臓を鷲《わし》づかみするほどの迫力がある。処刑からわずか一週間後、言論弾圧の烈風が吹く中、一高という限られた場ではあったが、公開の場で公然と「大逆事件」とその裁判を真っ向から批判したのである。蘆花は一二人は「殺された」とくり返し、「謀叛せよ」と叫び、「謀叛」こそ生きる上で心棒にせよ、と将来多くが帝国日本の支配層に入っていく一高生への贈る言葉とした。

中野好夫は蘆花の天皇(崇拝)観はそれだけでもテーマになると断りつつも、こと「謀叛論」については「公然と東京の真中で叛徒弁護の発言を行ったのは、ほとんどまず蘆花ひとりだった。内容への不満はともかく、やはり特筆されるべき一事だった」と『謀叛論』(岩波文庫)解説の中で激賞している。この後も「大逆事件」とその裁判への批判を蘆花のように正面から批判した言説は、近代日本の歴史の中で初めて民主主義の花が咲いたような「大正デモクラシー」の時代でさえない。ただ、蘆花の講演の核心である「謀叛を恐れてはならぬ」は、丁寧に講演を記録したノートによる浅原の回想記には、なぜか見当たらない。蘆花が言わなかったのか、浅原があまりに激越だったゆえに記録をひかえたのだろうか。むろん趣旨は伝わってはいるが、「人格を研く」だけでは、「謀叛論」としてはあまりに弱すぎる。たしかに蘆花は原稿なしで講演し、内容は必ずしも原稿の通りではなく、相当省略したところがあり、原稿にはないこともいくらかは話したと言われ、河上もそのように回想している。『蘆花全集』(一九二九年、第一九巻)には「謀叛論」が伏字だらけで収められており、学生らの興奮から見て、「謀叛を恐れるな」というアジテーションのような蘆花の激語はあったのだろう。私はそう推論して、ここでは中野編の『謀叛論』(草稿)によった。

蘆花の「謀叛論」は、翌日には文部省が知るところとなり、直ちに新渡戸校長が呼び出されている。結論は、校長と弁論部の教授・畔柳都太郎《くろやなぎくにたろう》に対する最も軽い譴責《けんせき》処分で終わった。蘆花本人も河上らも問われなかった。

「謀叛論」は愛する人を奪われた遺された人たちの蘆花の「慰問の言説」でもあったのだろう。

この「謀叛論」は、軟らかな土である学生らが「大逆事件」の本質をつかみ取る契機になったろうか。あるいは国家と個人の関係を考えながら生きる上で、「謀叛」は不可欠だと感じ取っただろうか。同窓生名簿によると、当時、一高には、後に「横浜事件」で弾圧される細川嘉六がいた。戦後最高裁長官になる田中耕太郎がいた。あるいは、河合栄治郎、芥川竜之介、山本有三、久米正雄、菊池寛らがいた。近衛文麿も聴衆の一人だった。

当時の社会には、「大逆事件」とその裁判の実態が隠されていたゆえに、どこかもやもやした不信感が漂っていた。蘆花の「謀叛論」の五日後の二月六日に国学院大学で行なわれた「大逆事件講演会」に一〇〇〇人を超える聴衆が集まったのもその現れの一つだろう。この講演会は、南条文雄《ぶんゆう》、井上哲次郎、渋沢栄一、三宅雪嶺、花田仲之助の宗教学者、哲学者ら五人が出席し、それぞれの立場から事件や幸徳らを批判したが、評論家で雑誌『日本及日本人』主宰者の三宅だけが政府の思想弾圧、裁判の非公開を批判した。蘆花の「謀叛論」ほど迫力はないが、文脈は似ていた。ところが三宅の弁舌に来賓として出席していた代議士・荒川五郎が壇上に上がって嚙みつき、会場は騒然、総立ちの状態になった。だが最後は、聴衆が「雪嶺博士万歳！」で幕が下りた。これなども事件直後の東京の世論の一端を示していた。

秋水らが処刑された一月二四日、蘆花は母屋の隣りにある「梅花書屋」の奥に二五坪の茅葺《かやぶき》の建物の建設を始めていた。完成は四月一六日で、「秋水書院」と名づけた。蘆花の誠実さと敢然たる精神を知る。

「謀叛論」から二五年たった一九三六年一〇月二五日、蘆花没後一〇周年を記念して東京・丸の内の明治生命講堂で蘆花会主催の講演会が催された。劇作家・秋田雨雀《うじやく》、文芸評論家・青野季吉《すえきち》、小説家・前田河広一郎《まえだこうひろいちろう》ら蘆花からさまざまな影響を受けた六人がそれぞれの思い出などを語った。当日、クリスチャンで社会運動家・政治家になっていた河上丈太郎も演者のひとりで出席、「徳冨蘆花と社会思想」のタイトルで、自身の生き方を決定した一高時代の「謀叛論」講演とそのいきさつを話した。この記念講演会の記録が翌年八月に公刊されたが、河上の講演だけは収録されなかった。その事情を「編輯者のことば」が語っている。「今日の時局柄掲載不可能になった……同氏の講演は極めて意義深きものでありましたが、いまその珠宝をここに列し得ないことはまことに遺憾」。当時、日本は中国東北部を軍事侵略し、傀儡国家「満州国」を建国、軍部皇道派による「2・26事件」で天皇制ファシズムが一気に進行し、破滅へ向かっていた。講演録公刊の一カ月前の三七年七月には、日中全面戦争へと拡大していく盧溝橋事件が起きている。その後、河上の講演速記録も行方不明になってしまった。河上の講演除外の経緯と講演内容が明らかになったのは、それから三〇年経った戦後である。彼の死の翌年の一九六六年三月に遺族の出した『河上丈太郎演説集』に収録された。解説を担当した長男の民雄は、講演速記録が「姉の家の大掃除のさいに発見され」たと記し、公刊された講演記録の「編輯者のことば」を書いたのは、秋水とともに歩いた社会主義者の石川三四郎だった事実も同書で初めて明らかにしている。

「謀叛論」から約二カ月ほどした三月末、堺利彦は刑死者の遺家族慰問の旅に出る。

二〇〇九年四月初め、私は堺が慰問の旅で山越えした京都の観音峠を歩いた。京都駅から山陰線の快速電車で五〇分足らず、園部駅に着くと、すぐに国道九号に出て、歩き始めた。観音峠までは約九キロ。駅員は、勾配がかなりあり、車の通行量も多く、歩くのはよしたほうがいいという口吻《こうふん》であった。日曜日のせいで、たしかにひっきりなしに車が相当のスピードで行きかい、頭がぐらつくような轟音に襲われる。歩道はほとんどないか、あっても幅七〇センチほどだ。排気ガスと騒音を全身に浴びる。峠まではニ時間近くかかった。観音峠は、堺の時代にはなかったトンネルになっていた。歩行者道路のほとんどない闇の二四六メートルの観音トンネルを壁にへばりつくようにして歩いた。トラックや乗用車がトンネル内で凄まじい音を響かせて、突進してくるように疾走していった。一五分はかかったろうか。トンネルを抜けると、鄙《ひな》びた香りが漂う京丹波町だった。

四一歳だった堺の観音峠越えは四月三〇日で、京都府船井郡須知町《しゅうち》(現・京丹波町須知)の岩崎革也(号秋月)を訪ねるためだった。青葉は私のころより一段と萌えていたろう。

京都─園部間の鉄道は一八九九年に開通し、事件が拡大しつつあった一九一〇年八月には鉄路は舞鶴にまで延び、すでに国有化されていた。堺は園部から今とほぼ同じ山陰道を歩いて観音峠を越えたと思われる。

岩崎は京都で初の社会主義者といわれ、秋水や堺のつくった平民社維持のために、ぽんと七〇〇円を拠出(一九〇四年)するなど社会主義運動を財政的に支えた大スポンサーだった。その当時の東京市長の給与(年俸制)が三六〇〇円だったと知ると、岩崎の支援の規模の大きさが分かる。堺より一年早く、一八六九年に造り酒屋の長男として生まれた岩崎は、父の創設した須知銀行の頭取となった。若いころから自由民権運動の空気を吸い、キリスト教、漢籍、尊王主義など雑多な思想・宗教に触れ、学びつつ、村長、町長も歴任するなど地方の名望家だった。大正末期から昭和初期にかけては府会議員を一期務めている。いっぽうで、平民社の主唱する非戦・社会主義に共鳴、『平民新聞』を多数購読し、知人らに配布していた。「大逆事件」のころからは、京都で初めて「特別要視察人」リストに載せられ、それは一九一八年まで続いたと、太田雅夫・森本啓一が作成した年譜などにある。堺と岩崎の交流は長く深かったようで岩崎家に残されていた堺からの書簡類は、他の交流者と比べても断然多く、同志社大学人文科学研究所に収蔵されている「秋月文庫」目録では一二〇点に上っている。

「大逆事件」に巻き込まれた刑死者や獄中に囚われている被害者の遺家族慰問の旅の

計画を提案し、その費用三〇〇円を出したのは岩崎である。「大逆事件」後の社会主義者への弾圧は一段と厳しく、しばらくは新聞や雑誌も発行されず、言論集会の自由は奪われ、中には家や職業を奪われる人もいた。そんな中で、事件の直接の被害者に対する慰問旅行の企画とそれへの費用負担は、岩崎の剛毅な人柄を伝えている。

多くの同志を奪われ、自身も慰めたかったにちがいないほど深い傷を受け、心の空白を抱えた堺が三月末に東京を出て、最初に訪ねたのは岡山の森近運平の遺家族だった。七日、堺は運平が先進的な果樹栽培のために始めたガラス温室のある高屋村笠岡に住む四歳下の弟の森近良平(一八八五年生まれ)を慰問している。しかし笠岡から運平の祖父母、両親、妹、それに菊代らの住む田口までは六キロほど奥と知って弔辞を託しただけだった。

運平は県庁職員時代に『平民新聞』の読者になって社会主義に目覚め、岡山市内で岡山監獄の教誨師だった鷲尾教導(真宗大谷派)らと「平民新聞読者会」をつくり、そこから「岡山いろは倶楽部」を結成し(一九〇四年)、反戦・社会主義思想の普及に努めた。最初の著書『産業組合手引』を出したのもこのころである。吉備郡役所で開かれた町村長会合の場で、日露戦争の公債不買などの反戦演説をして咎《とが》められる。そのためもあって知事から社会主義を捨てるよう説諭され、敢然と拒否し、事実上退職(形は依願免官)に追い込まれた。すでに弓削繁子と結婚し、菊代も生まれていた(一九〇三年生まれ)。そんな運平の見識、行動力、知力に目を留めて、都市部での活動を促したのが堺だった。運平一家は〇五年一一月ごろから一年近く、東京・神田三崎町でミルクホール「平民舎」を経営しながら社会主義活動をしていた時代があり、堺はそのころから繁子も菊代もよく知っていた。

運平の存命中から結核を患っていた繁子は夫が非業のうちに国家に殺されてほどなく、療養などのこともあったのだろう、実家に帰っていた。運平は死刑直前に繁子に「相当ノ縁アラバ再婚ヲナスモ差支エナシ」と書き送っているが、岡山、大阪、東京と、一子菊代を連れて運平と苦難の道をともに歩いてきた繁子には離婚する気はさらさらなかったにちがいない。そんな繁子が、まだ小学生だった菊代を置いてひとり生家に戻ったのは、運平に被せられた「罪」の累が妻に及ばぬようにとの周囲の配慮だったのだろうか。切岸《きりぎし》に立たされたようなそんな繁子を、思いもかけず堺が訪れたのである。

堺は佐方《さがた》の弓削宅までは行かず、繁子に電報を打って山陽線の笠岡駅近くの旅館まで来てもらった。運平がたぶん最も信頼していただろう堺の慰問を受け、どこかほっとするような温かな顔を見ただけで、繁子はどんなにか嬉しかったろう。とめどなく流れる涙に濡れただろう。

「特別要視察人」として四六時中、尾行されていた堺についての警察の記録には、繁子との面会も書き留めてあり、その際に繁子が堺の娘の真柄に何か買ってあげて下さい、と「若干」の金を手渡した、とある。真柄と菊代は同い年だったから、繁子は離れて暮らすわが子を重ねたのだろう。さらに繁子は、運平が交わった東京の同志の近況をあれこれ訊き、懐かしがって泣きじゃくり、東京へ戻った堺が残った同志らへの報告会で「坐ロ《ソゾ》ニ哀レナリシ」と、語っている。気丈だった繁子は「裁縫学校の教師になって生計を立てたいと思っています」と堺に決意を漏らしたという。薄氷《うすらい》の上に置き去りにされたような繁子は、堺に励まされ、面を上げて生きていかねばと思ったのだろう。堺の慰問は、繁子を支える大きな力になった。何とか生きなおそうと決意したそんな繁子を官憲は、一九一一年六月二一日に「社会主義者ニ編入」し、要視察人にリストアップした。だが堺の慰問から三年後、繁子は足早に逝ってしまったのである。

事件関係者らの写真を収めた『大逆事件アルバム』の中に、自宅を兼ねた大阪平民社の前で運平の家族が大阪の二人の同志らと撮った写真がある(プロローグ扉写真)。繁子は向かって右端に着物姿で立っている。まだ二〇代半ばである。四歳ぐらいの菊代が運平にぴったりくっつくように傍らにいる。県庁を辞めて、社会主義活動に専念し、挫折に近い形で故郷に戻ってくるまでほとんど母子は、運平に付いて動いた。「運平さんは偉かったと思いますが、繁子さんはもっと偉かったと思いますよ。だって繁子さんは、運平さんの最も身近にいた同志だったんですから」。高屋出身の今川徳子にこう言い切られたときから、私は事件後の繁子が気にかかっていた。

ブドウなどの果樹園が広がり、犬の鳴き声が皐月《さつき》の空に吸い込まれていく。土の匂いをたっぷりと湛え、周囲には住家が少なく大地が大きく伸びたような田園に抱かれた弓削家は、広い前庭のある構えの大きな農家である。「森近運平を語る会」会長で、岡山大学名誉教授の坂本忠次の案内で、浅口市金光町佐方にある弓削家を訪ねたのは二〇〇八年の四月の終わりの昼下がりだった。応対してくれた弓削敏子は、弓削家を継いだ繁子の兄・新《あらた》の孫・宏之と結婚してここに住んでいたが、運平や繁子についてはほとんど知らなかった。

繁子さんは、門から入ってすぐ右手の八畳の離れの間におられたと聞いています。私が結婚したときには、最初は繁子さんが暮らしておられたその部屋に入りました。押込みのついた部屋で、もちろん手入れをされてきれいに直してありました。菊代さんは高屋のほうにおいでたんでしょう。ここにはおられませんでした。

坂本が一〇年ほど前の一九九九年暮れに訪ねたときには、新の長男の元雄が九八歳で存命だった。

「元雄さんは、あのときたいへんご高齢で、息子さんの協力で繁子さんの話を聞くことができました。もう亡くなられて、今では繁子さんについて話せる人は誰もいません」

坂本の話は、さまざまなことを押し流してしまうような一〇〇年という〈時〉の持つ怖さと、限りある人の命を説明するには十分である。

「繁子さんはいい伯母さんという感じで、この家に帰ってこられたときには肺病を患っておられて、それで門のそばの離れ部屋で生活していました。亡くなったのは、大正三(一九一四)年の夏で、お葬式は近くの天台宗の大光院の住職に来てもらいました。森近家からは、もう離縁していましたのでたぶん誰も来られなかったと思います。弓削の家族の一員として丁重に葬られました」

坂本がその折りに元雄から聞いた話の大意である。

弓削敏子が案内してくれた繁子の墓は、生家の裏山にあった。かなり急で狭い坂を登りきった小高いところにある。墓所は広くはなく、周囲の樹木の陰になって陽はあまり差し込まず、明るくはなかった。墓所の前方左手に「芳園妙照大姉」と戒名が刻まれた繁子の墓が建っている。亡くなったのは一四年七月二九日である。運平の無念の死からわずか三年半後で、寧日の訪れる日もおそらくないままの死であったろう。運平とほぼ同い年で、一八八一年一二月生まれだから満で三二歳だった。墓石の裏に「時歳三十有余」と記されてある。

二〇〇九年三月、運平の妹・栄子《ひでこ》の四男の細井好を訪ねた折、汚れと傷みのひどい一枚の写真を見せられた。一見して繁子母子の写真と思われたが、裏書は何もない。森近研究者の森山誠一に見てもらったところ、繁子と菊代に間違いなく、「たぶん繁子が生家に戻る直前に撮った母子別れの写真」という。この傷だらけの一枚の写真を傍らに置くと、国家に夫を奪われ、殺され、わが子と離れ、生家とはいえ病床に臥さねばならなかった繁子のそこひなき悲しみが思われて、やりきれない。

約一カ月半に及んだ堺の慰問旅行は、岡山の運平遺族から始まり、熊本の松尾卯一太、新美卯一郎、佐々木道元の遺家族を見舞い、海路高知・中村へ行き、中村裁判所裏にある正福寺の墓地に埋葬された秋水の墓(現在の小泉策太郎(三申)染筆の墓ではない)に参った。中村には四日間滞在し、船で高知へ回って無期に減刑された岡林寅松(諫早の長崎監獄)の妹を慰問、さらに神戸・夢野で養鶏業をしていた小松丑治の妻のはるを訪ね、続いて大阪へ足を向けて、武田九平、三浦安太郎(ともに無期)の家族を慰問した。このあとに観音峠を越えて再び須知の岩崎を訪ねたのである。その訪問が旅の報告だったか、資金不足を訴えるためだったのか。その両方だったかもしれない。警察の尾行記録

森近運平の妻・繁子と娘・菊代．提供：細井好氏

には、岩崎が「金十円内外ヲ堺ニ貸与」とある。
堺は旅の先々で、岩崎に手紙やはがきをこまめに書き送っているが、中村から出したはがきには、揮毫を所望されて「拙筆を揮って」詠んだ歌と俳句が記されてある。俳句を掲げておく。「行春の緑の底に生残る」。秋水の故郷、中村での堺の想いが「底」と「生残る」に凝縮されているように思えてならない。

運平が卒業した岡山県農学校(現・岡山県立高松農業高校)が、一九九九年に創立一〇〇年を記念して刊行した一〇〇〇ページを超える浩瀚《こうかん》な『高農百年史』がある。執筆の中心になったのは、そのころ同校教員だった福田計治である。『百年史』の中で福田は第一回卒業生だった運平についてとくに「社会主義者森近運平の生涯」と一節を設け、三〇ページにわたって彼の人生と仕事に光を当てて再評価し、「大逆事件」に巻き込まれ処刑された悲劇から、妹・栄子の再審請求にまで筆を及ぼしている。運平の原点のひとつは、農村の窮乏を救うために何ができるかという点にあり、そこから産業組合の効果に注目し、先述した手引書まで書いた。福田は、社会主義への接近によって農村の疲弊の原因が地主制にあることを見抜いた運平の思想の変遷過程に触れ、同校の一〇〇年史の中で傑出した人物だった、と記している。運平は同窓会の特別会員で、何度か会報に寄稿し、母校で講演もしている。それらは農業問題に関するものが多い。

繁子も、慰問した堺も当時は知らなかったと思われるが、運平が母校の同窓会から刑死直後に除名処分に付されていた。この事実は『百年史』が公刊されるまでは、公にはあまり知られていなかった。ドキュメント小説『父上は怒り給いぬ』の著者・あまつかつが「高松高等農学校は……刑死直後、卒業者名簿から運平の名を消去した」と記しているだけである。消去したのは学校ではなく同窓会であった。運平の除名の経緯をたどってみる。

同窓会の会報をめくっていた福田は、「第二十六号」(一九一一年七月一九日発行)の記事に注目する。それは、運平の処刑で谷口留五郎知事が「恐懼に堪へざる」と談話を出して間もない二月一九日に開かれた同窓会大集会の議事録だった。予算案や評議員を選ぶ件などが可決されたあとである。例年ならそのまま終わるはずだったが、突然、一人の同窓会特別会員が森近運平の除名処分を求める緊急動議を提案し、満場一致で除名が決まったと記録されてあった。

福田が写しを見せてくれた「第二十六号」の同窓会報には、たしかに除名の記事が掲載されていた。記述はきわめて簡単である。「本会々則第十二条による元特別会員森近運平の除名処分は特別会員村上右造君の緊急動議により満場一致を以て可決す」。これだけである。そしてその部分に誰が、いつ記したかは不明だが、傍線が引かれてあった。県立農学校同窓会会則第一二条は「会員ニシテ本会ノ名誉ヲ毀損《きそん》シ若クハ本会ニ対スル義務ヲ履行セザルモノハ之レヲ除名スルコトアルベシ」と規定されていた。同窓会の大集会は毎年二月と七月に開催され、予算や役員などを決めているという。ただ運平を除名した大集会の出席者数や、満場一致になった議論の内容は分からない。「議事録がなく、当時の事情を知っている同窓生はもういませんから」。

農学校という限られた分野の同窓会は閉じられた世界ではあるが、それでも時代や社会のときどきの意識を敏感に映し出す。社会主義弾圧を目指した国家の意図とそれをそのまま、またふくらませて報じ続けた新聞情報を受け入れた社会の空気を背景に、「大逆事件」で処刑されたという事実だけで、運平の処分に異議や反対を言える雰囲気はなかったのだろう。「満場一致」は、同窓会のそうした空気を投影していた、と福田も思っていた。ところが——。

同窓会報をめくっていて、福田の目に留まったのが第一一回獣医科卒業の「加藤俊太郎」の寄稿した「会報第二十六号を読む」という原稿だった。「余は本号に記載しある随感録中に森近運平氏に関する多少の感想を記して置きたり。然るに其記事の削除しありし事につきては、あまり快き気持ちはなさざりし。何とならば之会報部員が神経過敏に陥りし結果に基づくものと思惟せしが故なり。而して今また此除名処分を見るに及んでは余の不快の念は一層に甚だしく」と、加藤は、会報編集部のいわば自主規制で、運平に関する原稿が削除された事実を明かし、不愉快だと述べていた。続けて運平の処分に異議を唱える。その趣旨は、「森近氏等の行為に賛成する程の馬鹿者にはあらず」「死刑の宣告をすら受け居りし者」「国体に反する主義を取りし彼等の行為を遺憾と」するなどと、国家の側が流し、下した判断を正当とする立場を明かしたうえで、除名についてこう述べる。「除名する即ち死屍に鞭打つ的の無情なる行為には賛成しがたきなり」と。そして除名動議を提案した会員に、会則第一二条に反するような人物は、会員の中には他にもいるではないか、なぜに森近だけを問うのか、と迫る。さらに、自身の国家への忠誠度は人後に落ちないつもりだが、「社会におもねる的の行為は大嫌なるなり」と言い切って、除名処分に異議を申し立てていた。この文面からすると、加藤は運平が除名処分とされた二月一九日の大集会には出席していなかったようだ。仮に出席していたなら、異論を提起したのではないか。「困難な時代に一人でも同窓生のために冷静な判断をしようとした人がいた事実を知って、どこかほっとし、救われるようでした」。福田はそんな思いを抱いた。事件の本質を理解できなかったにせよ、蘆花とは異なるレベルで、集団同調主義に陥らない個人が、たしかにいたのである。

だが森近運平の名は母校の同窓会から消され、戦後も長く抹殺されたままになる。それから半世紀以上たった一九六一年四月発行の同窓会報に「森近運平氏が刑罰に処せられた当時同窓会としては除名処分に付しましたが、近頃之は無実の罪科として其郷里に記念碑を建設された由、之に関して同窓会としても慎重に研究し場合によっては除名処分を取り消したらとも考えます」という会員の提案が掲載された。これは運平の歌碑建立と再審請求の勢いに押されたのだろう。翌六二年四月二二日の同窓会総会で、初めて森近運平の「除名解除」についての緊急動議が出され、出席者約六〇人が討議したが、趣旨は賛成だが、採決せず一年間研究するという結論になった。さらにその一年後の六三年四月の総会で、「故森近運平氏の復籍について」が提案され、ようやく可決された。除名から五二年がたっていた。ただ除名のときのように満場一致だったかどうかは分からない。またどのような議論が出たかも不明である。それでも「大逆」で凍てついた高屋の地はゆるまなかった。

運平の除名から復権の顚末を書いた福田はこうふり返る。「無実の汚名を着せられて、長く正当な評価をされず、しかも追放までされてしまったのはなんとも残念です。ただ自由が極端に抑圧された中では責めるのは酷かもしれません」と。けれども、国家はいつの時代も民衆の統合と支配のために、簡単に嘘を真のようにつくり変え、それによって社会意識を変容させる。マスメディアがそれを増幅する。この構造は、一〇〇年前も現在も変わらない。

運平には死後にもうひとつの悲劇があった。死刑判決後、彼は獄中で小学校一年生だった菊代宛てに「回顧三十年」と題した自叙伝を書き始めた。「はしがき」「一、出生及び幼年時代」「二、少年時代」と続けて、県立農事講習所(農学校の前身)に入って学業生活へと筆を進め「三、学生時代」の途中、「私等が立ち聞きして居る時獣医」で、筆が止まっている。つまりここまで書いたときに、運平に死刑執行の呼び出しがかかったのである。しかし東京監獄は、運平が一人娘に宛てた事実上の遺書を遺族に渡さなかった。頼んでいたにもかかわらず。運平は、きっと繁子か菊代に届くだろうと信じて絞首台に上ったに違いない。運平はそんな仕打ちも知らずに殺されてしまった。「自叙伝」は、管野須賀子の「死出の道艸」など他の獄中手記とともに神崎清が四七年夏に、雑誌『真相』などを出していた人民社社長の佐和慶太郎から見せてもらって初めて明らかになった。神崎の編んだ『獄中手記』は、五〇年に公刊された。だが菊代はそれを読めなかった。彼女は、結婚して二年後の一九二七年五月三〇日、わずか二三歳でまったき「黙」の世界へと旅立ってしまっていたから。何とも残酷である。

森近運平の娘・菊代(左). 提供：森山誠一氏

菊代が、死の一年前に友人と地元の写真館で撮影した写真が残されてある。森山が受託した故吉岡金市の「森近関係書類・資料」の中にあったという。着物姿で、母親に似てなかなかの美形で、真っ直ぐに前を見つめた気丈そうな目と聡明さを語る広い額が印象的だ。すでに一子の母親になっていたのだが。

6 宿命

1915年3月，夫・与謝野寛の選挙活動応援で新宮を訪問した晶子を出迎える人たち．最後列の佐藤春夫の斜め左前(顔が少し隠れている)が晶子．前列左から2人目でステッキをもっているのが沖野岩三郎，右隣りが大石誠之助の長男・舒太郎，その後ろが長女・鱶，鱶の後ろが妻ゑい．所蔵：文化学院

堺利彦が、京都・須知の岩崎革也宅を後にして、遺家族慰問の旅の最後の地、紀州・熊野を訪れたのは一九一一年五月三日である。京都から鉄路で二見浦を経由し、さらに海路で和歌山・新宮への玄関口になる三輪崎港に着き、そこから約六・五キロ北の新宮を目指し、徒歩か人力車で新宮に入った。「大逆事件」で六人が連座し、うち二人が処刑される大きな悲劇の舞台になり、恐懼に沈んだ一万九〇〇〇人足らずの新宮町(現・新宮市)の気配を、堺はどう受け止めただろう。警察は相変わらず尾行を続け、堺が誰に会い、どんな話をしたのかを記録し続ける。最初に慰問したのは、「大逆事件」とその判決を「嘘から出た真」の言葉を残して、縊られた大石誠之助の自宅に二人の幼い遺児とひっそりと暮らしていた妻ゑいだった。

火葬された大石の遺骨は、堺が預かった後に実兄の玉置《たまき》酉久《とりひさ》が新宮まで持ち帰っている。三輪崎港に着いたのが処刑されてから九日後の二月二日昼ごろだったが、警察の「日中の往来は控えよ」の干渉で、遺骨が自宅に届いたのは冬の日も落ちかけたころだったろう。葬式さえも禁じられていたため、その夜は通夜だけをし、出席した新宮キリスト教会の牧師・沖野岩三郎が長い弔辞を読んだ。沖野はしかし、警察の調べを恐れて読み終わると、弔辞の紙をすぐに火鉢の中に入れて焼《く》べてしまった。通夜の後、早朝遺族らは骨壺を持って、船町の大石宅から南に約二・一キロ離れた大石家の墓所のある南《みなみ》谷《たに》墓地へと向かった。葬式はできなかったが、遺族らは礼服姿で歩んだ。当時一七歳で、戦後に新宮市立図書館長になる浜畑栄造は、下宿していた新宮区裁判所前の伯母宅から早朝の「葬列」を垣間見て記憶のフィルムに焼き付けた。「恐い者見たさ《(ママ)》に、寝間で早くから眼を覚して、葬式の通るのを待ち構へて居た。来た！　音がする！　二階の戸の隙間から、そっと窺《のぞ》いてみたら、既に家の前をサッサと駈け歩で通り過ぎて居た。寒い朝であった。何か知らん、シーンと頭の芯に浸み込むものがあった」。浜畑は後年著した『大石誠之助小伝』で、朝まだき、しじまをそっと破るような「葬列」の場面を、かすかな音をまじえて鮮やかに描いている。浜畑少年はこのとき、半世紀後に大石に絡む「事件」に巻き込まれるとは思いもよらない。

1909 年夏の新村忠雄送別会での大石誠之助と家族ら．左端の誠之助の右に舒太郎，鱶，新村．後列右端がゑい．前列中央の男性は成石平四郎．提供：新宮市立図書館

大石の遺骨を抱いたゑいらが、南谷墓地に

着いたころには、冬の空はつんと張ったように白く明けていた。凍りつくような国家権力は墓標も建てさせなかったから、遺族らは土を掘って埋骨し、木の棒だけを立てた。このとき六歳の鰒《ふか》と四歳の舒太郎《のぶたろう》の二人の遺児も参列していただろうが、父の次第について理解するには幼すぎた。子どもたちが事件の一部始終を母から聞かされたのは、沖野の計らいで新宮を離れたゑいら三人が、東京市芝区二本榎の聖書学館の寄宿舎で暮らすようになってからである。一九一七年の夏ごろだったろう。

実は、大石については処刑四日後の二八日に東京で、葬儀に近いセレモニーが行なわれていた。麹町の富士見町教会でクリスチャンの姉の井手睦世や玉置ら親族を含めて三二人が参列して行なわれた「遺族慰安会」である。賛美歌で始まり、司会をした牧師・植村正久が「汝今日我とともに楽園にあるべし」(現代の新共同訳の聖書では「あなたは今日わたしと一緒に楽園にいる」)で知られるルカ伝二三章を朗読し、大石の弁護人だった鵜沢総明も参加し、暗に裁判の不当性に触れた。植村の妻・季野《すえの》は、紀州・南部村《みなべ》(現・みなべ町)の出身で、兄が大石の長兄・余平の影響でクリスチャンになったというから、縁は浅くなかった。「慰安会」は、教会の外に数名の警官が控える緊張の中で進行したが、会の終わりごろになって警察は葬式だと捉えて植村に中止を求めた。だが植村は「これは葬儀ではありません。慰安会です」と突っぱねたと、伝えられている。勁《つよ》さを持ったキリスト者だった。

大石の埋骨から三カ月後に新宮を訪れた堺は、ゑいらを慰問した後に南谷墓地へと足を向けた。周囲は緑が萌え立っていたが、まだ何も書かれていなかった木の墓標を目にして、生き延びた堺のまなうらには、切岸に立つ枯木立のような寒々とした風景に思えただろう。堺はこのとき、「大石誠之助之墓」の墓標の文字を揮毫している。それを彫った高さ約一・二メートル、約二四センチ角の墓石が建立されたのは、その数年後、大正の初めで、一二人の刑死者の中では最も早かった。土佐・中村町の招徳寺の墓所にある幸徳秋水の墓は、誠之助のそれをモデルに建立され、一・三メートルと高さもほぼ同じである。新宮では、貧者から医療費も薬代も取らなかったという「大石ドクトル」の「真」と、「大逆」を企てたという国家のつくった「嘘」に支配された大石観が亀裂したまま町に染みつく。同じ被害者の峯尾の母うたが堺にこぼした話は深刻だった。「大石さんも家《うち》の息子を事件に引き入れて酷い。何とか救い出せないでしょうか」。これは警察の情報集めで語られているのだが、そのいっぽうで峯尾の母は、大石を「実に立派な大人物でした」と賞讃している。戦後になっても誠之助の墓に参る人はほとんどなく、彼の名さえ口にするのを憚《はばか》る時代が長く続くのは、「嘘」に支配された後者のイメージの強さであろう。

大石家の墓所は、小高い山の側面に広がる大きな南谷墓地の比較的入り口に近いところにある。一九九七年二月、そのころ新宮高校の教員で現在は佐藤春夫記念館長をしている辻本雄一の案内で初めて訪ねた。誠之助の墓石の右側面には「明治四十四(一九一一)年一月二十四日」と記されてあるが、「死」や「没」の字はなく、行年もない。「当時の空気として書きたくなかったのであろうか」と再審請求の弁護団長だった森長英三郎は『風霜五十余年』に書いている。墓建立当時にはなかった文字が、左側面に記されてある。「昭和二十七(一九五二)年一月五日没　妻ゑい　享年七十歳」と。墓参に来た人は、そこひなき悲しみを抱えて生きただろうゑいが、戦後まで存命していたその事実を知るだけでも、どこか心が落ち着く。いっぽうで、彼女に寧日の四二年間があったろうかとも想う。

堺の新宮滞在は二日間で、この間に無期に減刑されて秋田監獄に収容されていた髙木顕明の妻たし、千葉監獄の峯尾節堂の母うたらを慰問している。刑死した請川村耳打(現・田辺市本宮町)の成石平四郎と兄で長崎(諫早)監獄にいた勘三郎の遺家族には見舞いの書状を託している。五日には、秋田監獄にいた﨑久保誓一の留守家族を、熊野川を渡って三重・市木《いちぎ》村(現・御浜町市木)に訪ねている。ただ堺は、滞在中に大石や顕明らと親交の厚かった沖野には会っていない。新宮という狭い地域で、堺が泊まった大石宅と沖野の教会とは近いが、限られた時間では、遺家族を見舞うので手いっぱいだったのだろう。

沖野は捜査のつむじ風が吹き荒れた中で、数日にわたって取り調べを受けるが、実に運よく助かる。そのせいもあって「スパイ説」すら囁《ささや》かれ、牧師としても非常に苦しい状況に追い込まれる。「沖野岩三郎は大石とともに最初から大逆事件に関係していたのに、巧みに事実をごまかして処刑をまぬがれ、けしからんという噂がしきりで、近所でも排斥されて、辛いようだ」。警察の記録では、帰京した堺は同志への報告会で、新宮の町で囁かれていた沖野の様子をこう話している。沖野はしかし、そんな風説に懸命に抗し、顕明と﨑久保のためには知り合いの与謝野寛を通じて気鋭の弁護士・平出修を紹介するなど遺家族をよく支えた。

仲之町の商店街にある精肉店の辺りが、かつて沖野が一〇年間牧師をしていた新宮教会のあったところです。現在、教会は西村伊作記念館の近くの伊佐田町に移っています。沖野は「大逆事件」に巻き込まれ、家宅捜索を受け、留置場に入れられ、取り調べられましたが、本当に運よく助かりました。沖野は自分がなぜ助かったのかを自問し続けて、たどりついたところで「宿命」を書いています。それを大阪朝日が募集した懸賞小説に応募し、二等に入選したのです。ただ応募作品は、そのままでは掲載されませんでした。やはり「大逆事件」でしたからね。

辻本から、そんな話を教えられたのは南谷墓地に案内してもらったときである。それ以来、私は沖野の「宿命」を大阪朝日がどう扱ったのかと気になっていた。私が朝日新聞大阪本社で記者をしていたころ、沖野の懸賞小説に関するその話――それは「事件」というに相応しい出来事だった――は、耳にした記憶がなかったからだ。記者時代に手にした『朝日新聞の九十年』(一九六九年)にも記述されていない。九五年刊行の『朝日新聞社史　大正・昭和戦前編』では、少しだけ触れられているが、「事件」としては浮び上がってこない。ただ別に社内用として六二年六月につくられた資料『大朝懸賞小説「宿命」と大逆事件』(大正六・七年編年史別巻、朝日新聞社社史編集室編、執筆清水三郎)がある。これには詳細に経過が記述されている。しかし沖野の「宿命」をめぐる「事件」の顚末を知ったのは、彼の母校の明治学院大学の「沖野岩三郎文庫」にある関係資料からだった。

一二人が縊られてから五年ばかりたった第一次世界大戦中の一九一六年晩秋の候である。

一〇月二五日、大阪市北区中之島三丁目の堂島川と土佐堀川に挟まれてある朝日新聞大阪本社の新社屋が完成した。四階建てで、大時計のついたタワー部分を入れると高さは四〇メートル近くになり、中之島界隈の新名物になる。一八七九年一月二五日に第一号を発刊した『大阪朝日』(「大朝」)は、明治末年には発行部数が三五万部に達し、大正期に入るとさらに部数を伸ばし『大阪毎日』(「大毎」)と競い合って、大商業新聞への道を歩んでいた。一九一五年には初めて夕刊を発行し朝刊と合わせて一二ページ建てになり、社員も創刊時の二〇人足らずから、新社屋の完成時(一九一六年)には「七百六十七人」にふくれ上がった。第一次大戦を経て「大朝」はさらに拡大し、二一年には六〇万部を突破、二四年にはついに一〇〇万部を超えている。「大朝」は『東京朝日』をはるかに凌《しの》ぐ大新聞になっていた。「大毎」も同じように拡大し、やはり二四年一月には一〇〇万部を突破している。「大朝」「大毎」は、反中央意識の強い大阪の土壌の影響もあって政府批判・権力批判の紙面づくりが強烈で、政府は両紙、とりわけ「大朝」をいかに押さえるかに苦慮していた。一流の論客の鳥居素川《そせん》が論説のトップで、長谷川万次郎(如是閑)、大山郁夫らを擁した「大朝」の筆鋒《ひっぽう》は鋭かった。

大阪朝日の新社屋の竣工奉告祭を伝える「大朝」一一月二二日付一五面の中央に「懸賞文芸募集」の大きな社告記事が掲載された。募集ジャンルは「小説」と「お伽噺」の二部門だが、狙いはたぶん「小説」であった。応募に当たっては新聞小説であるためにいくつかの条件がついていた。時代を「現在」に限定し、「新聞連載に適」し、分量は約一〇〇回分(一回分は一七字詰めで約一〇〇行)となっていた。賞金は一等一五〇〇円、二等七〇〇円で、当時銀行マンや官吏の給料が平均で三〇円にもならなかった時代だから相当な高額である。締め切りは翌一七年五月三一日。審査員は三日後の一一月二五日に、夏目漱石、幸田露伴、島崎藤村の三氏と発表された。漱石が東京帝国大学講師から転身して、東京朝日に入社したのは〇七年四月で、すでに「吾輩は猫である」「坊っちやん」「草枕」などを発表していた。入社後、最初に筆を執った小説が「虞美人草」である。これは社会的ブームになるほど評判になり「虞美人草ゆかた」「虞美人草指輪」「虞美人草絵葉書」などの虞美人草グッズが登場した。これで漱石の新聞小説の地位は固まり、以後「坑夫」「三四郎」「それから」「門」「こゝろ」などの作品を紙上に発表し、「国民作家」になっていく。ところが予期せぬ事態が発生する。当時、紙上で「明暗」を連載中だった漱石が一六年一二月九日夕方、急死したのである。五〇歳だった。漱石には、「大逆事件」から材を採った作品はない。しかし漱石は、個と社会の関係を一貫して意識していた作家で、周知のように博士号を断ったのも彼の生き方とつながっていただろう。また「それから」の中では、秋水を監視する巡査らの滑稽さを描いていたのだから、漱石が「大逆事件」に無関心であったとは考えにくい。

漱石に代わって審査員になったのが、内田魯庵《ろあん》(貢《みつぎ》)である。漱石や露伴の翌年の生まれで、ロシア文学に造詣の深い翻訳家兼社会派の作家でもあった。魯庵を漱石の代わりに審査員に入れたのは、「大朝」社会部長の長谷川如是閑だろうと魯庵研究家の野村喬は推測している。

懸賞小説の当選者が発表されたのは、約一年後の一七年一二月一三日付の朝刊一面である。応募総数はこれまでの同種の企画の中では最も多く、二一一編に上った。一等に野村愛正の「明ゆく路」、二等に沖野岩三郎の「宿命」が選ばれた。審査員三人の評点が掲載されている(数字に単位はないが、点と読んで差し支えはないだろう)。

「明ゆく路」内田九〇(点)　幸田八五(点)　島崎七一(点)　平均八二(点)
「宿　命」内田九九(点)　幸田八三(点)　島崎六三(点)　平均八一(点)

一等と二等の差はわずか一点である。何より魯庵が「宿命」を第一位に推し、満点に近い高い評価をしているのが目を惹く。逆に藤村の評価は低い。三人の審査員の選評(談)が同日の七面に掲載されているが、「宿命」を絶大に評価した魯庵の評を聞こう。

「筆には稍《やや》不熟な点はあるけれども第一に摑まへた事件が最も面白いもので明治の政治史又は思想史の貴重なる資料としても価値がある。且つ著者があの危険な問題を扱ふに当つて努めて傍観者的態度を執つて少しも危険思想に触れて居ないところが著者の思想の正純と冷静とを窺ふに足る。その中には著名な詩人や其他の実在の人物を現はして思想界及び一般読者の興味を十分に惹くに足る」

漱石が選者だったら、どう評しただろう。

魯庵は事件名には言及していないものの、「あの危険な問題」を扱っている政治史・思想史にかかわるテーマと記しているところから、「大逆事件」を題材にした作品だと気づく読者はいただろう。一八年に新宮教会を去って、東京・芝のユニテリアン教会の副牧師をしていた沖野は当選後の電話取材に簡単な感想を語り、詳しい手記を一一月二六日から三回にわたって「大朝」夕刊に書いている。

懸賞小説の募集を知った沖野は、熊野での「大逆事件」にまつわる人間の縮図を書き残しておきたいと一七年一月二日から筆を執り、三月末には二五〇回分、二〇〇字詰め原稿用紙で三二〇〇枚以上の超大作の作品に仕上げていた。筆の速さに驚くが、迸《ほとばし》るような彼の思いが筆を走らせたにちがいない。沖野の言に従うと、その年四月に金沢で開かれた牧師会に出席する帰り、東京に寄って旧知の与謝野寛・晶子夫妻に評してもらおうと、一二〇回分(二〇〇字原稿用紙約一〇二〇枚)を引き抜き、風呂敷に包んで船に乗ったところ、旅には原稿が荷厄介になり、途中で和歌の浦から大阪朝日新聞社に郵送したという。

「宿命」執筆の動機、タイトル、内容について沖野は手記の中で簡単に触れている。「私は元来自由意志論者です。極端な程自由を望みます、しかし私の物心付いてから今日までの数奇な運命と云ふものは、どうしても私に自由を与へませんでした。私は自由を慕うて極端な不自由を得ました。明治四十三(一九一〇)年に私は毎日の様に親しく議論を戦はして居た友達数人が、自由思想の為めに生命を捨てたのを目撃しました。私には到底口にも筆にもする事の出来ない苦い経験が数限り無くあります」「人生と云ふものは人間の自由意志と不可抗力の運命、宿命と云ふものと相撃ち相戦ふ所に活力があるのだらうと信ずるのです。私は斯う言ふ観察を社会百般の出来事に下す様になつたのは、明治四十三年の大事件以後の事です」

読者は先の魯庵の選評と合わせれば、「宿命」が「大逆事件」に関係した作品と推測できる。沖野はさらに読者の期待を掻き立てるように、はぐらかすようにも記す。

「取扱つた材料は或事件を題材にしたいと思つたのでしたが、夫れは私に取つては余りに凄惨を極めたものであつたから、私は恐ろしい嶮崖の縁を走つて通る様な気分で筆を執りました。「此の森の彼方には血の池あり」と云ふ標杭を見て顔色を変じた位の程度で筆を遠慮しました。とても私の書かうとした事実は口にも筆にも正直に発表し得べき性質のもので無かつた」「『宿命』の中に現はれて来る諸種の事実は、強《あなが》ち写実ではありません。……私の書かうと思つたのは不可思議な人間の運命です」

当選作品は、当初から掲載が予告されていた。一等の「明ゆく路」は一八年一月一日から始まり、それが終わるのは四月中ごろで、次いで「宿命」にバトンタッチされるはずだった。ところが「宿命」はなかなか掲載されず、別の作者の「不知火」が始まった。当選発表から約八カ月ほどした一八年九月一日、ようやく「宿命」が六日から掲載の予告記事が出たが、その末尾に「政治問題の取扱方につき掲載を憚る点があり作者は一部改作したがそれは名玉を更に磨き上げる事になりました」とあった。異例で、意味深長ない訳だった。何があったのだろうか。その前に沖野が「大逆事件」に巻き込まれながら、救われた状況と事件後の彼を取り巻いた新宮町の気配について少し立ち入っておこう。

一八七六年、和歌山県日高郡寒川《そうがわ》村(現・日高川町)に生まれた沖野は、和歌山師範学校(現・和歌山大学)を卒業後、小学校の教員になるが、宗教に強い関心を抱き、天理教からやがてキリスト教に入り、一九〇二年二六歳で洗礼を受け、日露戦争の始まった〇四年に明治学院(現・明治学院大学)神学部に進む。トルストイに惹かれて非戦論者になっていた沖野は、明治学院時代に凱旋した元帥・東郷平八郎を全校学生が品川駅に歓迎に行く行事に反対し、教室から出ようとしなかった。沖野の伝記を書いている野口存彌《のぶや》は、当時同じ神学部に賀川豊彦がおり、やはり東郷歓迎を拒否したと、その著『沖野岩三郎』で紹介している。

〇六年夏、夏期伝道のため新宮を訪れた沖野は、ここで大石を知る。この出会いが沖野の人生を決定づけた。翌年六月、彼は吸いよせられるようにして日本キリスト教新宮教会に赴任する。同教会の『百年史』を繙くと、新宮教会は一八八四年六月に大石誠之助の長兄の余平によって創設されていた。沖野が新宮で出会って大きな影響を受ける九歳上の大石は、新宮教会創設の年に大阪西教会で受洗していたが、それほど敬虔なクリスチャンにはなってはいない。むしろ社会主義色のほうが濃かった。米国やインドで暮らし、世界が広く、医者であり、自由・平等・博愛を身近な生活で実践していた大石に魅かれた沖野は後に、二人の関係について自著で、ほとんど毎日行き来していたと書いている。さらに誠之助を通じて髙木顕明、成石平四郎、﨑久保誓一らとも交わる。大石を訪ねてきた森近運平や秋水、大石医院の薬局生として一九〇九年四月から八月下旬まで逗留した若きアナキスト新村忠雄らも知る。

沖野は社会主義にシンパシーを持ってはいたが、やはりキリスト教の牧師だった。社会主義撲滅の国家の陰謀が熊野に広がった際、沖野も家宅捜索を受け、警察に留置されるが結局、予審請求されず、連座を免れた。運命の分かれ目について沖野は、〇八年一一月に大石が幸徳らと交わした座談話を新宮で紹介した、新年会(〇九年)にまつわる偶然の出来事が決定的だったと、戦後に語っている。「天皇暗殺」のために「決死の士」を集める謀議をしたとされた新年会の廻状には、当初、大石、沖野、顕明、平四郎、峯尾、﨑久保の六人の名前があったという。

「成石君、今晩の会は酒を飲むんだろう?」

平四郎の作った廻状を見ながらドクトルが訊いた。

「もちろんですよ。新年ですからね」

「そうか、それじゃあ、沖野君は酒を飲まないんだから、かわいそうだ。除《の》けときたまえ」

「でも、ドクトル、もう廻状に書いてしまいましたから」

「それは、消せばいい」

「そうですか。あれがこないと話が面白くないんですが」

平四郎はやゝ不満気に、筆を執って沖野の名前にシュッと棒線を引いた。沖野が『文藝春秋』一九五〇年二月号で明かしている話である。若いころから雄弁で知られた沖野は、座談の名手だったようだ。与謝野寛・晶子夫妻も沖野の座談を好んだ。平四郎が「あれがこないと面白くない」と言ったのはそのとおりだった。しかしドクトルの指示で沖野の名前は消された。ここで、彼の運命は決まった。一九五〇年当時、存命だった崎久保は沖野のこの決定的なエピソードを知らなかったようだ。

事件の渦中にいながら、なぜ自分だけが囚獄につながれずに済んだのかを沖野は自問し続け、他の偶然の出来事も重ねて「宿命論」へ行き着くが、〇九年の新年会欠席は彼にはとくに大きく思えたようだ。事件に連座した人びとだけでなく、戦後まで遺家族の世話を続け、大正期を通して「大逆事件」の被害者をモデルにいくつも作品を書き残したのは、この数奇な体験への強烈な想いと記憶を忘却させない意図も秘められてあったのだろう。

狭い新宮の町で、沖野に疑惑の目が注がれるようになっていたのは、堺が慰問の後に東京で報告しているとおりだった。事件後の新宮教会は、教会員もわずか一桁になるほど激減し困難な状況が続いていた。沖野も「特別要視察人」にリストアップされ、監視の檻《おり》に入れられていた。一九一五年七月、朝香宮鳩彦《やすひこ》王が熊野を訪れたとき、町は歓迎一色になった、と『新宮市史』年表にあるが、沖野の教会は窓を全部閉じられ、夫妻は軟禁状態に置かれた。「新宮町と云ふ一つの監獄の中に繋がれて居る囚人の様な有様」と小説当選後に自らの置かれた状況を語っている。二冊目の小説集『生を賭して』(警醒社書店、一九一九年)の序文には、「千九百十年から十七年までは私の一身にとりて恐怖時代でありました」とも記しているが、確かに風の音にも心身を震わせる日々だった。

「宿命」は、そんな沖野が新宮から「脱出」を決意して、新宮時代の一〇年のさまざまな人びととの交わりと、事件を影のようだが、背景に織り込み、深刻で想像を超えるような体験を基に書かれた作品である。しかし天皇の存在はもちろんなく、事件の原因に迫る核心小説ではない。あくまでも事件の周辺部の話である。その意味で文芸批評家の渡部直己のいう「国定的作品風土」の世界から出てはいないが、「大逆事件」への言説は、実はそれさえもが重要である。

「宿命」はようやく掲載されることになったが、そこへ行き着くまでには隠された事件があった。

(前略)例の「宿命」警保局に於て検閲済みと相成候得共、其結果は遺憾ながら全部掲載不能の宣言を受け申候、其理由とする所は「宿命」の背景を為して居る処のものがいけぬといふことに帰着致し候。「宿命」中縷々《るる》用ゐられる「例の事件」とは瞭《あき》らかに大逆事件を指し、作中の人物中にも幸徳大石其他事件に関聯《かんれん》ある人物を想像せしむるものあり……この際世人をして例の事件につきての記憶を新にせしむるは如何かと思ふといふにあり、尤《もっと》も第一、第二の両編は掲載差支無之由なるも、右のみにては完く「宿命」の生命を殺すも同然と相成如何様にも致し方なく大阪と再三相談の結果大阪より

第一、元より禁止を覚悟にて出しては如何

第二、いけない所を改訂の上出しては如何

第三、いけない箇所を〇〇〇にて塡《うず》めて出しては如何

の三案提出相成候得共、山本氏の意嚮《いこう》にては第一案は何れ禁止の名目が悪いだらうから絶対に不賛成、第二案は三つの案中最もポッシビリチーを有《も》つて居るが、さて今度は作者が容易に承知しまい、第三案は〇〇〇の箇所意外に多き時は為に主意透徹を欠き又読者にある種の疑念を生ぜしむるなきかとの理由にて今の処大体に於て掲載至難といふことに傾き居る仕末故、甚だ遺憾に候得共大兄に於かせられても当局の頑《かたく》なるを御諒《りょう》察《さつ》左様御承知被下度伏して奉願上候先は右御報申上斯の如くに御座候

頓首

社会部　栃内吉胤

十九日
内田大兄　　侍曹(後略)

「東京朝日」の社会部記者の栃内が内田魯庵に出した一九一八年二月一九日付書簡で、当選の発表から二カ月ほど経っている。この書簡は野村喬が内田家で発見し、それを清水三郎が一九六五年に『武蔵野ペン』第八号で紹介している。この書簡の中にある「山本氏」は、野村によれば当時の東京朝日社会部長で如是閑の実兄の山本松之助である。文意は読んでのとおりで、「宿命」の掲載について大阪朝日と東京朝日の両社間で協議が行なわれ、内務省警保局の事前検閲を受けていた事実が記されている。書簡の「前略」部分に「山本氏より既に御聴取の事かとも存じ候得共」という前文が置かれているから、協議はおそらく当選直後か、遅くもこの年の初めから行なわれ、警保局の事前検閲を受けていたのである。この段階で三つの案が出されているが、いずれも難があり現状では掲載不能に傾いていると魯庵に報告されている。清水は「内検閲を受けたのである。この処置は当時としては止むを得ないことであった」という。確かに国家は、表現の自由を奪う弾圧法規の新聞紙法などを持っており、しばしば「発禁処分」を受けていた朝日が、「大逆事件」が背景にある作品掲載に神経質になったのは理解できる。すでに一八年の段階でも「大朝」は、七回の発禁処分を受けていたのだから。それでも、言論の自由を自ら放棄するような事実上の事前検閲を受けた事実は、軽くはない。

結局、朝日は第二案を選択して、掲載方針で臨む。沖野が事前検閲の相談を受けていたかどうかはっきりしないが、如是閑の三月一三日付の沖野宛て書簡にはこう記されてある。

(前略)警保局が例の調子なので貴兄に大変に無理を御願して済みませんでした。本社としても何とかして無疵《むきず》のまゝに「宿命」を発表いたしたいと存じ、いろ〳〵心配したるも官僚政府の方針の動かぬ以上は、大逆事件に少しでもふれたものは、バックとしてゞもエピソードとしてゞも、会話中に唯一寸現はれてもいけないといふのらしく、実に馬鹿らしさに呆れ候が、「宿命」は右のやうな方針からいへば何うしてもいけないに相違なし。無理に掲載すれば直ちに発売禁止に遭ふは歴然たること故、大兄を煩はしたる次第に候。早速御承知下され難有候。

就ては、内田魯庵氏が審査員として又個人として大兄の作に同情され、いろ〳〵御心添の模様故貴稿改作も一応同氏の閲覧を経て本社に御廻し下さる方順序かと存じ候。(中略)貴稿は直接内田氏へ御廻し下さるとも栃内氏を経て御廻しするとも御都合に願度。何れにしても至急を要する事故、其つもりに願ひます。

栃内氏より魯庵氏の方へも其旨通じて置くやう頼み申し候。

誠にいろ〳〵御手数を掛けます。

やや分かりにくいところもあるが、この文面からすると、朝日は警保局の全面不可を知って、掲載を前提に沖野に「改作」(事実上の改竄《かいざん》であろう)を頼み、魯庵の閲覧の後に朝日に戻す手順にし、すでにその作業は大急ぎで始まっていたようだ。とすれば、現在のようにコピー機はないから、応募原作はいったん沖野に戻されたのだろう。沖野が果たしてどのような思いで「改作」に応じていったのか。沖野の心境をうかがう書簡などがなく、また沖野自身の手記も語りもない。ただ唯々諾々として「改作」に応じたとは思えない。応募原作でさえ「大逆事件」については筆を抑えていたのは、当選後の手記や栃内の手紙の「例の事件」という書き方からも想像できる。それでも事件の記憶を何とか社会に伝えておこうと思ったから沖野は書いたのだ。沖野には「検閲と改作」は耐えがたい辛さだったろう。

「改作」について沖野は、魯庵が手を入れた原稿を見せてもらえないかなど原作者としては当然の質問を如是閑にしたようだ。これに対する如是閑の返信は、四月一九日付である。その中で、魯庵が沖野の改稿原稿に手を加えることを非常に気にしているのは、「御説の通り」で、沖野が手入れ稿を見たいのであれば、遠慮なく言ってほしい、便宜を図ると記した後に、如是閑は何とも難しい要求をしている。

　要するに貴作は官憲の圧迫により改作せしめられたるもの故、其の事について多少世間の良心に訴へ度、且つ貴作の原稿は世に出でずとも文献としても存在の価値十分に有之候。(中略)原作は其まゝ永久に本社文庫に収めたしと存じ候。改作発表についても何等か其辺の意義が改作の裏面に潜め居らば(当局が干渉するを得ざる性質に於て其の作に現はるゝこと)面白からんと存じ候が、これは少々無理な注文ならんか。
然し一ト工夫願へれば幸甚に候。

原作が官憲の弾圧で「改作」に追い込まれたのであるから、それが行間にそれとなく出るようにしてほしい、というのである。社会部長の如是閑は、都合のいい注文と同時に、原作は大阪朝日新聞社が永久に保存したいとも記している。沖野は必死で「改作」に励み、朝日から戻された原作に「大逆事件」の影さえ感じさせないように改め、魯庵の添削を受け、さらにもう一度沖野が見て、「大朝」に回しながら、進行したと推測される。「大逆事件」に強い関心を抱き、スクラップをし、多くの感想メモを残した魯庵が「政治史又は思想史」の面からも満点近い評価を与えた「宿命」は、こうして姿を変えていった。自由主義左派のジャーナリスト如是閑は「大逆事件」の恐ろしい闇を知り、沖野が筆を抑えながら「宿命」を書いた思い、書かざるを得なかった胸の裡をどこまで知り得ただろう。

「宿命」は、ずたずたにされるような経過を踏んで一九一八年九月六日から掲載が始まり、「遺言」(三回)、「帰朝」(五回)、「誘惑」(四回)……と続いていった。掲載が始まって一週間ほどすると、如是閑は、読者の評判はよく、感想も来ているので、すでに送ったものに加えて随時廻すなどと認《したた》めた書状を沖野に出している(九月一三日付)。ちょうどこのとき、大阪朝日は存亡の危機に直面していた。日本のジャーナリズム史上で最大の事件、「白虹事件《はっこうじけん》」である。

第一次大戦による好景気とシベリア出兵を見越した米の買占めで、米価が暴騰し、これに富山県魚津の漁師の妻たちが反発、七月下旬ごろから県外への米の積み出しを阻止したり米屋を襲撃するなどの「米騒動」が起こり、あっという間に全国に広がった。時の寺内正毅内閣は、米騒動の新聞報道禁止の弾圧をしたが、東京や大阪の各新聞社が「言論の自由」を求めて政府批判を強めた。シベリア出兵を含め寺内内閣の非立憲主義、言論弾圧の横暴を批判するメディアの急先鋒は「大朝」だった。八月二五日、大阪ホテルで関西の新聞、通信社八六社の代表一六六人が集まり、政府弾劾の集会を開いた。その模様を書いた二六日付「大朝」夕刊の報じた雑感記事中に「白虹日を貫けり」があった。中国の古典で、白い虹が太陽を貫くように見えるのは、天子の世が崩れる前兆の比喩として使われる慣用句だった。「大朝」弾圧のきっかけを狙っていた内務当局は、これを見逃さなかった。「白虹日を貫けり」は、皇室の尊厳を冒瀆《ぼうとく》し、政体を変改しようとしているという理由で、直ちに同日付新聞を発行禁止し、編集人と記者を告発したのである。

新聞紙法は、皇室の尊厳冒瀆や政体の変改などを掲載した場合は、裁判所は発売禁止だけでなく、新聞の発行禁止までできる(第四条)言論弾圧法規だった。しかし言論の自由を抑圧する当局のやり方に、他社は抗議するどころか沈黙してしまった。大阪朝日は一気に窮地に追いこまれた。初公判の三日後の九月二八日には、社長の村山竜平が白昼、中之島公園で右翼団体員に襲われた。何としても廃刊を避けたい大阪朝日では、村山、鳥居、如是閑ら幹部が退職し、一二月一日には全面的に謝罪、改悛《かいしゅん》し、権力にひれ伏す社説を掲げた。さらに、紙面刷新のために東京朝日にも共通する編集綱領を明らかにし、国家に恭順し、皇室への忠誠を誓ったのである。年末には二人に有罪判決が出たが、大阪朝日の最も恐れていた発行禁止は免れた。「白虹事件」は、権力批判を命とするジャーナリズムが戦わずに自死していった最大の事件で、これが戦争協力報道につながっていったのである。だが「大逆事件」を背景にした「宿命」をめぐる「事件」は、「白虹事件」の前であり、それだけにより深刻である。しかもその事実がほとんど知られていないのである。

沖野は連載が始まって二カ月ほどたってからだと思われるが、一二〇回ではなく八六回で打ち切りたいと申し出た。理由ははっきりしないが、嫌気が差したのではないか。この申し出に如是閑の後を継いだ新社会部長の岡野養之助は一一月一〇日付の書信で、異議がないと返信した。だが「宿命」は、一一月二二日付の第七八回で、ぷつんと切れたように終わる。その間の事情もつまびらかではないが、岡野の一一月一六日付の書簡には「当方の勝手にて掲載を中止」とあるから、「白虹事件」のただ中にあった朝日側の要請だった可能性は高い。そこで沖野は、最終回に「前編」終わりと記し、単行本出版の予告の掲載を依頼したが、岡野から内規上できないと断られた。

連載を打ち切られた沖野は、その一年後の一九年一二月に単行本『宿命』を出版した。永井荷風が「大逆事件」に何の反応もできなかった自身を「江戸の戯作者」に引き下げると書いた「花火」発表(『改造』)と同じときである。版元は東京・銀座の福永書店。富本憲吉装丁、布張り箱入り。「前編恋愛観」「後編社会観」に分かれた五一一ページの大作である。当時の印刷技術から考えると、沖野は「大朝」掲載の当初から単行本の刊行を準備していたと思われる。『宿命』の扉のところで、著者・沖野は記している。

「本書の原稿、二十字詰十行一千百八十枚の内七百七十枚までは全然大阪朝日新聞の懸賞小説として発表しなかった部分であります。残余の四百十枚も余程内容に改竄を加へてあります」

であればこの初版本は、「大朝」連載とは別物に近く、より原作に近いのだろう。だが「宿命」の生原稿については、ナゾが多い。最初に沖野が書いた原稿は二〇〇字原稿用紙で三二〇〇枚を超え、この中から応募用に引き抜いたのが約一〇〇〇枚。残りについて沖野は、当選後の手記で東京移転後に反古《ほご》紙にしたり、トイレでちり紙の代用にしたと書いている。長谷川如是閑が残したいと伝えていた「改作」の際に戻された応募原稿の行方は分からない。ただ「宿命」の生原稿が、二カ所に残っている。一つは、「沖野岩三郎文庫」にある新聞小説用と思われる、一行一七字で書かれた二〇〇字原稿用紙四〇枚である。これはしかし、内容が新聞連載とも単行本とも合致しない。原作の残りか、大阪朝日から戻された原稿かは判断できない。もう一つは、沖野が一九二六年七月一四日に上野図書館に寄贈し、戦後国会図書館に引き継がれた原稿(和装で四分冊。貴重書として古典籍課に所属)である。二〇〇字原稿用紙で約一二〇〇枚ある。こちらは一行二〇字で、後編には「大逆事件」と思われる事件が書かれており、初版の単行本と一致する。しかし途中で「八十四枚削除」「二十四枚削除」など沖野の書き込みがあり、そこには「大逆事件」が相当に書き込まれていたのかもしれない。

いずれにせよ沖野が単行本として出版したのは、周縁部の作品ではあったが「大逆事件」の記憶を隠蔽《いんぺい》/抑圧した当局と、それに荷担した「大朝」へのささやかな「逆襲」であったようにも思われる。単行本『宿命』は発禁処分にはならなかった。それは大部数の新聞と単行本の部数の違いの差だけだったのだろうか。

7
抵抗

小説「逆徒」を書いた平出修.
提供：平出洸氏

このような事態になるとは予想しなかった。弁護士として裁判の修羅場を何度もくぐってきた。文学と思想面での僚友、啄木は二四人の死刑判決を知り、「日本はもうダメだ」とうめいて手紙を寄こし、時代と社会が囚獄《ひとや》に閉じ込められたような閉塞感をさらに募らせ、議論の果てに「V NAROD《ヴナロード》!(人民の中へ)」と拳で卓を叩き、二六歳の若さで走り去ってしまった。口惜しい。余は、渦中にいながら、あの無慚な裁判の実相を語り伝えてこなかった。あまりの酷い判決に怒りの底がさらわれてしまい、口を閉ざしてきた。己の保身のためか……でもそれはまったく間違っていた……判決前から事の本質を見抜いていた秋水は手紙の中で、日本の文学があまりに実際とかけ離れていると批判し、私を感動させる人生と交渉ある文芸を、そして事件のことを誰か一〇〇年後に書き残してほしい、と書いてきたではないか。やはりあの記憶は伝えなければならないのだ……そして余は十分に注意して用意周到に書き上げた。それが……。

表舞台には登場しなかったが、紛れもなく「大逆事件」の「影の主人公」だった明治天皇が去り、ステージは回って新天皇が登場して間もない一九一三年九月一日未明だった。東京・日本橋区本町三丁目の出版社・博文館に内務省筋から突如、同社発行の『太陽』九月号を、安寧秩序を妨げる廉で新聞紙法によって発行禁止処分にするという報せが飛び込んできた。この日の『東京朝日新聞』第一面の題字の隣りに雑誌『太陽』九月号の発売広告が掲載されていた。当時のほとんどの新聞は第一面が全ページ広告である。ハイブローで穏健保守の総合誌として知られた『太陽』の発禁処分は、創刊(一八九五年)以来初めてで、まだ晩夏の中にあった同社は沸騰したような騒ぎになった。

翌日の『東京朝日』第五面の下から二段目に目を凝らさねば見落とすような行間を詰めた三行足らずの記事が出ている。「太陽の発売禁止　博文館発行雑誌太陽第九巻第十二号は安寧秩序を乱す者として昨日其筋より発売禁止さる」。これだけである。雑誌の発禁処分という表現の自由を押しつぶす事件が、他の記事の隙間に埋め込まれており、当時のマスメディアの言論の自由意識のひ弱さと、政府の締め付けの強さをうかがわせる。読者に分かるのは発禁の事実だけだった。

一日おいた四日付の『東京朝日』の第七面の短信の文芸欄「えんげいふうぶんろく」に発禁処分の続報が出ている。「太陽の発売禁止は平出修氏が関係した幸徳事件を描いた小説「逆徒」の為めであった。博文館も余程注意をしたが、大丈夫だらうと出して、終に厄に遭つて了《しま》つた。本郷学人と云ふ人は「逆徒」一篇の為めに他の記事を犠牲とするは読書子の忍ぶ能はざる所。書肆《しょし》は訂正して再版の責任あり、当局も寛大の処置に出で丶夫れを許すがい丶と云ふ意味の投書を寄せた」。果たしてこの情報のとおり平出修の小説「逆徒」掲載が発禁の理由だった。

一日付の新聞に載った『太陽』発売広告には「逆徒」(小説)平出修、とある。「大逆事件」の被告側弁護人として、事件を主導した司法省民刑局長(当時)で検事・平沼騏一郎の「信念(思想)を裁く」論を、思想史を繙きながら鋭く論駁《ろんばく》し、幸徳秋水はじめ管野須賀子、新村忠雄、大石誠之助ら被告を感動させた若き弁護士・平出修(一八七八年生まれ)の小説である。私たちはすでに暗き法廷での平出の思想家としての輝きを見ているが、当時の社会は閉じられた法廷での彼の堂々たる弁論は知らない。修は、文学仲間の石川啄木には、とくに事件に関する法廷資料を見せ、秋水の「陳弁書」筆写の便宜を図り、社会主義や無政府主義についての意見をたたかわせていた。啄木は、朝日新聞社にいた環境と修との密接な交流によって「所謂今度の事」「日本無政府主義者陰謀事件経過及び附帯現象」さらに最も優れた「A LETTER FROM PRISON」とその注「EDITOR'S NOTES」などのきわめて重要な評論を書くことができた。修はまた、与謝野夫妻とは新詩社時代からの古いつきあいがあり、陸軍軍医総監という最高ポストにあった森鷗外(林太郎)とは、新詩社の集まりを通じて知った。豊かなヨーロッパ体験から社会主義・無政府主義の理論と実際の状況に精通し、いっぽうで「大逆事件」の黒幕で、社会主義を蛇蝎《だかつ》のように嫌い、明治天皇に意見書まで出した山県有朋の有力なブレーンだった鷗外は、事件から材を得た「沈黙の塔」(一九一〇年)や「かのやうに」(一九一二年)などに代表される一連の寓意に満ちた作品を発表していた。見方によれば鵺《ぬえ》のような鷗外から、修は無政府主義など新思想について教えを受けていた。

新潟出身の修は、二〇歳のころから短歌や評論に入り、明治法律学校時代には『新派和歌評論』を出して注目された。新詩社を主宰していた与謝野寛の『明星』の後を継ぐ形で創刊された『スバル』(発行所名は「昴」)の本拠を神田区北神保町の事務所兼自宅に置き、雑誌の出資者にもなった。文学の世界では、まだそれほど知られてはいなかったが、「幸徳事件」と「逆徒」のタイトルから読者の興味をそそるには十分だったろう。

博文館の対応は、まるで当局の弾圧を想定したかのように実に迅速だった。発禁処分を受けた翌日には、「逆徒」を広津柳浪《りゅうろう》の小説「祭礼の前」に差し替えて九月号の訂正版を発行したのである。『太陽』が発禁処分を受けた後に訂正版を出している事実を私が知ったのは、山崎一穎《かずひで》の「近代文学筆禍事件抄」(『国文学』一九六四年一〇月)によってだった。『太陽』の創刊号から終刊号(一九二八年二月)までを原本や復刻本、それにCD-ROM版で所蔵している日本近代文学館などのアーカイブズを当たったが、訂正版はなかなか見つからなかった。修の孫の平出洸《ひろし》(一九三五年生まれ)も発禁処分は知っていたが、訂正版の存在は知らなかった。『太陽』訂正版九月号の現物に出会ったのは、森近運平の『日本平民新聞』を財政的に援助し続けた『滑稽新聞』創刊者の宮武外骨がなかった。

主任を務めた東京大学「明治新聞雑誌文庫」だった。ところが、ここには逆に発禁号が

表紙の左上に赤で「訂正再版」と印字されている九月号には、巻末の二三九ページに「本誌の発売禁止」のタイトルの社告が掲載されている。

「本号は八月三十一日を以て全部を刷了し、同日より翌九月一日に亙《わた》り発送に従事しつゝある間、突如警察官憲よりの厳命に接し、発売禁止の厄に会せり。

禁止理由として公文云ふ所は、本号を以て安寧秩序を紊《み》だすものと認むるに在り。而かも何の記事が果して此理由に該当するやを明にせず。或は云ふ。平出修氏入念の長篇小説「逆徒」なりと。即ち全然この部分を改版し、表装を新にして再び世に問ふ。（後略）」

社告は「大正二年九月二日付」である。「逆徒」なき訂正版がそのままパスした事実は、何が発禁の対象だったかを教えていた。一般の読者が入手できたのは、広告にあった「逆徒」のない『太陽』九月号だった。発禁される前の『太陽』の表紙には、一五本の作品が並んでおり、「逆徒」が左端に「平出修」の名前入り（他の作品は内田魯庵以外の名前はない）で刷り込まれている。「身びいきかもしれませんが、この号は「逆徒」がウリだったのではないでしょうか」。平出洸の解釈である。四六倍判の判型の見開き目次を開くと、発禁になった号は左端のページの末尾に「逆徒」（小説）二〇七ページからと

ある。めくってみると、三三ページの作品で、修の他の小説と比べても長いほうである。一般の読者が「逆徒」が読めるようになったのは戦後である。ただ発禁になった『太陽』を手にした読者も少なからずいたようで、修と同郷の作家の相馬御風《ぎょふう》(昌治)は「僕の知った者の間でも随分もう買って居た人が多い様子」と修宛ての手紙に書いている。また三年後の一九一六年に密かに出された発売禁止作品集『明治文芸側面鈔』に収録されていると、小田切秀雄編『発禁作品集』に教えられた。とはいえ『側面鈔』は非売品で五〇部の発行部数だったから地下出版のようであり、やはり「逆徒」を読んだ一般の読者は極少だったろう。

――判決の理由は長い長いものであつた。それもその筈であつた。之を約《つづ》めてしまへば僅か四人か五人かの犯罪事案である……

「逆徒」はこう書き出されている。若い弁護人(修と思われる)の見聞による法廷の手記のスタイルで書かれている作品で、主人公には事件に連座させられた大阪のブリキ職人の三浦安太郎(作中、三村保太郎)を配し、秋水(同、秋山亨一)や須賀子(同、真野すゞ子)らを脇役に置き、弁護人から見た「大罪人」にされた三村の監獄や法廷での懊悩《おうのう》、揺れどの心理を描写し、その一方で政治権力に迎合し、司法の独立など端《はな》から捨て去った大審院裁判長・鶴丈一郎の姿を捉える。そして予審段階で捏造された事件が、法廷で「大逆罪」の「完成品」にされていく、つまり公判が予審の復習に過ぎなかったプロセスを鮮やかに浮かび上がらせる。傍聴を禁じられた当時の人たちが読めば、まなうらに残酷な司法の実像が刻印されるようなリアリティーがある。そして、死刑判決の直後の新聞記者とのやりとりの後に、弁護人に「俺は判決の威信を蔑視した第一の人である」と胸中で痛烈なことばを独りごちさせて「逆徒」は幕を閉じる。静かだが、大審院法廷でくり広げられた猥雑な権力の姿が浮かび上がる。

「逆徒」は、「大逆事件」が「大逆事件裁判」でもあった事実を示し、それを担った「天皇の裁判官」たちが、部屋をぴったりと閉じ、幕を引いた中で演じた裁判の不当性を衝き、その現場に立ち会った当事者が正面から書いたドキュメンタリー小説である。むろん天皇は登場しないが、当該事件の弁護士という立場を活かして修は、同時代の他の文学者とは比較できないほど核心に迫る作品を書いた。社会主義が烈風の中で沈黙させられ、しかも事件からわずか二年後という時代から見ても、「きわめて勇敢な姿勢に貫かれている」(渡部直己)小説である。修は、「逆徒」を手始めに、これから「大逆事件」の記憶を文学の世界で紡いでいこうと決意していたのではないか。

判決直後、修はその内容に憤怒して、事件については「緘黙《かんもく》を守らねばならぬ」と自らに言い聞かせたことを私たちは知っている。管野須賀子に宛てた判決直後の手紙にも「判決の当否は後世の批判にまかせませう」と書いていた。修は啄木が去って間もない一二年九月、『スバル』に「大逆事件」の弁護人を断った著名な弁護士・江木衷《えぎまこと》をモデルにした「畜生道」を書き、一〇月にはやはり『スバル』に秋水と須賀子をモデルに、事件前夜の男女の革命家の愛情と思想と行動の葛藤を描いた「計画」を発表していた。その一年後に「逆徒」である。前二作は、事件の本質に迫る小説ではないが、「逆徒」へ向かう助走の作品だったと読める。洸は「修は、そろそろと書き始め、いけると思ってズバッと切り込んだのではないか」と見る。それでは修の中に判決後一年半ほどのうちに、「緘黙」を破る変化が起きたのか。洸が重視する一つは、啄木の存在と死去の影響の大きさである。

啄木と議論する中で、修の思想は啄木のそれとは違っていたが、現実社会へのコミットの必要性を強く意識したのではないか。それまでの「保身」のような生き方は間違っていたのではないかと考えるようになった。事件の本質について誰が語れるのか。当事者は殺され、あるいは獄舎《ひとや》に囚われている——あの醜悪《グロテスク》な法廷の幕開けから終幕まで、被告らとともに舞台に居続けたのは、弁護士だけである。弁護士一一人の中で、文学者は修ひとりだった。判決前だったが、修の弁論への感想を寄せた秋水の手紙に「言はうとしても言うべき自由がない……誰か私に代つて言つてくれる者があるだろうと考へて居ます」とあった。あれは修への期待ではなかったか。しかも「事件」を共有していた啄木が突然のように消えてしまったショック……。

洸は修が「緘黙」を解いた背景としてもう一つ付け加える。修は日記を残していないので状況証拠だがと断って、蘆花の「謀叛論」の影響をあげる。「あれは、いくつかの理由が重なって、当局が問うことはしませんでした。それでいけると思ったのかもしれない」と。満を持して、新聞紙法などを熟知していた法律の実務家が書き上げた、その作品が潰されたのである。ショックは大きかった。

「余の近作小説「逆徒」を掲載した為め先月の太陽が発売を禁止された。もし之が余の主宰する雑誌の上に起つたことであつたなら余は何にも云はずに置くかも知れない。只事が太陽雑誌に就いて起つた。而して斯雑誌は創刊以来十有九年の長き間嘗《かつ》て一度も発売禁止処分を受けたことのない、立派な歴史を持つて居る。穏健であつて保守に陥ひらず、進歩を考へて、奇矯に趨《はし》らず、一代の名流を寄書家として、日本に於ける知識階級を読者とする処は、斯雑誌が、社会の信用を得来つた所以の賢き態度である。斯の様な歴史と態度とをもつた雑誌太陽が秩序紊乱《びんらん》の廉を以つて警察処分を受けた。それが余の作物を掲載したからだと云ふのである。余は自分一個の都合だけを考へて黙つて居ることは出来なくなった」

平出修は発禁処分を甘受せず、敢然と反論し、一〇月一日発行の『太陽』一〇月号の誌上で、一万字近い長い反論文「発売禁止に就て」を書いた。おそらく発禁処分を知って、一気に筆を執ったにちがいない。発禁した政府を批判し、皮肉り、問い、そして嗤った。

「斯様な作物を書いた作者及之を掲載した太陽を非難する方が悪いか、或事件と云ふ一語に慄《ふる》ひ上つて急遽《きゆうきよ》発売禁止をした当局者が目先が見えないと云はれるか。余は自惚《うぬぼれ》ながら、必ず当局者の処置を冷笑するであらうと思はれる。仮りに余等が笑はれるとしても、今の様な当局者道徳上の賤民主義を鼓吹する様な当局者の監視の下に、あの様な作品を公表した目先の見え無さ加減を指示するに止まるであらう。此点から云へば全く余は当局者を買被つて居たかも知れない。自分の芸術的良心を大分に偽つて当局者から誤解を受けない様に、随処に筆意を加減して行つたことも、何の甲斐がなかつたことなど思合せて見ると、聊《いささ》か馬鹿々々しくもなつて来た」

修は続けて、発禁の理由が題名にあったのではないか、「今の政府なら」黙ってはいまい、という周辺の声を聴き、実はそれも少しは考えて、外に二つのタイトルを用意して、編集者に送ったが、「なるべく逆徒を附けてもらいたい」と注文したと明かす。そもそも「余はごまかしは嫌ひ」で「秩序紊乱の作」ではないと自信を持っていたから、「何も迎合する必要はない」とまで言い切った。それに関連して、周囲の「今の政府なら」という言い方は、「今の愚な政府なら」という意味だと解説まで加えている。

修の反論はまだ続き、発禁処分にした政府当局者は、「逆徒」をまともに読んでいないと断じるのである。少なくとも新聞紙法違反であるのだから、隅から隅まで読んだ上でなくてはならないはずだと法律家らしく指摘する。読んでいれば、「逆徒」で「採入れた題材は、如何に取扱はれ、如何に世間の誤解を招かぬ様に周到なる注意を加へてあるか。それを当局者は鑑査し得たかどうかであると詰問して見たい」と迫り、しかし答弁するような当局者ではないから、「小役人を相手にするのも大人気ない」ので、判断は『太陽』の読者に委ねるとした上で、さらに筆を進めて細部に入って発禁の不当性を衝こうとしたところで「(此項全部約二百行を抹殺す)」となっている。当局の発禁処分を批判する修の筆鋒《ひっぽう》が最高潮に達したと思われる部分である。二〇〇行は、この論稿の雑誌レイアウトから計算すると、約四六〇〇字に当たる。二〇〇字原稿用紙で二三枚ほどだから、相当な削除である。これは編集部の判断だった。

『太陽』のこの号には「禁止余録」という編集部の記事があり、当局への抗議を滲《にじ》ませた以下のような説明がなされている。「全文を有りの儘《まま》に読者の前に発表する能はず、比較的重要なる部分を多く抹殺して、筆者をして一言も事件の内容に触るゝざらしめたるは、遺憾に堪へない」

修の自筆の原稿はほとんどなく、「逆徒」も「発売禁止に就て」も生原稿は残っていない。したがってこの批判の核心部分は分からないが、相当に痛烈な内容だったと思われる。それにしても修の妥協を峻拒《しゅんきょ》する真っ直ぐな精神、反骨のエネルギーは、いったいどこから出来しているのか。残されている修の写真は多くはない。洸が持っている写真は、ちょうど「逆徒」事件の直後の撮影で、広い額と端正な顔立ちが目を惹くが、どこかひ弱そうにも見える。身長一メートル五六センチで啄木と同じように小柄で、華奢、幼少のころから虚弱体質で、心も弁護士が務まるような勁《つよ》さはなかったと自ら語っているが、経験をつんでいくにつれて存在感が出てきたようだ。

随筆家の生方《うぶかた》敏郎は『平出修遺稿』の中で「頼もしい人で……色が浅黒く顔が少し骨張つて、豪傑といふ程強さうではなかつたが、勿論弱弱しくはなかつた。それに眼も可怕《こは》い眼ではなかつたが、白眼が沢山現はれると、一寸睨みのきくところがあつた」と記している。少年のころから、きかん坊で、それがそのまま成長し、「大逆事件」という世紀の大事件に遭遇し、反骨精神が炎のように噴き上げたのだろうか。大審院法廷での熱弁の際は白眼は現れただろうか。風俗壊乱の廉で発禁処分を受けた作家の生田葵山《きざん》の「都会」の弁護人となったのがきっかけで、修は「言論・著作・印行・集会及び結社の自由」という当時の四大自由に鋭く反応するようになり、一二人が処刑された直後に、秋水らの獄中書簡を借りに来た啄木に、民権圧迫への怒りをぶつけた、と啄木は「日記」に記している。「大逆事件」に遭遇して思想的に大転回した啄木の影響を受けて、さらに劇的に「転化」したのかもしれない。

そんな修だったが、すでにそのころ(一三年九月)身体は病魔に蝕まれていた。骨瘍症(結核性脊椎カリエス)という診断だったが、臥せっていたときも「予が芸術に対する憧憬や社会に対する感激が、予をして静観、冷観、黙観を許さない。毎朝の新聞を見てすら、憤慨の一つ二つの材料が必ず目に当る。達者でぴんぴんして居たら、どうしてその儘に安閑として居られやう。予は憤慨に生き、憤慨に死ぬのであらう」(「黄蠟《おうろう》の灯の花」)と書きつけている。傷む中でも果敢だったが、発禁―反論から半年も経たない一四年三月一七日、啄木を追いかけるようにして修は去った。三七歳だった。社会小説へ一歩踏みだしたばかりだったのだが。

裁判を通して真相に迫ろうとした平出修の小説「逆徒」は、社会の「記憶の闇」に投げ込まれてあった「大逆事件」を、たとえば大石誠之助の刑死を悼んだ佐藤春夫の「愚者の死」といった反語を含んだような詩ではなく、正面から照射したただ一つの作品といっていい。それは発禁という弾圧に潰されはしたが、それへの反論を残して、当時の社会に「逆徒」の存在を知らしめ、曲がったことを潔しとしない平出修の抵抗の結晶としてある。窒息の言論状況の中での果敢な試みを、同郷の御風が修宛ての手紙で讃えている。「骨折は決して無駄にはならなかつた」。

修の死から三カ月経った一九一四年六月二四日午前五時五〇分、彼が弁護を担当した浄土真宗の僧侶、高木顕明が秋田監獄で兵児帯を使って縊死《いし》した。妻のたしがようやく面会をした直後だったという。四九歳だった。顕明の死は、爆発物取締罰則違反で有期刑になった新村善兵衛(八年、忠雄の兄)、新田融《ゆう》(一一年)の二人を加えた一四人の中で最初の獄死であった。遺骨は名古屋市内の法蔵寺に納骨されたが、名古屋空襲で焼失した。

その二年後の一六年五月一八日午後〇時一〇分、「逆徒」のモデルになった三浦安太郎が長崎監獄で死去した。精神的に追い込まれた果ての不慮の死（やはり自殺だったと報じられたがはっきりしない）とされる。二八歳の若さだった。三浦の死を知ったかつての大阪の同志らが一カ月後の六月一八日に阿倍野に墓を建立したという。これは確認されていなかったが、判決から七〇年後の一九八一年秋、大阪の明治・大正社会運動史研究家の荒木傳と民衆史研究家の故西尾治郎平の二人が、大阪市阿倍野区の阿倍野斎場（現・市立南霊園）の約二万基に上る墓石群の中から発見した。二〇〇七年一二月中旬、三浦の墓を荒木に案内されて訪ねた。高速道路に近い阿倍野斎場は、大都会の凄まじい喧騒に曝された中にあり、とてつもなく広く、墓石が林のように建ち並び、場内地図もない。荒木の案内なくしてはとうてい見つけられなかったろう。三浦の墓は、明治の政商で関西財界の大物だった五代友厚の聳《そび》えるような墓近くにあった。「私らが見つけたときは、墓は傾いていて墓参者もいないように寂れていましたが、二〇〇三年に新しく建て直されて三浦家の墓になりました」。荒木は久しぶりに訪ねた三浦の墓を懐かしんでいるようだったが、この墓には「大逆事件」は影さえ見えなかった。

三浦の亡くなった同じ一六年には『熊本評論』に出入りしていただけで巻き込まれたといっていい熊本・即生寺の佐々木道元が七月一五日午後一時五分、千葉監獄で病死した。三浦より一歳若い二七歳だった。道元は千葉監獄に送られて間もない一一年二月一日夜、自殺を図ったが、発見が早く蘇生したと当時の『九州日日新聞』は伝えている。熊本の「大逆事件」研究者のひとり、大阪大学名誉教授の猪飼隆明の案内で同寺を訪ねたのは二〇〇八年の六月初旬だった。道元の遺骨は境内に入って左手にある「即生寺之墓」に合葬されている。現住職によると、熊本は水害が多く、道元の写真も遺品も何も残っていないという。「関係ないですよ。かつては再審請求の誘いもあったようですが。でももう関係ないですよ」。住職の口調はやや尖《とが》っていて、「関係ない」をくり返した。

佐々木の病死から一年後の一七年七月二七日午前八時二〇分、長崎監獄に服役していた岡本穎一郎が胃がんで死去した。三六歳。岡本は、東京で秋水と会った大石が紀州へ帰る途中に大阪の村上旅館で開いた茶話会に出席した際に、「大逆」謀議に参画したとデッチ上げられて、罪に落とされた。岡本の墓は発見されていない。交流のあった寒村の追悼譜「岡本君を憶ふ」が残されてある。

千葉監獄の峯尾節堂が流行性感冒(インフルエンザ)で亡くなったのは、一九年三月六日午前六時四五分だった。三三歳。節堂の墓は、大石誠之助の墓所と同じ新宮・南谷墓地にある。十数年前に辻本雄一の案内で訪ねた折には、訪れる人もないような深い草叢《くさむら》の中に苔むし、誠之助のそれとは異なりひっそりとあった。当時は大石の墓への案内標識ができていたが、峯尾のそれはなかった。亡くなる前に、千葉まで面会に行った弟の三好五老がそのときの話を新宮の郷土史『熊野誌』(第六号)で語っている。「(面会に行ったときは)夏でしたが、もう声が出なくなっていました。若い二人の部長みたいなのが立会った。兄は私に二人分の孝行をしてくれと重々くりかえしていました。そうして、将来の歴史家は必らずこの事実を発表するだろうとも云っていました。部長は、そんなこといっちゃいかんと慌てゝ云ったが、兄はそんなんどこ吹く風だ」。

判決から八年のうちに五人もの無実の人びとが獄死していった。刑死ではなかったが、やはり国家に殺された被害者だったというほかない(死亡時刻は、森長『風霜五十余年』によった)。

獄舎で無情な死が累《かさ》ねられていく中で、懲役八年の刑を受けて千葉監獄にあった新村善兵衛が一五年七月に、また一一年の有期刑を受けた新田融が一六年一〇月にそれぞれ仮出獄した。ともに明科製材所の宮下太吉の関係で連座させられた経緯についてはすでに見たが、堺利彦も慰問の足を向けなかった信州・屋代町(現・千曲市)の新村兄弟について善兵衛の出獄後を含めて触れておきたい。

信越本線・しなの鉄道の篠ノ井から二つ目、屋代駅から北へ七〇〇メートルほど行った千曲市屋代に浄土宗知恩院派の生蓮寺がある。境内の奥に入ると、いくつかの墓石があり前のほうに堂々たる新村兄弟の墓が一基あった。二〇〇七年七月、大岩川嫩《ふたば》らの案内で生蓮寺を訪れた。墓石には刑死した弟の忠雄の法名「礼誉救民忠雄居士」が左側に、兄善兵衛の法名「賢誉至徳善雄居士」(善兵衛の本名は善雄)が右側に彫られていた。左側面に忠雄の死亡年月日と享年、右側面に善兵衛のそれが彫ってある。「大逆事件」の連累者の墓石に「礼誉救民」「賢誉至徳」という顕彰の法名が付けられているのは、もちろん他にはない。いったい、いつ、誰が付けたのだろう。

善兵衛・忠雄兄弟には、判決当時、母のやいと妹がおり、姉のなお(ナオ)は隣接の坂《さか》城《き》町長と結婚していた。忠雄の遺体は、すぐには引き取り手がなく、宮下太吉と同じように雑司ヶ谷の東京監獄の共同墓地に埋葬され、姉のなおが引き取ったのは一月二九日で、火葬後の三一日に東京・巣鴨の染井墓地に納められた。なぜ屋代の菩提寺ではなかったのか。染井墓地には、かつて彼がキリスト教に触れるきっかけとなった従兄弟で浅草教会の牧師の永井直治家の墓所があり、そこに埋葬されたのだった。この間のやや複雑な事情について、かなり前に調べた長野県短期大学名誉教授の塩入隆はこう推測している。「実家では、とても引き取れる状況ではなかったし、さりとて姉であっても町長の妻の立場では、引き取るわけにもいかなかったと思います。永井は、キリスト教の同じ派の植村正久が富士見町教会で大石誠之助の葬儀をしたことにとても勇気づけられて、それで永井家の墓地に埋葬したのではないか」。

忠雄の遺骨が最初に埋骨された永井家の墓所のちょうど背中合わせに、偶然だが奥宮健之の墓があった。二〇〇八年春、やはり大岩川の案内で染井墓地を訪ねて、奥宮と妻さわの名の刻まれているあっさりした墓を確認したが、すでに忠雄の墓は屋代の生蓮寺に移されていた。それがいつだったかは、現在もはっきりしない。

母のやいは、しゃきっとした筋の通った人だったようである。無政府主義に急接近し、教会(日本メソジスト)に足が遠のいた忠雄を教会役員が説得に来た折に、不在だった息子に代わって応対したやいは、「いつかは忠雄のいうような社会になる」と話したという。やいが息子の言を信じて、やがて来るだろうと期待した社会は、相互扶助の行き届いた自由で平等で、戦争のない世界を指していたのだろう。それはまさにアナキズム思想を反映した社会であったが、「大逆事件」は、母のそんな思いを一飲みにしてしまった。遺体を実家が引き取れなかったのは、やはり判決後の屋代の空気と関係があったようだ。記録は残っていないが、町会が「新村兄弟を出したるは恨事なり。義勇奉公の誠を致す」と決議したと伝えられている。町の空気が「国賊」「逆徒」に支配されていたのは、他の地域と変わらなかった。

かつては町の収入役をしていたほど人望のあった善兵衛は、仮出獄したものの、決して自由の身になったのではなく、どこへ行くのにも何をするにも警察に徹底的に監視され続けた。それがあまりに執拗だったので、耐えかねた善兵衛は警視庁まで行き、なぜいつまでも監視をするのかと、強く抗議している。それが警察の記録に残されてある。

だがそれで監視を止めるような警察ではない。しばらくは母のもとで獄中で覚えた下駄づくりなどをしていた善兵衛は、警察の監視とそれに伴う地域の刺すような視線が辛かった。時期は不明だが、なじみになった料亭の女性と郷里を離れて大阪へ行ったと、もろさわようこが「大逆事件の真実をあきらかにする会ニュース」の七〇年一一月一〇日(第一八号)で報告している。また警察の監視記録には、仮出獄から約二年後の一七年五月、諫早の長崎監獄に囚われていた小松丑治の留守宅を訪ねて神戸まで行ったとある。小松と善兵衛の出会いは法廷が初めてのはずで、事件前から知り合いだったわけではない。このあたりは不明なところが少なくないが、結局、小松の留守宅が分からず、今度は知人の紹介で中国・天津に渡った。善兵衛は、日本租界のとある人物に「ある者に圧迫を受けているので、ここで生活したい」と頼んだが、断られている。誰も知らない土地で生きたいと願ったのだろう。それもかなわず、彼は悄然《しょうぜん》として再び屋代に戻った。一緒にいた女性の消息は分からない。その後、一八年ごろから善兵衛の姿は警察の監視網からも、風に吹かれたようにふっと消えた。間もなくして、大阪市東区内の菓子屋で番頭のような仕事に就いたが、二〇年四月二日に大阪で病死した。三九歳だった。

善兵衛の亡くなった当時、母のやいは健在(死去は一九二四年)で、妹のひさもいた。ここからは私の推測だが、善兵衛・忠雄の兄弟の墓は、息子たちを信じていた母が建立し、母の思いを聞いた当時の生蓮寺の住職(西沢学雄)が「救民」「至徳」と付けたのではないだろうか。母のやいが建立したとすれば、善兵衛の死から間もないころに染井墓地の忠雄の遺骨を移したのではないか。この推測を塩入に伝えてみたところ「母親の考え方が、私の聞いたようなものであれば、そうかもしれない」という返事が返ってきた。もろさわようこの『信濃のおんな(下)』には、昭和に入ったある日、生蓮寺の住職が妹のひさを訪ねたときの話が紹介されている。要旨はこんなふうである。

「警察がやかましく言うので、忠雄と善兵衛の法名をかえたいのだが……」

しかしひさは、死屍に鞭打つような警察の横暴に、

「お断りします」

ときっぱり拒否した。住職はうなずいて、法名への横槍はそれっきりになった、と。

警察は法名にまで介入したのだが、それを突っぱねた妹も、当時の住職も見事だった。そんな逸話を知ると、生蓮寺の兄弟墓の法名は、文学や語りだけでなく、墓に刻まれた記憶から「大逆事件」を必死で押し返そうとした、ささやかだが遺族の抵抗を語っているようにも読める。

時は下って一九二三年も押し詰まった一二月二七日——第四八回通常帝国議会の開院式出席のために、摂政・皇太子(後の昭和天皇)の乗った暗赤色の英国デムラー社製の宮廷自動車が赤坂離宮を出て間もなくだった。車が赤坂・溜池からゆっくり虎ノ門を曲が

ろうとしたところ、突然、群衆の中から警戒線を突破した茶色のレインコート姿の若い細身の男が飛び出し、隠し持っていたステッキ銃(ステッキの形をした中に銃が仕込まれている)を構えて、車中の皇太子を狙撃した。午前一〇時四二分ごろだった。

皇太子は進行方向に向かって右側に座り、侍従長の入江為守《ためもり》が向かい合う形で、進行方向の左側に座っていた。銃弾は車の右側の窓ガラスを撃ちぬき、皇太子と侍従長の間を抜けて、入江の座席に近い左天井に達した。車は、一時がくんと速度を落として停まったかのように見え、車内で皇太子が立ち上がる姿が群衆に目撃されている(『侍従長の昭和史』)。しかし車内に飛び散ったガラスの破片で侍従長が顔に軽い怪我をしただけで、皇太子はかすり傷一つ負わず、車はそのまま麴町区内幸町二丁目の貴族院へと向かった。「虎ノ門事件」といわれる第二の「大逆事件」であった。それも明治の「大逆事件」のように国家権力がつくった幻のような事件ではなく、多くの大衆の眼前で起きた事件であった。

この年九月一日に起きた関東大震災の直後、流言・蜚語《ひご》によって朝鮮人への迫害が始まり、数千人が虐殺された。さらに南葛《なんかつ》労働会の平澤計七ら一〇人が亀戸署で軍隊によって殺害され、つづいてアナキストの大杉栄・伊藤野枝《のえ》夫妻が甥の橘宗一《そういち》少年と一緒に、憲兵大尉・甘粕《あまかす》正彦らに扼殺《やくさつ》された。「虎ノ門事件」は、明治の「大逆事件」やこれらの虐殺事件とも深く関係していた。

その場で取り押さえられた狙撃犯は、山口県出身の難波大助(二四歳)だった。父親は衆議院議員を務め、県議だった。もとは熱烈な国粋主義者の大助だったが、父親との関係や社会の矛盾に直面し激しく揺すぶられ、一気に共産主義から無政府主義へと傾いていった。大助の官選弁護人になったのは今村力三郎、花井卓蔵、岩田宙造で、一年後に松谷与二郎が加わっている。今村、花井は明治の「大逆事件」でも弁護人を務めていたから二度目の「大逆事件裁判」だった。

「虎ノ門事件」の公判は、二四年一〇月一日午前九時から大審院法廷で始まったが、すでに予審段階で七回の本人尋問が行なわれ、父親を含め四人の証人尋問も済んだ末の公判だった。検事総長・小山松吉――「大逆事件」で予断と推測でデッチ上げに関与した検事・小山である。ちなみに平沼騏一郎は「虎ノ門事件」発生当時の第二次山本権兵衛内閣司法相――は、約一時間の論告の中で「大逆事件」を引例し、死刑を求刑した。裁判の様子はここでは省かざるを得ないが、「謀叛論」を講演した徳冨蘆花が、公判中の一〇月に「難波大助の処分に就いて」という助命嘆願の文書を皇太子宛てに認めている。神崎清は、実際に送付されたかどうかは不明だというが、「東宮大夫に献言」という説もある。大助と閉門蟄居《ちっきょ》する家族に対する轟々たる非難の中で、死刑廃止論者の蘆花の行動は、「大逆事件」のときと同じく、イデオロギーではなく、人間への誠実さと命の観点から事件に真っ直ぐ反応した稀有の表現者だった。

一一月一三日、求刑どおり死刑判決が出て、わずか二日後の一五日に執行されてしまった。この事件に対する当局の反応は凄まじく、難波大助が収容された市ヶ谷刑務所に面会に行ったアナキズム系の労働者の小池薫は「狂人」にされ、八年後に松沢病院で死亡したという。また処刑後に遺体を引き取りに行ったやはりアナキズム系の二人の労働者は、逮捕されたうえ、長期勾留されたと『虎ノ門事件裁判記録』は記している。

「大逆事件」と「虎ノ門事件」を弁護人として担当した今村は、両事件に通底する問題に注目し、大助処刑の翌一九二五年二月に「芻言《すうげん》」と題する自筆の私家本を出し、知人らに贈った。秋水の「陳弁書」を引用しながら、大助がテロリストになっていったプロセスを詳細に記している。「芻言」を入手した内務省は、他の「危険思想」とレッテルを貼った文書などと一緒に印刷し、官公庁や各府県に配布した。それを知った今村は「芻言」の公刊を企図したが、内務省は頑として認めなかった。今村は、表現の自由など基本的人権を無条件に規定した現憲法の時代になった戦後、専修大学総長時代の一九五〇年の『文藝春秋』四月号でこの件に触れ「人の物を勝手に印刷頒布しても、人民の出版は許さぬ、是が官僚思想であったことを想起すると、隔世の感がある」と感慨深く批判している。

「芻言」の中で今村は、平出とは見方が異なるものの、秋水、須賀子、太吉、忠雄の四人については止むを得ない(修は秋水を外している――「後に書す」)とし、他は不敬罪に

「過ぎない」と判断していたと記している。さらに「余は今日に至るも該判決に心服せんとするものに非ず」と厳しく裁判を批判し、当時の弁論でも疑わしきは無罪にという視点からひとりでも多くの無罪者を出す努力をすべきで、それが「国史の汚点を薄くする所以」と述べたと書いている。今村の「大逆事件裁判」の批判の根底には、ここにある「国史の汚点を薄くする」という考え方があったようだ。表現の自由やそれと同じ文脈の人権として不可欠な思想・良心の自由、集会・結社の自由への弾圧こそが、「大逆事件」を生み、それが「虎ノ門事件」を惹起したという点である。そして厳刑、酷罰は犯罪防止にならず、逆効果であると主張している。具体的には、「赤旗事件」という弾圧が「大逆事件」を招き、「虎ノ門事件」は社会主義者の講演会弾圧や関東大震災後の大杉や労働者の虐殺とそれに対する当局の緩やかな処分への怒り、さらに「大逆事件」の非人道な判決とその法への憤慨などが加わって大助を皇室に向かわせたという。事実に即した真っ当な指摘であった。今村は、「大逆事件」から十余年後に起きた「虎ノ門事件」に触発されて、記憶を呼び覚ますような痛論を、私家版に閉じ込められてしまったが、出したのである。平出修が存命であれば、弁護人になっただろうかも含めて、「芻言」への応答も知りたかった。

今村の「芻言」を貫いてあったのは、裁判批判と同じで「我国政治の要諦は多言を要せす。我皇室の御精神を宣揚し実行するにあり」というところで、批判の射程は「大逆罪」という不条理な刑法規定にまでは届いていない。思想・良心の自由、表現の自由、集会・結社の自由の確保は、むしろ日本の政治の要諦を守るためにこそ不可欠だというところに留まっていた。今村には現憲法施行後の四七年九月二日に筆を起こした「芻言後記」がある。その中で今村は、明治憲法下での司法が人権擁護の砦になってこなかった事実を批判し、末尾のほうでこう述べている。

「難波大助が、大逆の陰謀のみに止まる幸徳事件で、若き二十四名の生命に対し死刑の宣告を下すは、暴虐非人道其以上の残忍な法律が世界の何処にあるかと叫びたるは、今にして深酷な警告と思はしめるものがあります」

「大逆罪・不敬罪」が、GHQの指示で戦後、政権の抵抗を退けて刑法から削除されたのは、「芻言後記」の一カ月後の一九四七年一〇月だった。刑法に「大逆罪」の存在した四〇年の間に一四人が処刑され、六人が獄死していた。

平出修や今村力三郎ら「大逆事件裁判」を担当した弁護士個人はぎりぎりのところで抵抗し、新村の遺家族の社会や警察に対する懸命の抗いもあった。だが多数の獄死者がいた。仮出獄しても、自由を得られず、故郷でも暮らせずに亡くなっていった人がいた。天皇に弓を引いたと判決されてしまった圧倒的な「事実」は、遺家族やその周辺の人びとにいつまでも重くのしかかり続ける。

8 宗教と国家

武田九平．提供：金光教芸備教会

大正天皇が逝き、摂政裕仁が新天皇になって間もない一九二七年一月一四日――。寒に入って冷え込みがぐんと深くなった広島県東部の深安郡御野《みの》村(現・福山市神辺《かんなべ》町)上御領《かみごりょう》にある金光教芸備教会に、県境の岡山・笠岡から軽便鉄道を乗り継いで三人の男が訪ねてきた。大西昌(黒洋《こくよう》)、木本正胤(凡人《ぼんじん》)、武田伝次郎と名乗った三人はやや切迫感を滲ませて芸備教会長の佐藤範雄への面会を乞うた。大西は左翼から日本主義者へと変わった勤王烈士党の理事、木本は部落解放運動などから社会運動に入り、その後朝鮮人差別撤廃運動に関わっていた人道主義者、そして伝次郎は関西のアナキストの中心人物と目されていた。思想も運動論も異なる三人の活動家がなぜ、天皇中心の家族国家観の持ち主で、社会主義を「国家の害毒」とみなしていた金光教の実力者の佐藤範雄(一八五六年生まれ)に会いに来たのか。

「佐藤先生、先生のお力で、兄の九平を救っていただけないでしょうか。兄は、生還して母との再会だけを唯一の願いにして生きてきましたが、それもかなわず、母はつい先年、亡くなりました。それ以後、兄はすっかり気落ちして希望を失ってしまいました。何とかご尽力をお願いしたいのです」

そう言った後で、伝次郎は付け加えた。

「兄の仮出獄がかなえば、私は改めるつもりです」

伝次郎はかつて、「大逆事件」で九平（一八七五年生まれ）が連座させられた際に、参考人として取り調べられている。その後も社会主義者らとの交流を続けていた伝次郎は、大杉栄の虐殺一周年の翌二四年に戒厳司令官・福田雅太郎を狙撃し、捕らえられ、後に秋田刑務所で自殺した和田久太郎らと一緒に大阪でアナキズム運動を担い、特高がその行動を特に注視していた人物のひとりだった。そんな彼が、七歳上の兄が釈放されれば「改める」、つまり「転向する」というのである。同席した大西や木本も伝次郎の仮出獄への助力を佐藤に懇請した。伝次郎は、大正末の一九二〇年代半ばに母いとが病に臥せっていたころから交流のあった大西や木本の支援で、九平を諫早の長崎刑務所（全国の監獄は一九二二年に刑務所へと改称）から面会しやすい大阪・堺刑務所への移管を大審院検事総長らに請願をしていたがかなわず、母は二六年三月五日に死去した。六九歳だった。父の宣次は、これより早く一九年三月に亡くなっている。無実の九平は、獄中で父の訃報を聞き、母にも会えないままその死の報せに接したのだった。しかも九平と同囚だった三浦安太郎、岡本穎一郎が相次いで獄死し、秋田監獄の高木顕明の自殺や千葉の佐々木道元、峯尾節堂の病死も届いていたから彼の生きる希望は、切岸で立ち竦《すく》んでいた。

「うむ。分かった。やってみましょう」

満で七〇歳を超えていた佐藤は、伝次郎らの切なる訴えと「転向」の意思表明を聞き、救出を引き受けた。佐藤は『信仰回顧六十五年』でほぼそんなふうに書き留めている。私たちは、佐藤範雄が森近運平の死刑判決後に、高屋村民の助命嘆願に応えて東京まで奔《はし》ったものの、すでに処刑後だった事実を知っている。芸備教会と運平が温室栽培をしていた高屋の中心の笠岡とは、歩いて三〇分ほどの距離である。運平は収穫したイチゴを持ってこの教会に来たこともあったという。大阪市東区久宝寺町(当時)で「武田赤旗《せっき》堂」の看板を掲げていた彫金師の九平が運平と交わるようになったのは、第二次大阪平民社(一九〇七年)のころで、九平は運平が大阪で最も信頼していた活動家の一人だった。九平は〇八年一二月一日、東京からの帰途、大阪へ立ち寄った大石誠之助から三浦や岡本らと「東京土産話」を聞き、「一一月謀議」に組み込まれ、さらに翌〇九年五月二一日に神戸へ行く途中の初対面の内山愚童からの放言を聞いたことも付け加えられて、「大逆罪」の網を被せられたのだった。獄中から弁護士・今村に宛てた書簡でも事件連座への不当性を訴えていた。「大阪の同志(村上旅館に会合したる五人)が大石の説に賛成したりとするならば、何故三人のみ其の罪に問れるのであろうか」「私が今回の事件を皇室に関係なきと思ひ、其談《はな》しを通常の人にも談し、のみならず同志にも語りしは、大石君や内山君に、皇室に危害を加へるとか又は爆裂弾の談しを聞かなかった証拠なりと思ひます」。

佐藤の前に、彼の宗教思想からは、それが架空の事件という認識からではなく、「許されざる大罪」を犯した「天皇の赤子」を救い出さねばならないという大きな任務が、再び立ち現れた。すでに金光教の第一線からは退いていたが、宗教家・佐藤は原敬内閣の内務相・床次《とこなみ》竹二郎ら社会運動を弾圧する側の内務官僚らを中心に中央での知名度が高く、また「赤化」防止のための思想善導団体を東京で結成(一九二一年)するなど政府の「感化救済」政策への協力者としても知られていた。九平の仮出獄への助力を頼まれた佐藤は、精力的に動いた。伝次郎らの訪問から約二週間後の一月二六日に上京、司法省次官に面会し、九平の仮出獄について請願した。重刑者への仮出獄という「恩典」は、天皇家や国家の慶弔事にからんでなされる場合が多く、その頃は裕仁の即位に伴って行なわれる二八年の「大礼」に際して期待が集まっていた。「今回は、大逆罪に係る者たちには、恩典は何もない。しかし、別に研究すれば、仮出獄の道がないわけではない。ただこれには、身元引受人が不可欠」という次官の説明を受け、佐藤は脈ありと判断して、その足で自宅で病臥《びょうが》していた行刑局長を訪ね、仮出獄へ向けて具体的な相談をした。

四月二日には、側近の秘書・井上鍵之助(神門)を伴って長崎刑務所へ行き、所長らと懇談、仮出獄について協議し、初めて九平に面会した。芸備教会に戻った佐藤は九平だけでなく、当時同刑務所に囚われていた成石勘三郎、小松丑治、岡林寅松の三人についても仮出獄の請願を司法当局に働きかけるために何度も上京し、その行き来の途次大阪に寄り、伝次郎らとたびたび懇談し、さらに大阪府警察部特高課とも密接な交渉を重ね、仮出獄に向けて着々と準備を進めていく。佐藤は書面でも九平の仮出獄の意義を強調し、刑務所長に「陛下の民に陛下の御聖恩を知らしむる事のみを念願し」、仮出獄の「恩典」が「思想界を緩和する上に偉大なる力」となるなどと書信を送っている。

九平の仮出獄が確実になったのは、佐藤が井上を伴って二度目の諌早訪問をした折に、新しく所長になった江藤惣六から「機会を見て仮出獄を取り計ろう」との方針を聞いた二八年三月一日である。それから約一年後の二九年四月二九日、天皇の誕生日に九平の仮出獄の通知が身元引受人になっていた佐藤のもとに届き、病気で臥せっていた佐藤に代わって井上が長崎刑務所へ行き、九平の身柄を引き受けた。事実無根の罪に陥れられた九平は、一九年の獄中生活からようやく「解放」された。長崎の皐月の空が、九平には何色に見えただろう。囲いのない世界がどう見え、どんな空気を呼吸しただろう。昭和恐慌の始まっていた中で、近づくファシズムの跫音《あしおと》を耳にしただろうか。「解放」の瞬間の九平の心模様を記した記録は、金光教教学研究所に残されている武田九平に関する書簡類の中には見当たらない。

兄の仮出獄を電報で知らされた伝次郎は五月四日、佐藤に礼状を書いた。

「兄九平儀の件に付種々御心労を煩わし、恐縮仕り候。電報にて井上先生が身柄引取りの為、御足労下されし由、深謝仕り候。当局(大阪府警察部特高課?)の方々も御承知なく、小生の話にて始めて承知され……御地着の御報せあり次第、妹里儀と二人限り面会の為、御伺い申したく、其節万々御礼申上げるべく候」

仮釈放に尽力を依頼して二年、伝次郎のこみ上げてくるような喜びと佐藤らへの感謝が滲む。九平が井上に伴われて福山経由、神辺から芸備教会に着いたのは、伝次郎が礼状を書いた同じ五月四日だった。

九平が長崎を出獄した四月二九日、成石勘三郎も仮出獄した。佐藤は、勘三郎についてもその身柄を芸備教会で預かるつもりだったようだが、郷里の親族が引き取った。勘三郎については、地元の和歌山・請川村の村長や村会議員ら二三人連署の「仮出獄請願書」がすでに二二年三月に用意されていた。これは実際に出されたかどうか確認できないが、翌二三年一一月にもほぼ同じ請願書が準備されており、これらは勘三郎の縁者の飯田家で二〇〇四年に発見された。勘三郎の仮出獄が、この請願運動の結果だったかどうかは分からないが、「大逆事件」で無期刑になった被害者の地元の人びとが救出に動いたただ一つの例である。署名簿を見ると、小学校校長や郵便局長ら町の有力者とされる人びとの名が並んでいる。それだけ勘三郎は人望があったのだが、それでも事件がもたらした影響や時代を考えれば、地域の住民には勇気を要した行動だったろう。しかし勘三郎は獄舎に囚われていたときに一六歳の一人息子・知行を失い、彼自身も長い獄中生活で体力が弱っていたために仮出獄からわずか一年八カ月後の三一年一月、満五〇歳で亡くなってしまった。

九平や勘三郎が獄舎から「解放」された同じ四月二九日、秋田刑務所からは﨑久保誓一が仮出獄した。﨑久保に関しては、獄中の生活ぶりが仮出獄の時期と関係しているふしがある。「改悛ノ情顕著ナル」と「仮釈放申し渡書」にある。「大逆事件」で獄にあった一二人中、獄死した五人を除く七人のうち、最初に仮出獄した熊本の飛松與次郎も獄中の態度と関係していたようだ。飛松は、大正天皇の銀婚式の恩赦によって二五年五月一〇日に仮出獄したが、大阪大学名誉教授の猪飼隆明の教示によると少なくとも「改悛の情顕著」という表彰状を一三年と二二年の二回もらっている。﨑久保も同様の賞状をもらっており、遺族宅に残されてある。九平の獄中での生活も「模範囚」であったと伝えられている(『東京毎日新聞』一九二五年八月一五日付)。それでも同じ長崎刑務所の小松、岡林が「解放」されたのは、さらに二年後の三一年四月二九日であったから、佐藤の運動は効果があったのかもしれない。

伝次郎と妹のさと(里)が芸備教会へ行き、兄と再会したのは五月五日である。同教会には、佐藤範雄が使っていた書斎「神徳書院」に三万冊以上の図書と「神徳日誌」が残されているものの、兄弟の再会の様子や交わした言葉などを伝える記録は見つかっていない。

九平は、金光教の修行生として芸備教会に引き取られた。弟や妹がいるのに、飛松や成石、あるいは﨑久保のように家族ではなく、なぜ教会預かりだったのか。それは仮出獄の経緯に加えて、宗教を利用しての思想善導政策を進める国家側の意図と、「感化救済」に積極的活動をしていた佐藤の思惑が一致していたからである。長崎刑務所長は仮釈放直前、佐藤に「出所後当分は貴教会の事務に携わらしめ漸次適当の業務に就かしむる条件の下に仮釈放上申」と書き送っている。しかも九平の弟・伝次郎は「転向する」と漏らしてはいるものの、権力が最も警戒するアナキストである。いっぽう佐藤にしてみれば、運平のときと同じように国家のために有為な人間の思想を「感化救済しなければ」という使命感に似た気持ちで、九平を手元に置き修行させ、やがては信徒になれば、という思いもあったろう。

「範雄先生は、あんなに優れた運平を救えなかったということがずっと、痛手として残っていたと思います。ですから武田九平については、警察側の意思より、範雄先生のほうが勝っていたと思います」。金光教教学研究所で佐藤範雄の感化救済事業の研究を続け、五代目の芸備教会長になる予定の佐藤武志(一九七二年生まれ)は、内側からこう見ている。むろん九平も、長く願っていた「解放」への尽力者が誰だったかはよく承知していた。

教会では、九平は別名を与えられた。信原幸道《のぶはらさちみち》――。「信」と「道」の字に現れているように、これからは信心の中で幸せに生きてほしいという佐藤の願いで命名されたという。ただ大阪府警特高課は、伝次郎に「幸道の幸は幸徳の幸に因んで少し面白くない」と不快感を示したという(伝次郎から井上鍵之助宛て書簡)。佐藤はしかし、そんな警察に九平の生活ぶりを、主として井上を通じてこまめに報告している。

金光教の修行生としての九平の芸備教会暮らしは、二九年五月四日から三二年三月二日までの二年一一カ月に及んだ。彼は、事件に連座させられるまでの生き方の中では縁のなかった金光教(当時の信徒数は約七八万人)と出会い、何を思い、どんな生活をしたのだろう。井上らの書簡では「健康で真面目に」と記されているが、実際はどうだったのか。

二〇〇九年七月、九平が暮らした芸備教会を岡山大学名誉教授の坂本忠次の案内で訪ねた。教会は佐藤範雄の出生地にあり、一三〇年になる。敷地や建物群の規模はそれほど大きくはない。神社のような鎮守の森もないが、田畑や農業用水池が点在する農村地帯のゆったりした佇《たたず》まいの中にあった。かつては参拝客が多く、笠岡から神辺を結んでいた軽便鉄道には、そのために山陽本線の金光駅とは別に、「両備金光駅」ができたほどだった。仮出獄した九平は、九州から山陽本線で福山から神辺経由で両備金光駅に着いたのだろう。

金光教の教会の内部に入ったのは初めてだった。九平が修行生として暮らしたころの旧広前《ひろまえ》(旧神殿)は、ほぼそのまま残っており、現在も集会やイベントなどに使われている。広さ七〇畳ほどの旧広前の奥の両側には、六畳ばかりの小部屋がある。当時、修行生は四〇―五〇人おり、家族、グループ、単身者などさまざまで、ほかにもいくつかあった建物内の部屋に分散して寝泊まりしていたようだが、九平がどこにいたのかは、特定できないという。

ただ佐藤武志が、九平と同じころに修行生として生活していたただひとりの存命者、佐藤次代(故人)から断片的だが、貴重な話を聴いていた。一〇年ほど前である。

――武田九平さんて、ご存じですか?

「誰ですか?」

――大逆事件に連座し、範雄先生が身元引受人になって、教会で修行生として生活していた……。

「ああ、信原さんね」

――そうです。信原さんです。本当の名前は、武田九平です。

「一緒にいましたよ。何となく、怖かった……」

――話なんかしましたか。

「いいえ、あんまり話はしなかったですね」

当時の修行生は、信原の本名が武田九平であるとは知らされておらず、教会長から「大逆事件」に連座した人という紹介があった程度だったのではないかと、武志は想像する。

「私が聞いた次代さんはたぶん、事件のイメージに支配されていたかもしれません。だから何となく怖いと思われていたのではないでしょうか。でも彼女は、信原さんはよくお鍋の修理を上手にしてくれましたね、と言ってました。九平は彫金師でしたから、鍋の修理なんかわけなかったでしょう。それから、信原さんは腰が曲がっていましたよ、とも言っていました。長い獄中生活のせいだったのでしょうね」

教会での生活ぶりについては、佐藤次代の断片のような証言のほかには、ほとんど分かっていない。金光教芸備教会の約三年の間に九平は、二九年六月の父の一三回忌、三〇年九月の伝次郎の病気見舞いの二回、帰阪している。獄外で生活できているとはいえ、「大逆罪」を背負ったままの身で、その行動は管轄警察署(ここでは福山警察署)に監視され、管轄外に出るときの届けはもちろん、月一回、管轄警察署に出向いて生活状態を申告し、「仮出獄証票」に認印をもらわねばならないなど一〇項目の心得事項を課されていた。これは崎久保や成石らも同様で、国家は刑の効力が失われるまで獄外でも「大逆罪犯人」を追いかけるのだった。こうした制度、眼、感覚が「世間」という個人個人を結ぶ輪の中に、それとなくじわじわと押し出され、「大逆事件」観を再生産し続ける。

被害者の仮釈放を事件の本質から離れて、あるいは見ずに興味本位で伝える当時のメディアも「世間」を補強する。

九平は、佐藤が期待したように金光教を信じ、あるいは信徒にまでなっただろうか。「修行生ですから、一見は信者ですが、内心は分かりません。金光教は信者になる特別の儀式はないので、いっそう分かりませんが、コテコテの修行者と朝から晩まで一緒に暮らしているんですから、なじめなかったかもしれませんね。もちろん、刑務所の不自由さとはまったく違ったでしょうが」。武志はそう言いながら、「この写真を見て下さい」と、二〇〇九年七月に刊行されたばかりの『写真で綴る芸備教会一三〇年史』のあるページを開けて、二〇人ほどが写っている一枚の写真を見せた。記念写真のようだ。

「これは、植民地の朝鮮へ布教に出る修行生の送別会のときに撮った写真ですが、この人、武田九平じゃないですか？」

武志はそう言って後列の右端にいる人物を指差した。

私はすぐに、そうです、と自信を持って答えた。九平の写真は『大逆事件アルバム』に、たぶん三〇代前半(逮捕時は三五歳)のころと思われる一枚が収録されている。ややピントは甘いが、広く禿げ上がった額、眼鏡をかけ着物姿だが、律儀な性格を示すような着付けで、思慮深そうである。私が覚えている九平の写真は、もう一枚あった。それは数年前に見た新聞掲載の写真だった。特徴的な額の禿げ上がりと口ひげの九平は、武

そっぽを向く武田九平(後列右端)．提供：金光教芸備教会

志が指差した写真と私の中でぴたっと重なった。しかし『一三〇年史』掲載の写真説明には、信原も武田の名もなく、九平のところには「山下」とあった。「私も武田だと思ったのですが、残っていた写真の裏書きを見ると、「山下」としかありませんでした。たぶん、裏書きは何年か後になって書かれているようで、よくわからなかったんじゃないかと思います」。武志の解説である。

送別写真の中の九平のスタイルは、実に不思議である。母親と思しき女性に抱かれた赤ん坊を含めて全員がしっかりカメラ目線の典型的な記念写真なのに、九平ときたら、まるでカメラを無視する、というより拒否するかのように全身を左斜めに向け、完全にそっぽを向いているのである。シャッターのタイミングが合わなくて、そうなったのではなく、明らかに彼の強いメッセージである。服装もグレーっぽく見える短めのコートにネクタイ。他の人びとの黒のセレモニースタイルとは、まったく違う。「なんだか、彼のポリシーというんですか、オレは違うぞというような、そんな感じですよね」。写真集の編集の中心になった武志は、そういいながら、しげしげと「武田」を見直した。この写真の撮影時期は「昭和五(一九三〇)年六月七日」とある。九平が芸備教会で生活するようになって一年ほどたったころだ。金光教になじめなかったのか。実は、九平の写真は教会の図書資料室からもう一枚出てきた(本章扉写真)。これは堂々たるポーズで、紋付姿である。しっかりカメラの正面を見ている。決意すら伝わってくる。写真館での撮影だと、すぐに判断できた。裏書きには「信原幸道」とあった。撮影年月日は「昭和六年三月一日」で、そっぽを向いた写真からほぼ一年後である。金光教会での生活にも慣れたのか、かなり落ち着いた雰囲気が漂っている。

九平は、不思議な宗教家の佐藤に深く感謝はしていたが、やはり一日でも早く大阪へ戻って生活の再起を図りたかった。懐の深い佐藤は、彼の希望をかなえるために、大阪での身元引受人を金光教玉水《たまみず》教会の湯川安太郎に依頼し、転居届や生活面の援助など実に細々と手配をしている。もちろん警察へも。九平が金光教芸備教会での三年の修行生活にピリオドを打ち、大阪へ帰ったのは、母いとの七回忌の直前の三二年三月二日だった。もう六〇歳に手の届く歳になった九平が二二年ぶりに戻った当時、帝国日本は関東軍の謀略によって「満州事変」を引き起こし、大陸への武力侵略を始めたころで、帰阪の日は「偽満州国」建国宣言のあった翌日である。軍部に引きずられた天皇制ファシズムが暴走を始めていた。

三二年一一月二九日夕方、午後四時半ごろだった。大阪市東区備後町二丁目(当時)、堺筋の野村銀行前の東側車道を自転車で渡ろうとした男性が、タクシーにはねられて市電軌道上に投げ出され、頭部を強打して意識不明になった。すぐに北浜三丁目の松岡病院に搬送され、手当てを受けたが、午後八時一〇分ごろ死亡した。翌日の『大阪毎日新聞』の社会面は、大きな見出しをつけて事故をトップ記事で報じた。

「幸徳事件の武田九平翁　街頭に悲惨な死　円タクに刎《は》ねられて　数奇な一生を終る不遇な晩年」

記事は、事故の経緯だけでなく、九平が佐藤の金光教芸備教会に預けられていた事実、大阪での再起を目指した生活などに触れ、妹の津田さとの話で締めくくってある。

「あの人も悲惨な運命の人です、ことし三月弟伝次郎方へ来て以来、昔覚えた金属彫刻の仕事をはじめ、五月に伝次郎一家が南米へ移住してからずつと私の方へ落ちついて、最近南区久宝寺町に店を出したばかりで、毎日自転車で通つてゐました。仕事の方は、不景気の折柄大したこともありませんが、本人はせつせと働いてゐました。前には時々昔を思ひ出すのか、しよんぼり仕事の手を休めて物思ひに沈んでゐることもありましたが、最近は気持も落ちついて「わしもこれで平凡に畳の上で死ねる」とよろこんでゐましたのに、悲しいことになつてしまひました」

この記事には、やや俯《うつむ》きかげんの、どこかうらぶれた雰囲気の漂う当時の九平の顔写真が載っている。芸備教会で見せられた写真が九平だとわかったのは、すでにこの記事に掲載されていた写真を記憶していたからだった。兄の釈放に奔走した弟の伝次郎は、さとの談話にあるようにこの年六月、一家でブラジルに移住していた。南米移住の仔細《しさい》は分からないが、佐藤への約束の「転向」問題に絡んでいたのかもしれない。

大阪に戻ってからの九平は、不況、好奇の眼、事件へのレッテルに曝され、高齢も重なって、以前の彫金師の仕事を再開するまでは容易ではなかったようで、佐藤や側近の井上にはしばしばその辛酸を訴える手紙などを出している。生活のめどもつかず、かつての旧友も訪ねてこない中で、落魄《らくはく》の身を嘆いていた。佐藤が心配していたところ、帰郷後八カ月ほどした一一月三日、久宝寺町内に店を出し、元気だというはがきが届いた。その直後の訃報だった。

佐藤はすぐに弔問などのために井上を大阪に遣わした。一二月二日付の井上の「復命書」やさとの佐藤宛ての礼状からは、佐藤が差し延べた手厚い見舞いの様子が読み取れる。ただ井上が訪ねた関係警察署では、ほとんどが居留守を使われ会えず、きわめて冷淡で、仮出獄者には厳しい監視の網を被せていた警察は、対象の人物が亡くなると、あたかも「厄介払いできた」と言わんばかりの対応で、「逆徒」の生と死を官憲がどう見ていたかを垣間見るようである。再起を期した九平の大阪での生活は、これからというときに砕け、五八年の生涯を突然、終えてしまった。「大逆事件」の被害者がまたひとり雪冤《せつえん》の日を迎えられずに非業の死を遂げた。

佐藤は遺族を含めて最後まで武田九平の世話をしきった。死後も金光教の作法で、遺族の了解を得て、九平に「信原幸道」の諡号《しごう》を贈り、芸備教会でその霊を祀ったという。運平のように個人的な関係もなく、「許されざる事件の犯人」と見ていた九平に対して佐藤はなぜここまでできたのだろう。

時代をほんの少し遡上《そじょう》する。

近代日本の最大の悪法、治安維持法が公布されたのは一九二五年四月二二日である。その直後の五月五日には、女性を排除した男性のための普通選挙制度(普選)を採用した改正衆議院議員選挙法が公布された。弾圧法と半歩進んだ民主主義制度の普選の抱き合わせは、「大正」というねじれた時代を表象していた。関東大震災後の朝鮮人虐殺、労働者虐殺、さらにアナキスト大杉栄・伊藤野枝虐殺と続き、第三の「大逆事件」となる「朴烈《パクヨル》・金子文子事件」(一九二三―二六年)がデッチ上げられている。それらに反発したアナキストらの活動は激しくなり、秘密結社「ギロチン社」のように先鋭化したが、「虎ノ門事件」によって大弾圧を受け、活動の拠点を東京から関西、とくに大阪へと移したものの、追い詰められていた。いっぽうロシア革命の成功の影響を受けて共産主義思想が伸張し、労働争議も激しくなっていた。また無謀なシベリア出兵の失敗があり、帝国日本はあちこちで揺さぶられ、綻《ほころ》びが目立ちはじめていた。平沼騏一郎の「国本社《こくほんしゃ》」や大川周明、安岡正篤の「行地社」などの国家主義団体が登場してくるのは、そうした状況への危機感からであった。社会主義・共産主義を危険視し、天皇を戴く国家こそが最重要であると信じて疑わなかった佐藤は、普選による日本の共産主義化(赤化)を恐れた。天皇制国家の存亡への危機意識であった。ではどうするか——佐藤は、旧知の内務官僚で大阪府知事であった中川望と密かに協議を重ね、危機を救うために左右の有能な活動家を「思想緩和」し、国家再建のために糾合していこうと目論んだ。

二五年四月一四日、六月二七日、一〇月三日の三回、金光教の大阪難波教会、玉水教会、真砂教会で、国家社会主義団体、左右の労働運動組織、全国水平社、日本農民組合、左右の在日朝鮮人団体などの主だった活動家を集めた懇談会が開かれた。主催者は佐藤である。第一回の出席者は一〇人と少なかったが、普選を前にそれぞれの思惑もあったのか、敵対関係にある活動家が呉越同舟のように一堂に会した。名簿には、大西黒洋や木本凡人の名も見える。この二人は三回の会合にすべて出席している。玉水教会で開かれた第二回の出席者は一七人と増え、この中に無政府主義者の武田伝次郎の名が初めて記録されている。懇談会の名が「社交桜心会」と決まったのは第二回の会合である。伝次郎が大西や木本と懇意になったのも、このときの懇談会である。真砂教会で行なわれた第三回「社交桜心会」の参加者は、二四人とさらにふくれた。伝次郎も参加した第三回会合は、午前中から深夜まで続き、かなり盛り上がったようだ。最後に全員が寄せ書きをし、アナキストの伝次郎は「十五年前の森近を想う」と記している。伝次郎は、東京での社会主義運動が弾圧され、生活も苦しくなり、やむなく帰郷した運平の胸塞がれたような思いと、自らの追い詰められた状況を重ね合わせたのだろう。

佐藤が普選による無産政党の登場を射程に入れ、活動家たちの「思想緩和」を目的に始めた「社交桜心会」はしかし、三回で終わる。錚々《そうそう》たる活動家の集まったこの会合を特高警察は毎回、会場を取り巻くように監視していたが、それを抑えていた府知事・中川が転任したために継続できなくなったのである。「社交桜心会」については、歴史の中でほんの一瞬しか登場しなかったためか、まとまった研究は金光教教学研究所員だった渡辺順一と佐藤武志を除いたほかにはないようだ。

伝次郎が兄・九平の仮出獄を佐藤に頼むには、二年間の空白があった。「たぶん、伝次郎らが昭和大礼の恩赦を睨んで、内務省など中央にも影響力のある佐藤を頼った、つまり利用したのだと思います」。佐藤武志はそう見ているが、佐藤範雄も伝次郎らの意図を承知し、宗教家として九平の救出活動を「感化救済」の一つと考え、喜んで動いたにちがいない。佐藤の仮出獄協力活動は、教団としての運動ではなく、彼の個人的な活動とされるが、教団の施設を使用しており、当時の金光教とずれていたわけではなかったろう。

渡辺順一によれば、佐藤は、早くも一九〇二年に内務省主催の感化救済講演会で、「感化救済」は仏教、神道、キリスト教など宗教家の本来的職務であるとして、「人の為に人を救う」と語っていたという。佐藤はそれを実践した。伝次郎は兄の「解放」の後に、獄に残されていた小松丑治の健康状態の悪化を心配し、神戸で夫の帰りをひとり待っていた妻はるからの依頼で、佐藤に救出願いの書簡を出している。それだけ佐藤は信頼されていたのだ。そして佐藤はそれに応え、実際に具体的な救出活動をし、死後まで九平や遺族に心ばせをしていたのは紛れもない事実である。いっぽうで、天皇主義国家観や有為な青年たちを国家のために思想改造しようとする宗教家・佐藤の思想と善意の言動には、いつの時代にも潜む宗教(家)と国家の危うい関係も見える。

時代は二〇世紀の終わりから二一世紀へと下る。

「主人が亡くなったのは平成一四(二〇〇二)年九月ですから、早いもんで七回忌になります。でも、亡くなる前に復権とゆうんですか、名誉回復されて、ほんまによかったと思っています。顕彰碑まで建つとは、夢にも思っていませんでしたから。そら、主人、ものすごぅ喜んでました」

大阪・守口市の髙木顕明の孫に当たる亡き義雄の妻・芳子を訪ねたのは、湿気をたっぷり含んだ生暖かい梅雨の風が膚にからみつくような二〇〇八年七月半ばだった。

「あれは一〇年以上前、そうそう、長女が結婚した年でしたから九六年、平成八年でした。四月の終わりごろやったかしら。誰からもろうたか知りませんが、主人が『朝日新聞』のコピーを見せてくれたんです。大谷派が髙木顕明を八五年ぶりに復権という記事でした。へえと思いました。それからどれぐらいしてからか憶えがないんですが、うちの主人、髙木顕明の孫なんです、と大谷派の本山に電話したんです。ええ、私がしたゆうたんです。主人は、私が電話する前には、芳子、今さら大谷派には電話せんでもええて、んです。顕明さんの復権を大谷派がしたことが新聞に載っただけで、今までの願いが果たされたと思ったんでしょうが、私は、やっぱり伝えたかったんですね。そしたら大谷派の人がえらいびっくりしはって、すぐに、二人の人が家へ飛んでこられました」

これがきっかけで、大谷派が浜松市営三方原霊園に顕明の娘・加代子の建てた「髙木家代々之墓」の竿石《さおいし》の部分を、新宮の南谷墓地の急斜面の一角に移して新たに墓をつくり、傍らに顕明の「顕彰碑」を建て、彼の事績についての説明板も設置した。九七年九月二五日に、その除幕式が現地であった。大谷派から宗務総長らが出席し、遺族の義雄・芳子夫妻、娘やその家族らも参加した。叩きつけるようなひどい雨が降り止まぬ日で、高木の頬にとめどもなくいく筋もの涙が流れ、雨とともに南谷墓地の土に染みていった。

私が「大逆事件」の旅を始める出会いとなった顕明の処分撤回への道筋を追っておきたい。宗教者・佐藤の国家観から出た「救済」との対比になるだろう。

「大逆事件」に巻き込まれた顕明に対する大谷派本山の処分は二段階に分かれている。最初は顕明らが「大逆罪」の公判に付されると決定した翌日の一九一〇年一一月一一日付で、住職を解く差免《さめん》処分。この処分はすでに触れたが、次いで死刑判決の出た一一年一月一八日付で宗門からの永久追放という最も重い擯斥《ひんせき》処分が出されたのである。ただ本山は、差免後に始まった大審院の公判中の一二月二〇日から一週間、奈良・南林寺の住職・藤林深諦《じんたい》を新宮に派遣し、顕明の僧侶としての活動や人格などについて調査させている。その「複命書」の下書きが九六年七月に大谷派僧侶の泉恵機《しげき》によって明らかにされた。「何れの方面から聞いても本人性は、廉直にして慈善心あり、又人との約束を違えず、人を詐《いつわ》らず、酒も飲まず」「平素仏祖尊敬かなり」「平素檀家中へ教も怠らず」「性質実直にして居動静か」――ほぼこんな趣旨が記されてある藤林の報告の下書きからは、真宗僧侶・顕明の真面目ぶりと実直な性格が滲み出てくるようだ。ところが本山の二つの処分に際して出された「諭達」や「諭告」は、顕明を「僧侶の本分を顧みず」「国家未曽有の大陰謀に加わり」「非違なる」僧侶と断罪し、宗門の他の僧侶に布教する上では、天皇と国家に従順になれなどと諭していた。死刑判決から二日後の二〇日には大谷派法主が「逆徒」を大谷派から出し、「皇室に対し奉り恐懼《きょうく》に耐えない」と、内務大臣に執奏方を願い出ている。本山は、顕明の実像を無視し、天皇制国家に随順してしまった。徳冨蘆花が「謀叛論」で激しく論難した一節が想起されよう。「出家僧侶、宗教家などには、一人位は逆徒の命乞いする者があっても宜いではないか。しかるに管下の末寺から逆徒が出たといっては、大狼狽で破門したり僧籍を剥いだり、恐れ入り奉るとは上書しても……」。

過酷な境遇に追い込まれた人に手を差し延べ、その運命や状況に共感・共苦するところに宗教の存在の大きな意味がある。たとい国家の意に沿わずとも宗門独自の判断をすべき覚悟が宗教教団(者)には必要だった。まして顕明は、真宗の教えに従って、非戦を貫き、平等を求め差別をなくすための活動をした見事な僧侶だった。真宗は「被弾圧教団」の歴史を持ち、弾圧の中で生きてきた。そこに存在意義があった。「国王不礼」という教義さえ持っている。冤枉《えんおう》の罪を背負わされた顕明は教団からも罪を背負わされてしまったのである。

明治初期の神道国教化政策のもとで吹き荒れた廃仏毀釈の嵐の中で、生き残るために、大谷派だけでなく仏教教団は国家に随順する道を選んだ。日清・日露戦争に賛成し、植民地支配に抗わず、四五年の敗戦に至るまで国家への荷担の歴史を積み重ねた。顕明と同じように擯斥処分された曹洞宗の内山愚童、臨済宗妙心寺派の峯尾節堂もその被害者だった。

顕明への処分は、戦後になっても振り返られなかった。敗戦から一六年後の一九六一年に「大逆事件」の唯一の生存者だった坂本清馬と森近運平の妹・栄子が再審請求を起こしたのがきっかけで、ようやくマスメディアの事件観にも変化の兆しが見え始めたが、大谷派は自派の犯した過ちに目を向けず、再審請求にピクリとも反応しなかった。個々の宗教者の動きもなく、まるで明治の教団のままであった。六〇年代半ば以降、靖国神社を敗戦前と同様に国家で護持する法案が大きな問題になり、真宗各派もこぞって法制化に激しく抵抗する行動を起こした。靖国問題は過去の戦争への協力・荷担の問題を抜きにしては語れない。当然、それは日清・日露戦争への荷担にまで射程は伸びる。その過程で「大逆事件」での顕明への処分問題が浮かび上がってくるはずだが、そうはならなかった。七一年に宇治市役所職員の高木道明が「大逆事件と部落問題――高木顕明の人と思想」を書き、初めて顕明の思想と人となりに光が当てられた。そのころから、大谷派は被差別部落問題で糾弾されるようになっていた。顕明に目を向ける状況は生まれていたはずである。それでも動かなかった。また泉が顕明の事績や宗門の過ちを指摘するようになっても、最初は見向きもされず、顕明の名前さえほとんど知られていなかったという。本山が動き始めたのは、教科書の記述内容や中曽根康弘首相(当時)の靖国神社「公式参拝」が、アジアの人びとから問われるようになり、ようやく自派の戦争責任問題にも目を向けるようになった八〇年代の後半からで、八七年四月に開かれた全戦没者追弔法会《ほうえ》で当時の宗務総長が初めて戦争荷担を反省する責任告白をした。敗戦五〇年に当たる九五年六月一三日と一五日には、宗議会と参議会で初めて「不戦決議」をし、その中で「宗門が犯した罪責を検証し」「惨事を未然に防止する努力を惜しまないことを決意」し、かつて「非国民とされ、宗門からさえ見捨てられた人々に対し、心からなる許しを乞う」と初めて踏み込んだ。また宗務総長は顕明の擯斥処分に「深く慚愧《ざんき》」し、名誉回復を図ることを明らかにした。顕明への処分取消しは、国家への癒着と戦争協力の大谷派の近代史の見直しの潮流と関係していたが、そこには泉の長年にわたる研究と粘り強い働きかけがあった事実も忘れられない。顕明への処分撤回は、住職差免から八六年、敗戦から五一年、再審請求から三五年も経ってからだった。

新宮・南谷墓地の顕明の「顕彰碑」の傍らの説明板の一節には「時の宗門当局が国家に追随して行った師への遺憾なる行為とそれを今日まで放置してきた宗門の罪責を深く慚愧し心から謝罪」とある。これを読みながら、写真でしか知らぬやや頭の尖った顕明の自死を思った。房内には氷柱《つらら》さえぶらさがるような北の果ての凍りつく秋田監獄で、彼が自裁に追い込まれたのは警察の記録にあるように、仮出獄がかなわないことへの絶望というより、「非戦の宗教」「平等の宗教」と信じてきた教団から切り捨てられ、悲しみの底が抜け、絶望してしまったからではなかったろうか。それは、本山への強烈な抗議も含んでいたのではないか。泉が、「顕彰碑」の建立時に静かな口調で語った言葉は、私の中に澱《おり》となって今もある。「顕明は大谷派に殺されたようなものです」。であれば、顕明が立派だったと「顕彰」すればそれで終わるわけではないだろう。他教団にも通じるが、国家に随順した過ちのプロセスを検証し、それを内部で共有化し、再び繰り返さないための営みをどうやり切るかである。顕明の「復権」の意味はそこにある。

武田九平には独立した墓がない。森長の『風霜五十余年』で、妹のさとの結婚した津田の墓に埋葬されていると教えられ、二〇〇八年夏に大阪府寝屋川市の本門佛立宗清風寺の広い霊園を訪ねた。ようやく津田家先祖代々之墓を見つけたが、墓石には武田九平の名はどこにもなかった。霊標に「本津院妙里日享大姉　昭和三十一年九月廿五日寂　津田さと」とあるだけだった。そこに一緒に埋骨されているのだという。妹さとが一九五六年まで存命だったことを初めて知った。しとどに流れる汗に一瞬だが、風が舞ったようだった。

9　傷痕

小松丑治の妻はる（1965年撮影）

りにあった。
日蓮宗開山堂本澄寺は、山鹿市の温泉街の入り組んだ町並みの緩い上り坂の突き当たりにあった。

飛松與次郎が秋田刑務所から仮出獄し、熊本県鹿本《かもと》郡広見村(現・山鹿市)へ帰郷したのは、一九二五年五月一〇日である。死刑から無期刑になった一二人中最も早い仮出獄で、四人の熊本の被害者の中では、ただ一人の生存者だった。飛松は敗戦から八年後の五三年に亡くなっているが、墓はない。ただ遺骨については、八一年に猪飼隆明(当時・熊本大学教員)らが本澄寺を訪ねてその存在を確認していた。同じ年、熊本の「大逆事件」を早くから研究してきた上田穣一も同寺で確認しているが、その後は遺族の誰かが本澄寺から遺骨を引き取り、行方知れずになっていた。二〇〇二年二月二七日付の『熊本日日新聞』でも遺骨は行方が分からずとあり、その後発見されたという情報はなかった。飛松の遺骨は、二〇年以上行方不明のままだった。

二〇〇八年六月初め、松尾卯一太の墓を案内してくれた玉東町の郷土史研究家の坂田幸之助や飛松の遺骨を最初に見つけた猪飼らの手助けで遺骨を探し歩いたが、杳《よう》として手がかりがつかめなかった。そこで、最初に発見された本澄寺でもう一度確認してみようと、坂田に案内を乞うた。本澄寺を訪ねたのは六月六日で、梅雨の前触れのじっとりした風が身体に巻きつくような夕暮れどきだった。本澄寺は、山鹿では一、二の古刹《こさつ》と聞いた。

寺の庫裏《くり》の玄関で声をかけたが、犬に吠えられただけで、人の気配はなかった。思案していると、左手奥に建つ本堂から人びとの賑《にぎ》わしい声が切れ切れに聞こえてきた。急いで本堂へ向かう。そこでは新設の集会所の落成式が行なわれていた。来意を告げると、落成式を中座して住職が応接してくれた。

「三〇年ほど前に本澄寺を訪ねた熊本大学の先生から、大逆事件の関係者で飛松與次郎さんという方の遺骨があったと聞いて来ました。しかしその後、遺骨は行方不明になっているそうですが、こちらにあるでしょうか」

「ええ、ありますよ。確か高田さんと言ったと思いますが、奥さんふうの方から預かっています。でも慰霊祭には誰も連絡がつかず、おいでにならんとですよ」

飛松與次郎

住職の園田匡身《まさちか》は、何とも拍子抜けするくらいにあっさりと飛松の遺骨があるというのだった。

「えっ、あるんですか」

私と坂田は、同時に身を乗り出して声を上げていた。身体が興奮ではち切れそうになった。

一九三五年生まれだという住職は、問わず語りに遺骨を預かった経緯を先代住職のころの話を交えながら語った。

確か納骨堂を造ったときですから、昭和四〇(一九六五)年ごろだったでしょうか、高田さんという奥さんが「預かってくれますか」と遺骨を持ってこられました。で、いいですよ、ということで預かりました。そのときに、飛松さんとありましたので、この方はどういう方ですかとうかがうと、奥さんは「私が預かっておかなくてはいけないんです」と言われました。それで名前を覚えとるとですたい。でも飛松さんは、本澄寺で葬式をされていませんので、位牌も過去帳もありません。遺骨は納骨堂にあるはずです。ただどうして飛松さんのお骨をここに持ってこられたのかは、よく分かりません。行方不明になっていたという話は、いま初めてうかがいました。あるいは先代の住職なら知っていたかもしれませんが……。

「高田」は、飛松の妻カズエの連れ子・エミ子が結婚した夫の姓だった。

「高田さんが遺骨を持ってこられたのは、正確には何年ごろなのでしょうか」

「さあ、それは……。納骨堂で調べてみましょう」

住職は、私たちを本堂左奥の納骨堂に案内した。

「納骨堂の遺骨ですか？　さあ、全部で二〇〇ぐらいありますかね」

そう言って左から二番目の小さな納骨室の蓋を開けて二つの壺を取り出した。それは高田エミ子と夫の肇の遺骨だった。それだけで、他にはなかった。

「飛松さんのお骨は、ありませんね。ハイ」

住職はあっさりとそう言って、今度は私たちを落胆させるのだった。

「本当にないんですか」

たまらず私が念を押すと、

「ハイ、お骨は、ありませんね」

住職は断定した。やっぱりなかったのか——がっかりしている私たちに「飛松さんて、どういう方なんですか」と、住職は改めて訊いてきた。かいつまんで説明する。「大逆事件ですかぁ、ふーん……、そうですか。明治天皇の暗殺ねぇ……」。住職はしばらく考え込むように首を傾げて、何か思い当たるふしがあったのか、「ちょっと待って下さいよ」と、二人の骨壺が納められていた納骨室の深いところに先が鉤《かぎ》形の二メートルほどの長い金属棒を突っ込んだ。かなり深そうだ。ぐるぐると金属棒をかき回した。

「これだ、これだ」

住職の顔が少しほころんで、声が弾んだ。金属棒の先に、袋に包まれた骨壺がぶら下がっていた。袋にはっきりと筆墨で「飛松與次郎」とある。住職がそれを軽く振ると、中でカラカラと骨の音がした。私はしばらく言葉が出なかった。乾いた骨の音が、聞いたこともない飛松の声のように聞こえて、胸が震えた。

「よかったですね」。日焼けした坂田の顔にも笑みが広がった。遺骨を見つけて、正確には再発見だが、喜ぶのも奇妙ではあったのだが。

住職が記憶をまさぐりながら、話してくれた。飛松の妻カズエは六九年に亡くなり、葬式は本澄寺で行なわれたから、遺骨もある。その一六年前に亡くなった夫の與次郎は貧しくて葬式ができなかった。娘のエミ子が遺骨を預かってほしいと持ってきただけだったという。ただ、それが何年なのかは分からなかった。後に「大逆事件の真実をあきらかにする会ニュース」のバックナンバーを繰っていたら、六七年八月の第一五号に、当時健在だったエミ子のつれ合いの高田肇からの便りが掲載されていた。森長英三郎による被害者と遺族らへの紙碑といっていい小冊子『風霜五十余年』への礼状の一節である。「……父飛松與次郎の記事を拝見いたしまして涙が出ました。一日も早く病院から退院いたして寺にあずけてある遺骨を何とかいたしたいと……」。だから本澄寺に飛松の遺骨が預けられたのは、六七年よりはるか前で、おそらく彼の死から間もないころだったのかもしれない。「遺骨を何とかしたい」、つまり墓を建てたいと願っていただろう高田肇は、それが果たせないまま七二年に死去していた。妻の高田エミ子は九六年に亡くなっている。その間に飛松の遺骨の移動があり、二〇〇二年以降に高田の縁者が再び本澄寺に預けたようなのだが、どうもはっきりしない。

それでも飛松の遺骨の存在は再確認できた。ただこのままでいいのだろうか。「土の中ではありませんから、風化はしません」と住職は言うが、本澄寺の納骨堂の収容能力にも限りがあり、遺族も寺に姿を見せないという状況が続けば、処分もあり得るから、気がかりである。せめて墓、いや記念碑でもあれば、「大逆事件」に巻き込まれた熊本の被害者のひとりを記憶していけるのにと思う。

「大逆罪」の罠にはめられた当時、飛松は白皙《はくせき》の二一歳の青年で、被害者の中では同じ熊本の佐々木道元と同い年で最年少だった。仮出獄したときは中年が視界に入る三六歳になっていた。最初の仮出獄者だったとはいえ、無実の罪で一五年であるから、少しも早いわけではない。しかも月一回は管轄の警察署に出向いて、報告し、認めをもらわなければならず、尾行や監視もなくならない。二五年にできた治安維持法に引っかかるような言動でもあれば、たちどころに刑務所へ逆戻りである。飛松は仮出獄直後、地元の『九州新聞』記者の豊福一喜の取材を受け、「慙愧悔恨の情」で「よき日本人として過去の罪科を償わん」と報じられている。が、それは彼の置かれていた状況と時代と無縁ではなかったろう。仮出獄中の身で何かを語るだけで当局は神経をとがらせ、秋田刑務所の教誨師からでさえ小言を言われたと、二九年四月に同刑務所から仮出獄した崎久保誓一にこぼしつつ、注意する手紙を書き送っている。

熊本県の北西部、福岡県に近い山奥の広見村で、帝国憲法が発布された年の一八八九年二月に三人兄弟の末っ子として生まれた與次郎は、尋常小学校から高等小学校時代は、秀才として知られたが、家が貧しく上の学校には進めなかった。一七歳で来民《くたみ》小学校の代用教員になったものの、文筆家として身を立てたかったようで新聞記者を目指した。一九〇七年六月に松尾卯一太や新美卯一郎らが創刊した『熊本評論』に惹かれて、創刊号から熱心な読者となった。紙面が社会主義色を強くしていくと、飛松も共鳴し、大きく影響を受ける。貧困を背景に平等と自由な社会を求めて目覚めていった当時の多くの初期社会主義者に共通する環境に飛松青年もいたのである。だが『熊本評論』には飛松の投稿原稿はなく、彼の初めての原稿が載ったのは『熊本評論』廃刊後の一九〇九年三月一〇日に創刊された『平民評論』第一号である。身分は、いきなり編集人兼発行人であった。当局にあまり知られていない人物を表向きの発行人や編集人にするのは、発禁処分などの弾圧で実力者を守るため、当時の社会主義系新聞が講じた手立ての一つであった。創刊号で飛松は「同志諸君へ」と自己紹介を兼ねて熱っぽく書いている。

「同志諸君、僕は今まで小学教員てふ、至つて不自由な生活を送つて居たものである。小学教員にして若し片言《かたこと》たりとも正義自由を叫ばんか、夫れこそ直ぐに当路の御目玉を頂戴して、路頭に迷はねばならぬ。社会主義に関する書籍を読むさへ又然りで、其不自由束縛は実に血あり涙あるものの憤慨に堪へぬ所である。

故に僕は一日も早く此の苦境を脱して自由の児とならん希望が満身に籠《こも》つて居たので、本社の松尾兄に書を寄せて幾度となく僕の衷情を訴へた。（中略）評論が新装勇ましく打つて出ると言ふので、新美兄は遥々《はるばる》鹿北の地に車を飛ばして、社意の在る所を語り、僕に来社すべきを命じた。アア当時僕の喜悦《よろこび》は果して如何《いかん》であつたろう。到底筆舌にては尽し得ない程であつた。そして僕は決心した。鹿本の天に峨々《がが》として聳へてゐる不動岩の如き剛毅な精神と、清く潭碧《たんぺき》を湛へて居る菊池川の水の様な平和な心とを以て社会人道の為大いに働いて見ようと云ふ覚悟で蒼皇《そうこう》平民社に馳付《はせつ》け編輯部の末席を汚す事となつた」

二〇歳の青年の天にも昇るような昂揚感が伝わってくる。だが颯爽と立ち上がった青年の精神はいきなりへし折られ、死への道に追いやられる。『平民評論』は創刊の日の三月一〇日夜半、新聞紙法の「朝憲紊乱」に該当すると、発行禁止処分に遭い、飛松は松尾とともに起訴されてしまった。裁判の結果、松尾は禁錮一年・罰金一五〇円、飛松は禁錮八カ月・罰金一〇〇円が確定し、〇九年一一月一七日に熊本監獄に下獄した。「初犯」の飛松には重刑で、罰金一〇〇円を払う金がなく労役に服した。それから約一年後の一〇年八月のある日突然、飛松は熊本地裁へ送られ、東京から来た検事・武富濟らの厳しい取り調べを受ける。そのときの模様を、飛松は戦後、雑誌『毎日情報』一九五一年五月号に手記で明らかにしている。こんなふうだった、と。

検事・武富濟　お前が入社してから、松尾はどんなことを言ったのか。主義に関係したことは言ってないか。

飛松　特にはありませんが、熊本評論の読者名簿によって読者訪問をして、意見交換でもしたらどうかと……。

武富　読者名簿によって、松尾が決死の士を募集せよと言っただろう?

飛松　そんな、決死の士なんて言うたことはありません。

武富　決死の士とは言わなくても、そういう意味で言っただろう?　それで、お前は何と言ったのか?

飛松　佐々木道元が我々は、演説でもして田舎伝道をしようか、と。でも僕は演説ができないから、新聞伝道をやろうと言いました。

武富　賛成したわけだなあ!

青年の夢が「大逆罪」によって砕かれていくシーンである。管野須賀子らを相手にしてきた百戦錬磨の鬼検事・武富にとっては、初《うぶ》な青年を「罪に落とす」のはわけなかった。ここでも「決死の士」が登場している。予想もしない「大逆罪」の公判に付された飛松は、あっという間に死刑判決を受けた。その翌日の一一年一月一九日、両親に宛てて諦めと無念さを混在させて書いている。「罪なくして罪をうけて死に行くのですから、五年十年或は何十年の後には必ず無実の罪であったということがわかってくると思います」。

事件を知った郷里の広見村は仰天し、飛松家は「大逆犯」を出したことで、與次郎の兄が判決の年の秋に養子先から縁を切られ、父も翌年にぽっくり逝ってしまった。遺された家族や親戚も肩身の狭い思いでひっそりと暮らさねばならなかった。国家のつくり上げた犯罪とも知らず、與次郎のせいで、と思ったのである。一五年後、秋田から帰郷した飛松を母は大喜びで迎えてくれたが、安心したのか翌二六年秋に亡くなってしまった。「大逆犯」のままの飛松には居場所がなかった。長い囚われの身で健康を壊し、生活の術もなく、獄中で覚えた編み物を細々と教え、頼まれれば得意の書を書きはしたが、口凌《くちしの》ぎにしかならない。そんな飛松に寄り添ったのが、仮出獄から三年後の二八年に一緒になった星子カズエだった。結婚の経緯は判然《はっきり》とは分からないが、飛松を健康面でも、生活面でもカズエはよく支えたと、伝え聞いた。

飛松が生まれ育ち、仮出獄後もしばらく暮らしていた旧広見村四丁《しちょう》を猪飼や坂田らと一緒に訪ねたのは、遺骨再発見の二日前だった。人家が点在する、ひっそりとした田園の中にあり、飛松の時代はさぞやと思われた。近くに住む飛松の遠い親戚筋に当たり、元広見村助役だった飛松宏生に記憶の断片を拾ってもらった。

私は與次郎さんが出てきた大正一四(一九二五)年の生まれです。だけども父親から、幸徳事件のことは少し教えられた。明治天皇の暗殺計画に関わったらしいとね。與次郎さんは頭が良くて、新聞記者をしていたらしいが、直接は関わっていない、利用されたんだろう、冤罪だろうと。ただ親戚のみんなは、與次郎さんを敬遠しよったけん。與次郎さんの話になると、みんな逃げよりましたけん。今でも與次郎さんのことをいう人はおらん。ただ、親戚外ではそれほどでもなく、與次郎さんに名前をつけてもらった子どもが何人もいるとです。書を書いてもらった人も多いですよ。家にもあったが、もう処分してしまった。

飛松の苦しい生活ぶりと「改悛の情」が新聞などで報じられ、地元の村長や議会が同情し、役場の書記に採用された。それでも孤独で、周りは避ける空気が強かったという。その後、隣村の川辺村の村長の古閑辰喜が飛松の面倒をよく見、同村が合併で山鹿市になった後も定年まで役場勤めをしたが、生活は極貧に近かった。『山鹿市史』には、そんな様子が記述されてある。飛松がかろうじて生き延びられたのは、古閑の手助けと傍に居続けたカズエの存在のおかげだった。小さな借家住まいの中で彼女は内職の傘張りの仕事を細々と続けたという。

飛松が無期刑の執行を無効にすると特赦されたのは、戦後の四八年六月二六日である。すでに五九歳であった。猪飼から見せられた「特赦状」は、手書きの粗末な紙にわずか一行「特赦せられる」とのみあった。これが二〇歳の夢多き青年の人生をひっくり返してしまった国家の「言葉」である。特赦とは、無期刑を免除するだけで、国家が有罪刑を無効にし、冤罪を認めたわけではない。冷たい「特赦状」を手にした飛松の胸中を知る術はないが、特赦の直前に﨑久保に出した手紙を﨑久保の遺族が残していた。「時代は一変し、かつて我等がかかわり会いし事件も現代に於いて、何の弊害もなき事と存じ候えども、特赦復権の恩典に浴する事を得ず、あくまでも日陰者として暮らすことは、実に残念に候。然し遠からず青天白日の身になることを得る」。

それから三年後の五一年三月末日、やはり秋田で一緒だった坂本清馬に生活の窮状を訴えつつ再審請求について手紙を書いている。「再審の訴えをするときは僕も是非したい……請求書を書く時は自分で書く」。飛松はその日を迎えることなく五三年九月一〇日、六四年の生涯を閉じた。口惜しく、悲しい人生だった。骨壺の骨の音は、果たせなかった再審を求める無念の声だったのかもしれない。

熊本では、「大逆事件」にまつわる語りは多くない。それでも無念のうちに殺された者と生者が交わるような話は、いくらかは残されてある。熊本大学に近い立田山の斜面にある熊本市営小峯墓地に処刑された新美卯一郎の墓が「二つ」ある。上田穣一の教えでは、新美家の墓所はもと、市内の中心部に近い白川沿岸の大江町川鶴(当時)の一本松にあり、当初はここに卯一郎の遺骨も埋められた。そのときは木製の墓標だったが、事実上の妻・金子トクが「私がお金を出すから、ぜひしっかりした墓を」と、新美の母トナに申し出て、一九二一年一月に石の墓ができた。新美のトクへの熱烈な愛情は、獄中書簡ですでに見ている。トクはそれにも応えたかったのだろう。一本松の新美家の墓地は、五三年六月二六日の熊本大水害に襲われたが、かろうじて流出は免れた。その後、熊本市の都市計画にかかって小峯墓地に移された。

二〇〇八年六月、飛松の遺骨を再発見した後、初めて卯一郎の墓の前に立った。高さ約一メートル、二〇センチ角の墓石は苔むし、正面に記されてある「新美卯一郎之墓」を読み取るのも難しいほどだ。右側面には死亡年月日と行年が記され、左側面には「大正一〇(一九二一)年一月再建　母トナ妻ト子」とあった。「ト子」とは、金子トクである。卯一郎の墓は、実はもう一つある。トクらの建てた独立墓の真後ろ、背中合わせに新美家の実に立派な墓があり、代々の名が刻まれた墓誌には「新美卯一郎」の名もあった。

卯一郎の遺骨は、金子トクら建立の墓に埋められていると思いたい。

トクは新美の死後、待合茶屋を営み、また筑前琵琶の名手と伝えられ、その声調は非常にパンチが効いていたという。新美の墓の前にしばし佇むと、筑前琵琶の音色とトクの声を無性に聴きたくなり、写真も残されていない彼女を想った。一生独身を貫き、六二年七月に亡くなっている。無慚な夫の死が残した決して癒されない傷痕を抱えて、懸命に生きた生者がいた。


堺利彦に「丸い顔」という掌編がある。売文社の機関誌『へちまの花』の第三号(一九一四年三月)に掲載されている。堺の懐の深さと温かさが行間から滲み出てくる忘れがたい佳品である。


一一年の春から始めた堺の遺家族慰問の旅についてはすでに触れたが、高知の秋水と岡林寅松の家族を見舞った後の四月二八日、堺は神戸郊外の人家も数えるほどしかない夢野村に住む小松丑治の妻はるを訪ねた。新村善兵衛が堺の慰問から六年後に訪ねて、探しあてられなかった小松はる宅である。堺の掌編は、慰問の三年後に書かれている。

「神戸、夢野」という所書きがすでに何か人に物を思わせる力を持っている。「小松春子」という名がまたいかにもやさしいしおらしい感じを与える。

神戸の町はずれから六、七町、あるいは一〇町ばかりもあったろうか、夢野村で小松という鶏を飼うところと、あちこち尋ねまわってヤットのことで見つかった。

（中略）

春子さんの住居は、小さい、小ざっぱりした、たしか板ぶきの家だった。春子さんは顔もからだも丸々しい、かわいらしい小作りの、二二、三か、四、五の人だった。

はるの夫、丑治は一八七六年の高知生まれで、九八年に神戸・夢野の海民病院の事務職員になった。この病院は三重大学名誉教授酒井一らの教示によると現在の湊川病院ではないかという。七つ違いの小間物問屋の娘で、色白で小づくりの津田はるとの結婚は、日露戦争の開戦から間もない一九〇四年の春だった。結婚当初の丑治は、すっきりと背が高く、すべてに万能で、眉宇《びう》には輝きが溢れていたと、はるは、後に回想している。高知の小学校で丑治と同級生だった岡林寅松が、医師を目指して海民病院に勤めるようになったのは〇五年ごろだが、二人は早くから秋水や堺らの『平民新聞』の読者で、〇四年九月には「神戸平民倶楽部」を結成、社会主義の勉強会を始めるようになった。

「神戸平民倶楽部」の活動は、中央の社会主義運動の分裂などの影響を受け、紆余曲折を経つつ〇八年春ごろまで続くが、その後は目立った活動はないようだ。一貫して「神戸平民倶楽部」の中心だった小松と岡林が、内山愚童の訪問時の会話から事件に巻き込まれていった経緯については、簡単に既述しているが、実は二人については検事らの間でも予審に付すかどうか意見が分かれ、いったんは起訴が見送られた。強引な当局でさえ、小松と岡林――実際は五人が狙われていたと社会経済史家の小野寺逸也(故人)は「神戸平民倶楽部と大逆事件」(『歴史と神戸』第一三巻第一二号)で明らかにしている――については証拠が弱いと見ていたが、結局九月二八日に起訴され、東京へ押送された。

丑治は鶏の好きなはるの希望にそったのだろう、〇九年一月に海民病院を退職し、養鶏業を始めていた。突然夫を奪われたはるが、一人で二〇羽を超える鶏の世話をし、毎日曜日にはキリスト教多聞《たもん》教会へ行き、諫早からの丑治の手紙を楽しみにしているなどの話を聞いた堺は、帰りに紙袋に入った卵を一〇個ばかりもらった。帰京後、おりおり「夢野、春子」と書かれた手紙やはがきを受け取るたびに堺は、夢野村と竹の鶏舎の前の「春子さんの白い丸い顔」を思い浮かべるのだった。掌編の末尾は、夫の丑治からのおりおりの便りを待つはるの心を描いて、哀しい。

春子さんは今後もまだ幾年、二月に一度の手紙を待つのだろう。

堺の訪問から二〇年経った青葉が輝き始めた候、ある日の朝だった。

「帰ってきたよ！」

関西アクセントのささやくような声が、小さな家の中に届いた。

「どなた？」

軽い返事をしながら、この家の「主」の女性が障子を開けると、その視界いっぱいに木綿縞の着物姿の眼鏡をかけた初老の男が立っていた。風呂敷包みを小脇に抱え、鳥打帽を被って。丑治だ——すっかり老けてやつれていたが。

二人は顔を見つめ合ったかと思うと、上がり端のところでぎゅっと抱き合った——。

一九三一年五月一日、陽当たりのいい丘陵の町、神戸市兵庫区湊川町七丁目の自宅に小松丑治が諫早の長崎刑務所から仮釈放されて戻ってきた。獄中二〇年である。天皇誕生日の四月二九日の恩赦で、岡林と同じ日の「解放」だった。はるは、この日は永久に来ないかもしれない、いやきっと来ると不安と希望を抱えながら、待ち続けた。はるは四七歳、丑治は五十路の半ばになっていた。共に暮らした七年がたまゆらのようにさえ思える。この二〇年のうちに、はるが諫早まで面会に行けたのは、二回だった。やっと費用を工面して。面会時間はわずかで、しかも看守が見張る中で、交わす言葉も少なく、結局涙にくれるだけで、お互いが生きているのを確認するのが精いっぱいだった。はるにも毎日、諫早への行き帰りも尾行がついた。そんなはるを支えたのは、丑治の手紙とキリスト教多聞教会牧師の今泉真幸だったという。

二人の再会を報じたのは、丑治が帰郷して四日後の五月五日付『大阪朝日』で、第二面の半分近くを占める大きな記事だった。「幸徳事件の無期囚出獄／廿年振に妻と再会／孤独と貞操を守り通した半生／流す涙も忘れる歓び」。「大逆事件」の連座者の仮出獄と妻の再会記事に、四本もの見出しがついている。それもどこか温かみがある。「昭和」に入った二八年以降、日本内外は軍靴の跫音が高くなっていた。思想・表現の自由や結社の自由などが弾圧され、共産党員一五六八人が検挙された「3・15事件」、関東軍の陰謀による張作霖爆殺事件、死刑を導入した改正治安維持法公布、ニューヨーク株式市場大暴落に端を発した世界恐慌、植民地台湾での原住民蜂起と弾圧の霧社《むしゃ》事件、首相・浜口雄幸暗殺未遂などが続いた。小松や岡林が仮出獄したのは、三一年九月一八日の柳条湖事件の前夜で、帝国日本と世界の状況が危険を孕《はら》んで動いていた。そんな状況を知れば、「大逆罪」に問われた小松夫妻の再会記事は、破格の扱いである。

前触れなく訪れた記者に二人は面食らった。記者は臆せず事件について丑治からこんな感想を引き出している。「私など単に神戸にあって平民新聞を読んだり社会主義を研究していたばかり……何のためにやられたのか本当はよく判らないのです」。丑治のつぶやきは、冤罪だという主張に読める。さらに紙背を読む読者なら、国家権力が仕立てた事件ではないかという疑いさえ抱くだろう。「大逆事件」で被告にされた当事者の批判の色が滲むつぶやきが新聞に掲載されたのは、おそらく初めてだった。飛松もインタビューを受けているが、事件への批判的言辞はない。この記事は、はるについても「アノ事件で夫を奪われ」と書き、さらに「世の精神的物質的な迫害と闘わねばならなかった」と記し、強い同情を寄せている。

無期刑の夫がいつ帰るか分からないのだからと、離別を勧める周囲の声に、はるがそれを拒んできた話にも言及し、その愛情が再会をもたらしたと記者は感動し、それについての感想を丑治に向けると「妻には感謝していますが……私は今とに角疲れています」と、素っ気無くいなされている。この直後、記事ははるの勁《つよ》い言葉を書き留めている。「私は何も国のために働いたというんでもありませんから」。

当時のメディアにあって、「大逆事件」の当事者をこのように温かく伝えた報道はない。「満州事変」前夜に書かれた善意の記事はしかし、戦争国家の激流に飲み込まれ、「大逆罪」の傷を抱えた人びとの生は、寧日にはほど遠い世界へと追いやられる。

ここで、自由・平等・博愛を求めた小松や岡林らを含む多数の人びとを強引に「大逆罪」に追い込み、一二人を殺し、生き残った一四人の人生を奪った暴力的明治国家の直接の責任者だった平沼騏一郎がその後どんな道を歩み、事件をどう総括したのかを、戦後まで射程を伸ばして簡単に触れておこう。

森近運平と同じ岡山出身の平沼は事件後、司法省民刑局長・大審院検事から検事総長となり、二三年には大審院院長、さらに関東大震災後の第二次山本権兵衛内閣で司法大臣に就任し、司法界のトップに立った。「大逆事件」で出世街道を進んだだけでなく、政治の世界にも進出する。その直後の「虎ノ門事件」で、責任を取って辞任したが、政治生命を失うような失脚ではなく、貴族院議員、枢密顧問官、枢密院議長(一九三六年)などを歴任、政治と関わり続ける。この間、二四年から三六年までの一二年にわたって、判事や検事、それに右翼学者・学生、軍人、官僚らを会員とした国家主義団体の「国本社」の会長を務め、政界への国家主義的な影響力を行使した。国本社には小山松吉や小原直《なおし》ら「大逆事件」の捜査を担当した検事らも参加しており、平沼の誘いだったのだろうか。ヒトラー・ドイツの侵略開始直前の三九年一月、平沼はついに近衛文麿の後を襲って内閣総理大臣に就任、政治の世界のトップに躍り出た。だが想定外の独ソ不可侵条約調印に接し「欧州情勢は複雑怪奇」の声明を発して、七カ月の短命政権で終わった。それでも平沼の政界との関係は切れず、第二、第三次近衛内閣でも国務大臣などを務めている。

「大逆事件」の二六人の被害者・遺族ら周辺の人びとが喘《あえ》ぎ続ける中で、平沼が大日本帝国の陽の当たる坂道を上っていった様が、メモ的な略歴から浮かび上がってこよう。そんな罪業深重な平沼が政界を引退し、日本がアジア・太平洋侵略戦争に突入して間もない四二年二月一〇日から四三年七月六日まで二十数回にわたって、東京・平河町の事務所「機外会館」で語った談話録がある。周知のように平沼は、敗戦後の四八年一一月、極東国際軍事裁判で「A級戦犯」として終身禁錮刑の判決を受けたが、巣鴨プリズンの中でも口述筆記の談話録を残している。二つの談話録を収めたのが『平沼騏一郎回顧録』である。「大逆事件」についても平沼は「機外会館」で語っている。四二年四月二一日の第七回の談話である。手柄話であり、得意気だが、編集が杜撰《ずさん》、前後の脈絡もでたらめ、非常にお粗末な内容である。だが事件をつくっていった司法の中心人物の本音／本心が露になっているところもいくつかある。

「あの事件で私が深く注意したことは後にみつともない証拠を残したくないと考へたことである。彼等は天皇陛下と云ふ敬語を一切使はない。そこで敬語を使ふ迄説得せよ、敬語を使はぬ聴書は取るなと注意した。初めはなかく強情であつたが、後には敬語を用ゐ出した。終には、陛下の御聖徳はよく知つてゐる、我々の主義は通つても陛下は無事である、然し政治上の権利は用ゐられないやうにと言つた」

果たして平沼の語りどおりかどうかは分からないが、誰のための聴取書や調書だったのかを端的に語っている。平沼の談話の中には、裁判の怪しさが思わず洩れている箇所がある。

「桂(太郎首相)さんは、判決は他の者が分らぬ中に陛下に申上げねばならぬと言はれた。……判決が済むと電話をかけて知らす、さうすれば直ちに上奏しなさいと言つた。斯様にして陛下に一番に申上げた。

被告は死刑にしたが、中に三人陰謀に参与したかどうか判らぬのがゐる。……陛下に減刑の御沙汰はないかと、桂(太郎)さんから申上げてみた。そして特赦することゝなつた。陛下はこの三人は特赦してよからうが、他にはもうないかと仰せられた。他にはないと申上げた。それならよからうと仰せられて三人特赦と定つた」

「大逆事件裁判」が司法の独立のもとでなされず、政治権力の支配のもとで行なわれた様子が見えてくる。三人の特赦のところは、無実の人間がいたことを認めており、特赦それ自体がきわめて政治的な産物であることをうかがわせる。実際の特赦は一二人であったから、談話には虚実が混ざっている。平沼の談話録は、アジア・太平洋戦争の緒戦の「勝報」に沸いていた四二年という時期からくるのだろうが、話の合間に「勝者の哄笑《こうしょう》」が聞こえてくるようで不気味でさえある。

平沼は病気で巣鴨プリズンを仮出所後の五二年八月、八六歳で亡くなった。彼の墓は、東京・多磨墓地にある。周囲を見下ろすような大きな墓である。同じ多磨墓地には、宮下の関係で巻き込まれ、爆発物取締罰則違反で一一年の有期刑を受けて千葉監獄に収監され、一六年に仮出獄した新田融（一九三七年没）の墓がある。

政界を引退した平沼が「機外会館」で回顧談を意気揚々と語っていたころ――それは天皇制ファシズムの暴威が頂点に達していたころだ――小松夫妻の生活は、戦争体制とも重なって非常に苦しかったようだ。具体的にどのようであったかは、戦後二〇年以上経ってようやく森長英三郎の努力ではるの消息が確認されるまでは分からなかった。はるが京都市北区の日本キリスト教団洛西教会の牧師らの支えで暮らしているのが判明したのは、森長が六四年一二月六日付の『朝日新聞』京都版の「尋ね人」欄に寄せた、「大逆事件の小松丑治さんの消息を」の投書がきっかけだった。その年も押し詰まった一二月末、洛西教会の牧師から森長のもとに一通の手紙が届いた。そこには、はるが教会と付属幼稚園の留守番として教会の一室に暮らしている、比較的健康だが老いが進んでいる、身寄りがない、「大逆事件」については話したがらないなどと記されてあった。丑治はすでに他界し、はるは独り身になっていた。その後、森長ははるを励ます手紙を書き送ったようで、一カ月ほどした六五年一月下旬、再び牧師から来信があり、そこには森長の手紙で元気を得たのか、閉じられていた心の扉がほんの少し開き、仮出獄後の生活などについてぽつぽつ話し始めるようになったなどと記されてあった。

当時、高知在住で「大逆事件の真実をあきらかにする会」会員の大野みち代(二〇〇四年死去)が、森長と一緒に京都のはるを訪ねて何度か話を聞いたのが同じ六五年であった。大野は同会の六六年二月の「ニュース」第一二号で、簡単な会見報告をしている。切れ切れの話だが事件に巻き込まれてからの小松夫妻についての貴重な記録になっている。以下、仮出獄後のはると丑治の二人の生活についてのはるの語りを、大野の報告と森長宛ての牧師の手紙などを基に再構成した(カギ括弧内は大野の報告からの直接引用)。

丑治が帰ってきたらと、留守中に眼の底に映じたいろんなことを話そうと思っていましたが、顔を見たら、そんな思いが吹っ飛んでしまい、留守中におりおり書き留めたノートを渡して、一切を記憶の筐底《きょうてい》に閉じ込めようとしました。仮出獄後、丑治にはどこへ行くにも厳しい特高の眼があり、身体もすっかり弱っていて働き口もなく、次第に外出するのも気が重くなったようです。昭和八(一九三三)年に東京・大森にいた義兄の臨終の際に、上京はしたものの、特高につきまとわれて、結局「死水もとらずに別れた」そうです。すっかり打ちひしがれた丑治からは、「神戸平民倶楽部」のころのあの眩しいほどの輝きもすっかり消えてしまいました。丑治が獄中にいる間、支えてくれた多聞教会で私が受洗したのは昭和一〇年代でしたが、丑治は卵を持って牧師宅を訪ねても、ただ黙って玄関に置いていくというような有様でした。戦争が苛烈になり、生活はますます苦しく、食べるものがなく、他家が捨てた残菜を拾って食事の足しにしたこともあります。私どもは生活に困って、昭和一八(四三)年ごろに京都の伏見にいた丑治の甥を頼って移り住みましたが、そこへも特高が絶えず出入りする状態でした。

　戦争が終わった年の一〇月四日、丑治が亡くなりました。栄養失調で……。七〇歳(満では六九歳)でした。でも丑治は「その思想を最後まで変えてはいなかった」。

森長は、何度かはるに会った感想を「大逆事件の再審余聞」と題して『文化評論』六七年一一月号に痛切な記憶を書き留めている。「ながい年月、いためつけられた老女という以外形容のしようもない……いまも大逆罪におびえているのである。言葉も、のどの奥からかすかに洩れるだけ」と。大野も聴き取りにくいほどかそけき声だったと記しているが、思想を裁こうとした明治国家の企図に抗った丑治の傷だらけのふんばりと、それを身体ごと支えたはるの生を伝えて余りある。

丑治は判決直後の一九一一年一月二一日、今村力三郎ら三弁護士に弁護活動に感謝しつつ、意外な判決に驚き、冤罪だと書き送っていた。

「(前略)多分無罪の判決を得て出獄し得らるる事と存じ居候ひしが、十八日は意外の宣告にて驚入……七十三条の冤はいかにも残念に存候……此度の事件は各被告人の陳述に於て犯罪を作せし様に……完くの冤罪にて、呉々も遺憾の極に御座候」

この文面からしても丑治は再審請求をしたかったに違いない。GHQが天皇に関する自由討議、政治犯釈放、思想警察全廃、治安維持法などの弾圧法規撤廃の「人権指令」を日本政府に突きつけたその日に逝ってしまった。「特赦」も受けられずに。無念であったろう。

丑治が没してから一年ばかりした四六年一〇月、はるは多聞教会牧師の今泉の世話で、京都の洛西教会に引き取られた。さらに同教会の牧師・田村貞一の温かい支えで二〇年ほど教会や幼稚園の手伝いをしていたが、健康の衰えもあって六五年秋、明石愛老園に移った。そこではるが八三年の生涯を閉じたのは六七年三月二五日である。

大野は、地元の『高知新聞』に「ある老女の死」という追悼文(四月一九日付)を寄せ、晩年のはるの姿を綴っている。「粗衣をまとった、色白の小さな姿は、孤愁にみち、いまさらとりかえしてあげようもない深い傷あとそのもののように痛ましかった」と。孤影悄然たるはるの小さな姿は、かつて堺が捉えた「丸い顔」とは別人のように変わっていた。

「大逆事件」が遺族に残したそこひなき悲しみと傷痕は、あまりに深く、長い。

大野は追悼文の末尾を、神戸生まれのはるの遺骨は、丑治の話から土佐の風土や人情に憧れ、夫の眠る墓地に埋骨される予定だと伝え、「本懐ではなかろうか」と結んでいる。

二〇〇八年二月中旬、小松の墓を訪《おとな》った。この季節、高知市は毎日のように膚がひりひりするような冷たい南西の風が吹く。市内を流れる鏡川に架かる潮江橋の南西に小石《こいし》木町《ぎちょう》の筆山霊園がある。「小松の墓を訪ねる人は、めったにいません。今ではここに小松の墓があるのさえ知っている人はほとんどいないのではないでしょうか」。案内してくれた自由民権記念館友の会事務局長の窪田充治は、そう言いながら枯れ草や樹木の中を分け入った。中江兆民の墓標などの前を過ぎて二〇分ほど行くと、高い常緑樹に覆われた暗い中に小松家の墓があった。正面に「小松家之墓」、側面に五人の名が刻まれ、丑治の没年や行年はあったが、はるの名は見当たらなかった。六五年に国民救援会高知支部が木製の標柱を建てたと聞いていたが、その痕跡はない。風霜五十余年から、さらに茫々《ぼうぼう》四十余年を想う。

小松らが出獄して三年後の一九三四年一一月三日、高知刑務所から最後の連座者が仮出獄した。「大逆事件」を忘却の淵から救い出し、未決だと訴え続けた執念の人、坂本清馬《せいま》である。

10 いごっそう

事件関係書に囲まれた坂本清馬
(1967年3月29日，中村市の自宅で，故岡功さん撮影)

広い額にやや角のある顔立ち、身長は一六〇センチもない。長い獄中生活で丸くなった背と少し怒らせた肩、いつも寝巻きのような和服をまとい、黒の雑種犬を連れて散歩している——坂本清馬を見た高知・中村の人びとには、そんな姿が眼の底に焼き付けられてある。イメージは伝説的でさえある。日中友好運動に積極的に関わり、それに関係した雑誌を着物姿で配っているのも中村の人びとは記憶している。小柄な清馬の存在感は圧倒的だった。それは彼の風体やかもし出す雰囲気からだけではない。曲がったことやスジの通らないことには断固として妥協しない。自分が正しいと思い込んだら、他者の言は聞き入れず、自説は決して譲らない、権力や権威を認めない。

わけても冤枉の罪を着せられた「大逆事件」については、凄まじい勢いで、「この恨みを何としても晴らすぞぅ」と闘志を燃やし、相手を昏倒《こんとう》させるほどの迫力で一方的に喋りまくった。喋っているうちに目の前の聞き手は関係なくなる。計量できない熱量を持った語りに、相手はもてあまし、応じる言葉さえ見つからず、時におろおろする。訪ねて来た新聞記者が途中で取材を諦め「聞き役」に回ることもしばしばだった。無実を晴らし、事件の真相を明らかにするために四五冊の本の出版計画を持ち、その完成までには一三〇歳、いやいや一五〇歳まで「わしゃ、死なんぞぅ」と、誰かれなく、真顔で言い続けた。そのために、獄中で体得した自彊《じきょう》運動を毎日続け、粗食を貫いた。

高知から東京へ出て、二二歳のときに幸徳秋水の書生となり、「秋水先生」を猛烈に尊敬する一方で、「先生」が管野須賀子の魅力に取り込まれ、そのとばっちりで「先生」に追い出され、そのために「先生」は事件に巻き込まれ、殺されてしまったと「思い込んだ」話をくり返し語った。「わしゃ、秋水先生に尽くしたのに、先生は革命を捨てて、恋に奔った」と。そう語り始めると、清馬の胸に突如、激流が押し寄せ、愛と嫉妬がぶつかり合い、ねじれて、こんがらがって、やがて洟《はな》をたらし、ついにはおいおいと声を上げて哭《な》く――好きだったにちがいない管野の話をするとき、八〇を過ぎても顔を赤らめるほど初な心を恥ずかし気もなく露出した。並外れた好奇心と貪婪《どんらん》な知識欲は、狭苦しい自宅二階の六畳ほどの部屋にセミダブルのベッドを置き、四〇〇〇冊とも七〇〇〇冊ともいわれた本を積み上げた。るつぼのような書斎だったが、どれも「大逆事件」の無実を晴らすために壮大なスケールの計画に基づいて購入した書籍である。司法を追及し、無実を獲得しようという念《おも》いは、消えることなく燃え続けた。「大逆事件」に巻き込まれる前、「社会運動から身を退く」と決めたのに、終生アナキストの革命家と自認し、矛盾を感じる様子は微塵もなかった。

現在は四万十市になった旧中村市の生まれで、子どものころから清馬を町の中で見、大学四年のときに初めて自宅まで行って、話を聞き、歴史的事実に自らの感情を混入させた語りにぶつかってどぎまぎし、仰天した体験を持つ「事件研究」の第一人者で明治大学教員の山泉進(一九四七年生まれ)は清馬を「片想い的人格」と評する。

清馬は、囚われた連座者の中でただひとり獄中から無実を叫び、再審請求を追求してきた行動の人だった。それこそが無実である「行動証拠」だった。そんな清馬の傍らには、三〇歳下のミチエという寡黙な養女がいた。

土佐には、いごっそうというよく知られた言葉がある。清馬も自らの性格を分析して、いごっそうだと書いている。そんな清馬を、ミチエとともに終始支えたのが中村市議の尾崎栄(一九九四年死去)だった。父を通して子どものころから清馬を知っていた長男の清は、こんな歌を詠んでいる。

誰よりも坂本清馬をまず想う異骨相《いごっそう》てう言葉聞くたび

坂本清馬がいなければ、「大逆事件」の再審請求はなかった。「大逆事件」が未決であることも清馬によって知らされた。まっすぐで反骨を炎で固めたような清馬だからこそ再審請求は可能だった。戦後社会に事件の冤罪性を気づかせ、司法の責任を初めて真っ向から問うたのは弁護士をうんざりさせ、辟易《へきえき》させるほどの彼の執念抜きにはあり得なかった。晩年になっても枯れなかった再審請求の主人公・清馬の思想と人生の風景はしかし、やや込み入っている。カラフルではないが、さりとてモノクロームでもない。

映画館から鳴り響く「佐渡おけさ」が、なんとも心地よく身体のすみずみまで染みわたっていく。佐渡情話を題材にした映画が評判になっていたころだった。二四年ぶりに娑婆《しゃば》だ。秋だが、土佐の陽の光は眩しい。町の表通りの店には、蓄音器という初めて目にする機械があちこちに置いてあり、レコードが回り音楽が流れてくるのがとても珍しかった。警察の監視付きなのは分かっていたが、「自由」は嬉しい。もう出られないかと何度も諦めかけたが、自由への渇望は抑えきれなかった。無実だったから、それはいっそう強烈だった。ようやくその「自由」が得られた。そのせいだろう。初めての珍しい風景が、すべて歓びに包まれ、何の違和感もない。乾き切った砂に水が染みて全身が濡れていくようだ。監獄へ送られたときは二五歳だったのに、もう五〇歳が目の前に来ていた。だが無実を晴らすまで俺は死なんぞぅ。


清馬が著した『大逆事件を生きる　坂本清馬自伝』(『自伝』)から清馬の仮釈放の場面を再現するとこんなふうだったろう。

高知城の内堀に接してあった高知刑務所から「大逆事件」の被害者、坂本清馬(一八八五年生まれ)が仮出獄したのは、天皇制軍国主義が中国・東北部(満州)への侵略を始め、それがクライマックスに近づいていた一九三四年一一月三日である。この日の天候は、移動性高気圧に覆われ、晴れないしは快晴の秋らしく気持ちのいい日だったと高知気象台の記録が語っている。有期刑の二人と死刑から無期に減刑された一二人の被害者の中では最後の仮出獄者で、獄中「二三年と二七七日」、最も長く獄に留めおかれた。髙木顕明、崎久保誓一、飛松與次郎と同じ北の地、秋田監獄(後に刑務所)に送られ、顕明は自死し、改悛の情を鮮明にした飛松は最も早くに仮出獄し、崎久保も二九年四月に出て、清馬だけが取り残された。ことあるごとに看守に反抗し、食事を減らされ、図書の閲覧は禁止、運動も禁じられ、隔離房収容などくり返し懲罰を受けたと『自伝』で述べている。

秋田在監中の二二年一月、最愛の母・芳(子)が「清《きよ》に会いたい、清に会いたい」と言い残して亡くなった。母の訃《ふ》に接したときは、ショックで房内の壁に頭を打ちつけて自殺を試みたが、看守に見つかり果たせなかった。それから三年後の二五年四月には、父の幸三郎も他界してしまった。二一歳のときに高知を出て以後、一度も帰郷しないうちに事件に連座させられ、両親は貧しさゆえに遠い秋田へは面会にも行けなかったから、一〇年以上会えないまま獄中で見送ったのである。三一年一〇月、秋田から生まれ故郷の高知刑務所へ移された。異例の措置だったと思われるが、両親を失い、高知にいる姉の近子と面会できるようにという清馬の訴えが届いたのである。反抗を続ける清馬に手を焼いた秋田刑務所側にも「厄介払い」の気分があったかもしれない。

郷里に帰ってきたような気分もあったのか高知刑務所での清馬の三年間は落ち着いた。姉もしばしば面会に来た。房の前庭のようなところに花壇をつくり、トマトを栽培し、鶏まで飼ったという。また房内では何と猫を四匹も飼っていた。嘘のような、今では考えられない刑務所の処遇は、特別だったのだろうか。生まれ変わったように大人しくなった清馬は、「賞表」も受けたという。出獄時には二匹の猫が一緒だった。戦後の清馬を知っている人には、犬のイメージがつきまとうが、彼は決して繋がれない気ままな猫も好きだったようだ。

仮出獄直後に『高知新聞』のインタビューを受けた清馬は「転向」したように報じられた。出獄から三カ月後の三五年二月、清馬は京都の綾部、亀岡を拠点に発展していた神道教団大本教《おおもと》(正式には大本)で講習を受ける。これは、清馬を「大逆」の確信犯と見ていた警察当局が、武田九平と同じように宗教の力でコントロールしようとしたためなのか、清馬の意思だったのか判然としない。大本教は二一年二月に「邪教」とされ、教祖で最高指導者の出口王仁三郎《おにさぶろう》ら幹部が不敬罪などで起訴され、神殿も破壊されていた。その後、世界恐慌、戦争国家化、ファシズムの台頭などの中で再び教勢が盛んになり、清馬が仮出獄する直前の三四年七月には愛国思想団体・昭和神聖会を創設し、軍部革新派、右翼らと結んで国家革新運動を展開するようになり、警察当局は大本教教義の「世の立替え、世の立直し」を社会転覆の企図と警戒し、着々と弾圧の包囲網を狭めていた。

亀岡へ行った清馬は約一週間、大本教の教義などの講習を受けた後に、綾部で開祖である出口なおの五女すみ子(王仁三郎は夫)、「二代さん」に言葉をかけられ、「お筆先」をもらってすっかり感激し、一、二年後に大本教の本部で働くことになっていたというが、さてどうだったか。亀岡から高知に戻った清馬は、昭和神聖会高知支部長で医師・浪越康夫《なおおみちお》が院長を務めていた、浪越整形外科病院に身を置いた。この病院は、高知警察本部前にあったから清馬を監視する側としては好都合だったろう。清馬はここを拠点にし、昭和神聖会高知支部の遊説部長として県内各地を回り、室戸では二〇〇〇人も集まるなかで講演したと自著で得意気に語っている。大本教が、宗教団体に初めて適用された治安維持法によって出口ら幹部の逮捕、教団施設などの徹底的な破壊、さらに昭和神聖会の解散という二度目の大弾圧を受けたのは、三五年一二月八日以後である。獄中生活の長かった清馬は、教団を取り巻いていた状況や軍部右翼の皇道派将校らによるクーデター「2・26事件」の前夜だったという時代状況をどう読んでいただろうか。

「大逆事件」に連座させられた人物が、皇道主義の思想に共鳴したのは意外である。『自伝』には、少なくとも昭和神聖会の運動への関与についての葛藤や悩みはなく、行間からも伝わってこない。皇道主義が強制されたのだろうか。それとも「偽装」だったのだろうか。強靱な精神の持ち主だった清馬でも、やっと出獄できたという喜びと刑務所へは二度と戻りたくないという思いがあったのだろうか。本心からの運動だったのだろうか。少なくとも清馬は、同じように仮出獄した﨑久保や小松丑治らのように沈黙で耐えるという選択をしなかった。積極的に天皇の神格化運動に関わった清馬の意思に隠されたものがあるとすれば、何だろう。疑問は尽きないが、結論は急ぐまい。

清馬が浪越病院にいた事実は、二〇〇七年夏に高知市立自由民権記念館に寄贈された二枚のガラス板写真で確認された。レントゲン技師として病院に住み込んでいた浪越院長の縁者が撮った写真の中に清馬が写っていたのである。寄贈者は高知大学名誉教授の刈谷哲也で、妻の輝子が撮影者のレントゲン技師の娘だった。

「私の両親は三五年に結婚して病院に住んでいましたが、二〇〇七年に亡くなった母からよく清馬さんの話を聞きました。母も父も、清馬さんと呼んでいましたが、とても寡黙で、いつも本ばかり読んでいて、めったに笑わなかったという話をよく聞きました」

伝えられている清馬のイメージとやや異なるが、輝子は母から聞いた清馬を写真の中で指差した。この人ですと。一枚は頭髪はなく、難しい顔をしているが、もう一枚は何と笑顔で、帽子を被っている。清馬の写真は、戦後三〇年も生き抜き、再審請求の主人公だったことなどで、他の被害者に比べてはるかに多いが、戦前・戦中、とくに出獄直後の写真はきわめて少ない。まして笑顔の写真はまずない。二〇〇九年夏、何度か清馬

浪越病院での坂本清馬(左から２人目)．提供：刈谷哲也氏

にインタビューした広島在住の啄木研究家の伊藤和則に二枚の写真を見せて、清馬がいるかどうか訊いた。写真を見るなり伊藤は、すぐにこの人だと指差した。それは刈谷輝子の示した人物と同じだった。

仮出獄した翌三五年八月、清馬は一冊の本を出版する。『大日本皇国天皇憲法論』。原本は、坂本の養女・ミチエ（一九九六年死去）が保存していた大量の資料（仮に「ミチエ資料」とする）の中にある。資料は現在、ミチエの出身地の愛媛県愛南《あいなん》町の西口孝が保管しており、二〇〇九年九月に大洲市の元高校教員の澄田恭一の紹介で見せてもらった。一一二ページの同書の表紙右上に「陸軍少将　江藤源九郎閣下跋《ばつ》」「昭和神聖会高知支部長　浪越康夫博士序文」、左下には「昭和神聖会高知支部遊説部　坂本清馬述」とある。表紙をめくると、「在獄廿五年間の思想的体験に依りて我が国体を闡明《せんめい》し以て国家法人説及天皇機関説を撃滅す」とある。中では天皇を全世界の唯一の「生き神様」「現人神」と語っている。美濃部達吉の天皇機関説を攻撃する国体明徴のための宣伝本だが、ここまで体制に迎合し、現人神天皇言説を鼓舞しなければならなかったのか。本心だったのかと、またしても抑えがたい疑念が生じる。後年の清馬には、この小冊子について、自身の「つまずき」として捉え返した形跡はない。

それから一〇年後、つまり敗戦直後の一九四六年八月、清馬は今度は『日本皇国憲法草案』を作成し、天皇、マッカーサー、憲法学者の佐々木惣一らに送っている。これについて『自伝』の中で清馬が解説している。

「この草案にもられている国体論は、獄中で私の到達した君臣渾然一体論に基づいている。君臣に上下はない。君が中心で、臣は円周である。中心があるから円周があり、円周があるから中心がある。君も臣も平等なのだ。しかし現在においても天皇はやはり中心となる。ただし、政治には関与しない」

敗戦もあってか昭和神聖会当時の「現人神神話」から少しだけ脱して、「獄中で到達した」という君臣一体論を述べ、かつての天皇機関説攻撃ほど激越ではないもののやはり天皇中心の考え方は変わっていないようだ。彼は天皇への自身のこだわりについて自問する。「私には天皇のことでひどい重荷を背負わされているから、天皇のことについて一層よく考えるのだろうか」と。そして「私は天皇の言うことでも、いい所はいいとはっきり認める」と述べ、自身を「忠臣」とまで言い切る。軌道修正はされているが、坂本清馬の天皇観は、人生を大きく狂わせた天皇制への批判には向かわなかった。逆に「忠臣」を無実の証にしようと向かう。清馬はしかし、秋水のような大思想家ではない。ジャーナリストでも評論家でもない。森近運平のような深い思索に基づく農業者でもなかった。成熟する前に、「大逆事件」という意想外の国家犯罪にはめられ、無実を明かしたい、自由になりたい、解放されたい、それだけを求めて獄中で生き抜いてきた。それゆえに「忠臣」を強調し続けたのかもしれない。それでも天皇機関説を排撃し、皇国を喧伝《けんでん》した演説や出版への違和感は残る。

清馬はなぜ「大逆事件」に飲み込まれてしまったのか。

「坂本さん、面会ですよ」

文選工の清馬が職場長に呼び出された。東洋印刷という大きな印刷会社に就職し、やっと生活が落ち着き始めた一九一〇年七月二六日だった。清馬が作業着を着替えようとすると、職場長は、そのままでいいからと、二階の貴賓室に連れて行った。変だなと思いながら部屋に入ると、三人の男がいた。二人はすぐに刑事だと分かり、清馬は緊張した。入り口近くにいた背広姿の男がおもむろに近づき、上着のポケットから名刺を差し出し、「芝警察の署長ですが、ちょっと訊きたいことがありますので、署まで来て頂けませんか」。慇懃《いんぎん》だが、有無を言わさぬ口調だった。そのまま清馬は芝警察署に連行され、浮浪罪で二〇日間の勾留になった。浮浪罪とは、何だ、と清馬は思った。一カ月前ならともかく、住居もあり、仕事にも就いていた。浮浪罪は、当局の適当な罪名で、狙いは別だったとすぐに分かる。二日も経たないうちに、東京監獄の未決監獄に送られ、検事の調べが始まった。それは身に覚えのない刑法第七三条事件についてであった。

　問われたのは、大石誠之助や松尾卯一太らが上京した折になされたとする「一一月謀議」への参画だった。清馬は、秋水から「赤旗事件」に連座した同志の出獄を待ち、「決死の士」数十人を募り、富豪の財産を奪い、貧民をにぎわし、諸官庁を焼き払い、顕官を殺害し、ついには宮城に迫って「大逆」を実行するという計画を聞いたとされた。その上で、秋水の「逆謀」計画と、地方遊説によって「決死の士」を集めることに、清馬は同意したというのであった。すべて身に覚えがなく、でたらめだと主張して、検事や予審判事の調べの中でも一貫して否定した。だが判決は、ほぼ予審調書でつくられた筋書きどおりで死刑を言い渡された。

　室戸岬から高知市へ一六キロほど寄った海岸沿いの松林の中にあった掘っ立て小屋で一八八五年に生まれた清馬は、兄一人、姉二人の四人兄弟の末っ子だった。中村出身で紺屋(染物屋)職人の父は別の事業に手を出し破産していたために、小さい頃から貧しさのどん底にあった。その後も父は、出たり入ったりで生活は安定せず、住まいもあちこち転々としなければならなかった。母は一丁字《いっていじ》も識らなかったが、やさしく一発屋の夫の度重なる失敗にも耐える女性だった。子どもにとって貧乏が辛いのは、いつもひもじいことだった。食べるものがなく、他所の畑に落ちている芋の切れ端を拾ってきては煮て、串に刺し、それを炙《あぶ》り家族で分け合って食し、あるいはかゆのような南京米を一日一回という日もあった。それでも高知市内の尋常小学校に上がった清馬だったが、父に似て子どものころから気が短く、喧嘩が絶えなかった。「お前の短気は、葛の巻きついた節だらけの木のようなもので、焼いて灰にしなければなおらん」。母はいつもそう言って心配するのだった。せっかく上がった小学校を退学したのは二年生のときで、父が事業に失敗したためだった。毎日、食べ物を求めて歩き、貧乏がいつも家族に影のようにぴったりくっついてきた。貧乏であるゆえに、「盗人」呼ばわりされ、さげすまされた。貧乏は辛い、早く抜け出したい、貧乏は無くさねばならない——清馬の原点になった。

父が忽然《こつぜん》と戻ってきてから清馬は復学し、何とか尋常小学校から高等小学校を終え、陸軍大将を夢見て県立中学海南学校へ進学する。成績は良かったが二年のときに突然、学問がいやになり退学し、三年後に別の県立第二中学校に入るが、またも父の事業失敗で休学から退学に追い込まれる。そのころ老子に惹かれ、あらゆる権力や権威を否定し、相互扶助や連帯責任の社会をという無政府主義思想に魅かれた。貧乏からの脱出を願う清馬にとっては未来を照らす、輝くような思想に思えた。そんな彼が外交官を目指して故郷の高知を出たのが一九〇六年、二一歳の夏である。東京では、さまざまな仕事に就いたが、小石川砲兵工廠の警夫をしていたころに秋水の『社会主義神髄』を読み感銘を受けた。さらに〇七年二月に起きた足尾銅山の暴動事件と、帰米した秋水が『平民新聞（日刊）』に書いた「直接行動論」に刺激されて、昂揚した。まっすぐで燃え上がりやすい清馬は、熱い気持ちをふくらませて郷里の尊敬すべき先輩に手紙を書いた。「革命の時期は近づいたように思います。みんなで団結して大いにやりましょう」と。清馬らしい直情の声だった。これをきっかけに秋水との文通が始まる。「君はどうも無政府主義者らしいが、今度集まりがあるから来ないか」。秋水からそんな手紙をもらって、初めて会ったのがその年の四月だった。秋水は初対面の清馬をある家に連れて行った。大杉栄宅である。そこで清馬は、堺利彦や管野須賀子を知る。

清馬の短気と喧嘩は東京でも変わらず、砲兵工廠の警夫の仕事も反抗と喧嘩が主な理由で〇七年九月ごろに辞めさせられ、それを秋水に伝えると「家に来い」。こうして清馬は、秋水家の書生に入る。清馬の人生の舞台が大きく回った。

そのころ秋水は、妻の千代子と母の多治の三人暮らしだった。書生としての清馬は、玄関の二畳間を与えられ、掃除、風呂の水汲み、秋水の硯《すずり》を洗うなどのほかは大した仕事もなく読書にふけった。清馬の眼には、秋水は一見無愛想で冷たく、神経質だった。

しかし人間的な温もりも感じられた。しばしば秋水を訪ねて来た三つ上の管野と親しく口をきくようになったのはこのころからである。

清馬が初めて検挙されたのが「金曜会屋上演説事件」である。社会主義運動が「議会政策派」と「直接行動派」に分かれて以後、堺や山川均《ひとし》らの創った「金曜会」の講演会がたびたび開かれていた。「直接行動派」色の濃い「金曜会」の講演会に対して、当局は弾圧を強めだしていた。〇八年一月一七日夜、本郷区弓町二丁目の平民書房二階で開かれた「金曜演説会」に清馬も参加した。演説会は最初から、「弁士中止」の連続で、ついに本郷署の警官により中止させられた。仕方なく堺、大杉、山川ら約四〇人の参加者は茶話会に切り替えたが、それも解散させられ、たまらず堺が平民書房を取り巻いていた群衆に警官の横暴とストライキの効用をぶったところを治安警察法違反で捕まった。検挙者は二〇人ほどに上り、その中に清馬も含まれていた。軽禁錮一月の刑を受けた清馬は、初めて国家権力とぶつかり、獄中体験をし、激しく昂揚し、その勢いで、直接行動派の色を濃くしていた『熊本評論』に寄稿した。「革命即愉快」で、獄中で読んだ徳富蘇峰の『吉田松陰』に触発され、無政府共産を讃え、「愉快な革命」の犠牲になれとアジるような原稿を書いた。堺がこれを読んで、読書だけが学問ではないと、人手の足りなかった熊本評論社への入社を勧めた。『熊本評論』五月二〇日号に掲載された清馬の「入社の辞」は「予は無政府共産的革命主義者の一人にして、社会的総同盟罷工論者

（ソーシャルゼネラルストライカー）なり」と、労働組合もほとんどなかった時代や社会をまったく無視した「思い込み」の小論を昂然と書いた。東京の同志らから笑われもしたが、清馬は意に介さず、その後も無政府主義的な文章をたびたび『熊本評論』紙上に発表し、とうとう「秋水先生」から「今はそんな時代ではないから慎重に」と諌《いさ》められている。

○八年六月に起きた「赤旗事件」の支援のために熊本評論社を去って、再び秋水の書生になった第二次東京時代が事件に連座させられる舞台になった。淀橋町柏木に転居していた秋水宅に同居し、清馬は献身的に「師」に尽くした。身体の弱かった秋水を気遣い、寝相の悪い秋水を気遣って剝いだ夜具を掛け直したり、「マグロの刺身を食べたい」と秋水がいえば、魚屋へ走って「毒味をしてから」買った。晩年になっても清馬はこの話を、心から秋水を心配していた証の一つとしてしばしば語った。秋水が新聞を読みたいといえば、三時間かかっても探し求め歩いた。純真で一途な清馬がとんでもない恋に落ちたのはこのころである。「赤旗事件」のカンパに添えて届いた宮崎の「太田清子」と手紙のやりとりをするうちに恋心を抱き、毎日のようにラブレターを書き、恋歌を詠み、やがて結婚を申し込んだ。だが「太田清子」は男性だった。

清馬がそんな「恋愛」に苦しんでいたころ、秋水は柏木から巣鴨に移り、郷里・中村で翻訳したクロポトキンの『麵麭《パン》の略取』を秘密出版するために、住み込んでいた手伝いの女性に暇を取らせた。この影響で清馬は、「恋愛」問題に加えて、秋水の食事の用意からあらゆる雑用が仕事になり、訪問客があれば、お茶を淹《い》れ、火鉢の火を入れるなどと忙しくなった。秋水と客の話の中身に書生の清馬が立ち入る環境にはなかった。○八年一一月一九日に新宮の医師・大石が来たときも、二五日に『熊本評論』の松尾が訪れたときも同じだった。大石とは初対面の挨拶をし、松尾とは熊本以来だったからそれに見合った言葉を交わしただけである。デッチ上げられた「一一月謀議」はこのときの交わりと雑談で、清馬も関与したとされたのである。

○九年一月、秋水の翻訳『麵麭の略取』が密かに出版(平民社訳)され、その出版名義人に坂本清馬がなった。すぐに発禁処分を受けたが、清馬には尊敬する秋水の翻訳本の出版に名を出したという名誉な出来事だった。このころ清馬は、管野に抱いていたほのかな慕情を秋水に咎《とが》められる。「君は管野さんに恋をしているのではないか」。秋水はそう言って、「赤旗事件」で獄にある荒畑寒村の妻だった管野に間違いでもあれば同志に申し訳がない、「ラブ・イズ・ブラインド」と注意した。清馬はむっとして反論したが、思わず涙がポロッとこぼれた。その途端、急に身体中の血が逆流し、憤怒が爆発し、一気に飛躍して「貴様が革命をやるかおれがやるか、競争するぞ」。そう怒鳴って、秋水宅を飛び出してしまった。二月初めである。以後、秋水が殺されるまで顔を合わせても一切口をきかなかった。

秋水が一〇年一緒だった千代子と別れたのは、「喧嘩」の直後の三月で、寒村が出獄する前に管野と暮らすようになったのは、それから三カ月後の六月である。ロマンチストの秋水が新しいタイプの「革命女性」の須賀子に参ったのである。「ラブ・イズ・ブラインド」は秋水自身への言葉でもあったのだ。秋水と清馬の師弟の「喧嘩」、といっても秋水にはそのような自覚はなかったろうが、嫉妬心はあったかもしれない。後年、清馬はこの件に話が及ぶと、激情を抑えがたくなるのは「秋水先生」への愛憎であろう。

清馬は、「秋水先生」のもとを去ってから宮崎、熊本、広島などを放浪し、また東京へ舞い戻り、キリスト教社会主義者の石川三四郎の世話になる。検事も予審判事もそして判決も秋水との喧嘩別れの果ての地方放浪を、「決死の士」を募る行動と捉えて、デッチ上げのストーリーの中に組み込んでいく。惚れっぽい清馬はしかし、「決死の士」どころではなかった。熊本で知り合った女性と駆け落ちまでしていたのだから。一〇年四月、清馬は秋水の「革命」に対抗するために内務大臣や警視総監暗殺を目的にした「ブラック・ハンジスト党」(暗殺党)なる組織をつくろうとして、東北地方や北関東の社会主義者らを訪問し、手紙を出すなどで誘うが誰からも賛成が得られず断念、ここで一切の社会運動から身を退き、温床栽培研究のために渡仏を決意する。このあたりの移り気は、とても地に足がついた行動とはいえず、子どものころのままであったが、清馬は意に介さない。

清馬が秋水の逮捕を知ったのは東北からの帰途、群馬で見た『やまと新聞』のスクープだった。自分が傍にいれば「先生」をそんな目にあわせなくても済んだのに、と悔やみながら急いで帰京し、「赤旗事件」で囚われていた堺の妻・為子に訊くと「何でも、話すも畏れ多いことだそうよ」という。皇室に関わる事件だと、何となく想像したが「大逆事件」とは露知らず、しかも二年前の一一月の大石や松尾の訪問と自身が関係づけられるとは思いもよらなかった。外交官を目指して高知を出て丸四年後、天皇や皇室については考えもしなかった坂本清馬が、無政府主義や社会主義を根絶するために天皇制を守る装置として明治国家に埋め込まれてあった法体系「大逆罪」で囚われてしまった。

死刑判決の翌一九日夜九時ごろ、「恩命」によって無期に減刑された。清馬はうれしくてたまらず涙した。だが考えてみれば、無実である自分を殺そうとした国家が、司法が何としても我慢ならなかった。許せなかった。飛松らと一月末に極寒の秋田に送られ、三畳ばかりの独房に放り込まれ、「六四八号」という番号をつけられた。看守に見張られ、怒鳴られ、何時出られるか分からぬ監獄生活が続くのかと思うと、腹が立って仕方がない。俺は無実だ、何度も心の中で叫んだ。何とかしたい。無実——だが脱獄は俺にはできない。受刑者になったからには規則には従うが、理不尽な圧政には断固従わないと決心した。

無期刑となって秋田へ送られたときから、清馬の闘いは始まった。もちろん刑死した多くの連座者は、判決直前まで無罪を信じていたが、無期に減刑された被害者の中で獄中から無実を訴えたのは清馬だけだった。秋田へ来て三年たった一四年九月三〇日、清馬は時の司法大臣・尾崎行雄宛てに「上書」を出した。この人なら分かってくれるのではないかと思ったからだ。現存の「上書」には「嗚呼《ああ》 命天に在り人に在ざるに非ざるを得んや」という表題が付されている。秋水宅を初めて訪問した〇七年四月から「絶縁」する〇九年初めまでの自身の行動を、記憶に基づいて詳細に綴り、事件とは無関係であると強い調子で訴えている。事件のフレーム・アップ性には触れず、清馬自身が無実であるという点に絞り、迸《ほとばし》るような熱い想いを約一万四〇〇〇字に書き抜いた。むろん獄中に資料はないから、具体的な証拠を示せないのはやむを得ない。「上書」の末尾は年老いた両親が待っているので、仮釈放でいいから出してほしいと「お願い」になっている。

「上書」はしかし却下された。清馬はそれしきのことでは諦めない。

実は、清馬は同じ日、つまり一四年九月三〇日付でもう一通、尾崎宛ての「上書」を出していた。それは無実の訴えではない。「保護嘆願書」という長文の「上書」である。冒頭には「左表に於て〇石と記せるは択《よ》り出されたる砂粒を意味し〇嘸《えん》と記せるはガジリッと云う音を立てて呑み下されたる砂粒を意味す」と注が付され、七月一四日の朝食から毎食の麦飯に混じっている小石や砂粒の数を表にしていた。「石参嚥壱」というように。下欄には解説文があり、一日平均すると何個になると数字を割り出し、それは増加していると記す。監獄医に事実を示して問うても否定される。そこで清馬は「私の麦飯を食べて確認してほしい」と頼むと、「そんなことはできない。囚人の分際を弁《わきま》えよ」。それでも食い下がって「長期刑でありますから、身体に害が出るかもしれません」と迫ると、医師は「何、身体に害がある?! それは人間の身体であるから何時害が現れて来るかもしれない。しかし今別に有害の結果が現れていないではないか」といったやりとりを延々と記述した上で、行刑改善策を訴えている。それは、飯中の石や砂の除去だけでなく、房内の防寒対策、運動入浴など十数項目に及ぶ。これらが監獄罫紙八枚に、目を凝らさねば読めないような微細な字で書かれているのである。無実を得るために獄中で健康に生き抜くという清馬の凄まじい執念が強烈に伝わってくる。

同じ日に性格の異なる二通の「上書」を出していたのを知ったのは、「ミチエ資料」からだった。清馬は秋田にいる間に、こうした行刑改善に関する「上書」を一六回出している。看守に反抗して懲罰房に放り込まれた回数は一〇〇回を下らないと『自伝』に書いているが、それらの多くは権威を笠に着た看守らの言辞への反抗が原因だった。清馬の短気・反骨は、監獄でも健在だった。凄みのある清馬の執念を改めて知ったのは、四万十市立図書館の「坂本清馬文庫」にある秋水から清馬に贈られた浩瀚《こうかん》な『独和字典大全』を見たときだ。中を披《ひら》くとほとんどのページの欄外余白に細かな字の書き込みがある。すべて秋田監獄で刻むようにして書かれており、内容は食事や懲罰規則など不満ばかりである。ボロボロになった部厚い辞書の中から、清馬の不服従の情念が立ち上ってくるようだ。

そんな清馬を、獄外で最も心配したのが大杉栄だった。「君のうちへ送る手紙に就いて一寸注意して置くが、君は只だ、君が丈夫でゐると云ふ事、謹慎してゐると云ふ事だけを、幾度でも繰返して云ってやればいゝのだ。其他の事は只だ君のうちの人を徒《いたず》らに心配さすに過ぎないやうになるのだから、出来るだけ云ってやらんがいゝ。そして用事は総て僕に任してくれ。僕ならば、いくら君から我儘を云ってきても、素より少しも恐れはしない」。大杉の濃《こま》やかな心配りが印象的な一四年四月一四日付の手紙の写しは、四万十市立図書館に残されてある。大杉は一五年冬に秋田まで面会に行き、そのときに高木顕明の自死を知らされている。

清馬が求めていた無実は、再審請求によって裁判をやり直させて無罪判決を得るしかない。国家の用意した再審請求のハードルは高く、壁は厚かった。当時の刑事訴訟法では、再審請求ができるのは、新たに真犯人が出てきた場合に限られていたから、「大逆事件」のような国家犯罪では無理だった。だが二三年一月に改正刑事訴訟法が施行され、新証拠があれば再審請求ができるという情報が、獄中の清馬に届いた。それは、大杉栄・伊藤野枝夫妻らの虐殺の報が監房に届いて衝撃を受けていたころだった。清馬はすぐに六法全書を求め、第四八五条第六項に新証拠があれば再審請求可能という項目を確認し、飛び上がった。教誨師にも再審請求の意思を伝え、そのために獄中で活動を始めたのである。

一九二八年四月二六日、清馬は高知の姉、近子から石川三四郎(一八七六年生まれ)の手紙を同封した書簡を受け取った。

「清馬様の件に就き宮島(次郎)弁護士を訪問いたしました処同氏久しく病臥いたし居られる由にて面会し得ず、代理の弁護士に御話しせし処種々難かしい手数もかゝるらしく困りました……決して失望するに及びません。唯少し月日がかゝると思ひます。目下非常に多忙ゆえざん時御忍び下されば参りて清馬氏に面会して参ります(後略)」

清馬は放浪の身で世話になった社会主義者の先輩の石川三四郎に再審請求への尽力を、姉を通じて依頼していた。石川は「大逆事件」後に、日本を脱出し七年ほどヨーロッパを放浪、二三年から再び渡欧して翌年帰国していたが、清馬とは音信が途絶えていた。石川の文面では、十分に期待できそうで、面会にも来てくれそうであった。ところが五月一日に姉経由で届いた石川の手紙には、都合があって行けないとあった。清馬は落胆したが、めげずに住所の分かった石川に長文の手紙を出し、窮状を訴えながら再審請求への尽力を懇願するのだった。これらの書簡は、いずれも再審請求資料と『自伝』に収められている。

「(前略)私は時機の到来するのを待つて居ました……私は茲《ここ》に再審之請求をすることに決心致したのです……然しそれには弁護士に依頼せねばならぬのでありますけれども、赤貧な私には、悲しいかな、弁護料が一文もないのです……貴方の御助を仰いだ次第でありますが……貴方が何とか御都合をおつけなさつて御出下さらんことを、伏して懇願祈望致します」

清馬は、石川が来られない理由が経済的事情にあると推測して、往復汽車賃一五円を送りたいと所長に頼んだが、許可されなかったと説明し、「何とか御都合をおつけなさつて御出下さることはできませんでせうか、私は伏して貴方の御仁心に訴へます」と哀願し、こう続けた。「私は再審が敗れましたならば、七十歳位までは居なければなるまい、と覚悟致して居ります……どうか何とか御都合をおつけなさつて御出なさつて頂度御座います。暑中休暇中又は其他何時でも宜敷《よろしゅう》御座いますから、どうか御出下さいませ、返す〳〵も祈願懇望致します」。

懇願、哀願、切願——再審請求を求める清馬は必死であった。手紙の追伸部分で二つの細かな具体的な質問を石川にしている。一つは、再審趣意書はどのような書式で書くのか、もう一つは再審趣意書には印紙が必要か、必要ならその金額を教えてほしい、と。

縋《すが》りつくような清馬の手紙に石川から直接、返事が来た。八月三日である。すぐにでも面会に行きたかったが、むしろ遠ざかっていたほうが「貴兄の為」にもいいと判断したからだとあった。さらに、「私自身は未だ政府の注意人物であり此の様な人物が貴兄に対して尽力する事が分つては却つて為にならず、私自身は極めて平和な愛国者と思つても他人は思つて居らず」と事情を説明した上で、手紙はこう結ばれていた。「手紙の様なものて《(ママ)》も交際せぬ方か《(ママ)》良いと思ふ」。突き放したような冷たい文面だが、これは石川の本音ではなかったろう。「3・15事件」で共産党は大弾圧を受け、労農党などに解散命令が出され、死刑を導入した改正治安維持法が緊急勅令で公布され、さらに全国の警察に特別高等課が設けられるなど「大逆事件」前後の状況どころではなかった。対外的には第二次山東出兵から張作霖爆殺など大陸への軍事侵略が始まっていた——一九二八年はそんな時代だった。石川ら活動家は身動きできなかったのである。獄中にいた清馬がこうした事情を十分には認識できなかったのも無理はないが、頼りにしていた石川の手紙から受けた清馬の衝撃を思うと、胸がつぶれそうになる。それでも清馬はあきらめない。二九年一月三〇日付の石川宛ての手紙にはこう書いた。

「私は如何に遅くとも今年十日(月?)までには、必ず再審を請求致す考でありますから、誠に恐入りますけれども、今年七、八月頃までに、何卒都合をつけて御面会に御出下さいませ……御出下さる時には、何卒宮島先生の代理弁護士として先生の御委(任)状を頂き、且つ其を御持ちなさつて御出下さることを、必ず御忘れなさらぬやうに、千祈万禱致します」

最後に清馬は、この手紙が着いたら、なるべく早く大審院書記課で裁判判決書の謄本作成料金と、再審請求状の書式を調べて書き送ってほしいとまで要求している。再審にかける清馬の押しの強さも現れている書簡だが、結局石川は動か(け)なかった。止むなく清馬は四月に大審院に判決謄本の交付願を出したが、それ以上は進められなかった。石川を恃《たの》んだ清馬の獄中からの必死の再審請求活動は、国家と社会が戦争へと驀進《ばくしん》していく中で無念のうちに頓挫《とんざ》したのだった。

11 再審請求

運平の墓に供え物をする栄子.
提供：細井好氏

えらい静かな人が来たなあ、なんか風采《ふうさい》上がらんおじさんやけど、どこから来たんかなあ。

壁一つ隔てた隣りに引っ越してきた小柄な隣人を、母はいぶかしがった。勝敏が志願して行った佐世保の海兵団から戻ってきて間もない、敗戦の翌年の四六年である。そういえば、おじさんが近くの「花屋」旅館に出入りしている姿はときどき目にしていた。町内で出役《でやく》の掃除や溝浚《さら》え、それに防空壕の後始末なんかでもよく顔を合わせたが、大人しそうな風情で、ほとんど口はきかなかった。どことなく影を引きずっているように見えた。

ある夜、いや夕方だったかもしれない。回覧板を持って行くと、まあ上がれやと、眼鏡をかけたおじさんは、ややくぐもった声で、勝敏を呼び止めた。着物姿で、机で何か書いていたようだった。

わしゃなあ、実は大逆事件という大きな事件で二〇年も秋田監獄に居ったがや。二〇歳を過ぎたばかりの勝敏は、ギョッとした。大逆事件、なんやそれ、監獄に二〇年……勝敏はまじまじと物静かそうなおじさんを見つめた。勝敏のおどろきにはおかまいなく、おじさんは続けた。秋田は凍えるようなえらい寒いところやった。同じ事件で、四人が一緒の監獄に入れられた。ひとりが首吊って死んでしもた。そのうちにみんな出て行って、わしだけ最後まで残されて。それから、高知に移され、全部で二四年や。

四万十市内で石屋を営んでいる三国勝敏の坂本清馬との出会いだった。一九二五年生まれで、子どものころには幸徳秋水の墓近くの一本杉のところでは「遊ばれん」と言われ、なんでやと母に訊いても、人差し指を口に立てて、教えてくれなかった。「大逆事件」なんてまったく知らなかった。しかし清馬が刑務所に二〇年もいたと聞いただけで、三国はとにかくたまげた。ただ清馬が無実の罪だったというのは、そのときは聞いた憶えがない。再審請求の話もなかった。

それから三年か四年ぐらいして清馬は近くに小さな二階家を建てて引っ越していった。若い女性が一緒で、それが養女のミチエだと知ったのは、ずいぶん後になってからだ。再審請求の話はその前後に聞いたような気がする。

一九七〇年の秋ごろだった。三国は清馬から「墓を建ててくれんか」と、電話で頼まれた。場所は、秋水の墓のある正福寺の墓地で、いわれるままに「師岡千代子之墓」と刻んだ立派な御影石の墓をこしらえた。七一年二月である。一方的に離婚させられながらも獄中の秋水の世話をした師岡千代子の墓碑を、清馬はなぜ幸徳家の墓所に建てたのだろう。六〇年二月に八四歳で亡くなっていた千代子の墓は、すでに東京・谷中の多宝院にあったのに。「千代子さんの墓は、清馬さんが勝手につくったんですよ。最初は、秋水の墓の斜め後ろにあったんです。苦情が出て、端のほうに移したんです。別に遺骨が入っているわけではないんですけどね」。四万十市議で、「幸徳秋水を顕彰する会」会長の北澤保にそう教えられたが、清馬が千代子の墓を秋水の傍に建てた意図を、誰も直接に訊いた人はいない。一〇年一緒にいたのに、管野須賀子の登場で追われてしまった千代子を、不憫に思ったのではないかという人は多いが、須賀子に走った「師」へのいくらかの揶揄《やゆ》もあったのかもしれない。それでも勝手に墓を建てるところまでずんずん行ってしまうところがいかにも清馬である。

仮出獄後の清馬は大本教に「入った」後、当時あった『高知毎日新聞』の校正・記録係、ミルク工場、さらに東京で働いた後、「満州」行きを考えていたところ、友人に勧められて松脂《まつやに》を採取する会社の嘱託になった。通信兵器に松脂が必要だとされ、高知の幡多《はた》郡は「松脂のウクライナ」といわれるほど豊富に採取でき、事業は「国策だから」と積極的に関わるようになったと、『自伝』に書いている。職を転々と変え、安定しなかったのは、他の仮出獄者と同じように「大逆事件」の烙印と警察監視のせいだったろう。だが松脂採取の事業に就いた事情を清馬は、国策、つまり戦争に協力するためだからと、屈託なく明かしている。これは自認していたアナキストとは距離がありすぎるし、

「師」と仰いだ秋水の非戦の思想とも合わないのではないか。愚直なまでのこの正直さには唖然《あぜん》とさせられる。長い獄中で、無実の罪を晴らしたいという思いを熟成させながらも、清馬も「天皇の国家」の近代日本を身体の中に取り込んでしまっていたのだろうか。もっとも清馬の『自伝』の解説を書いている山泉進は「『自伝』には、第三者の手が入っている」というから、文字どおりには受け取れない。だが彼の遺した他の書き物からすると、天皇観には虚飾はないようだ。

三国の話に出てくる「花屋」旅館は、中村に住まいのなかった清馬が松脂採取の仕事をしていたころに利用したのだろうが、現在はもうない。「花屋」時代の清馬を知りたかった。北澤の案内で、たまたま訪ねた市内の旅館「わかまつ」の女将に清馬について訊くと、予想もしない言葉が返ってきた。「知っちょるよ。私、「花屋」の娘やけん」。

清馬さんは長いこと泊まっておいでましてね。ええ戦前ですよ。暗い布団部屋に一人で。何か変わった感じで、ふつうの人と違うなあと、ちょっと不気味な感じで、影がありました。私、まだ女学生で、今の引きこもりみたいで閉じこもっていたことが多かったので、それでそんなふうに見ていたのかもしれません。それに旅館の泊まり客と口をきいたことはありませんでしたから、印象だけなんですが。

花屋は、明治時代からの古い純然たる旅館でしたから、お客さんをただで泊めることはしませんでした。大逆事件のことなんか、全然知りませんでしたよ。小学校に入ったときから戦時一色でしたからね。戦後になって、教えられてあれは捏造だったと聞きました。

そうそう、養女になられたミチエさん、安岡ミチエさんは「花屋」の「上女中《うわ》」をしていました。お膳を運ぶ係で。愛媛の一本松町(現・愛南町《あいなん》)の出で、細面のきれいな方でした。無口で、辛抱強くてね。当時は、まだ二〇代だったでしょうか。清馬さんとは、「花屋」で知りおうたのかもしれませんね。ミチエさんは他人の話を辛抱強く聞く方でしたから、清馬さんの話をよく聞いてあげたんじゃないでしょうか。

清馬さんにとっては、自分の話をただ一人聞いてくれる人がミチエさんだったのではと、今は思います。周りの人は、みんな避けていたんですから(『自伝』では、名を挙げずに遠い親戚の娘に養女に来てもらった、と記しているが、その女性がミチエだったのだろう。親戚ではないようだが)。

戦後、私がここ(「わかまつ」、一九五二年開業)へ来てから、清馬さんもちょくちょく見えました。『中国画報』なんか売りにね。そうそう、あの黒い犬連れちょって。そのころはときどき話もするようになったけど、ただ、あの方は人を説得できるような話し方はできないように感じました。世の中に、不信がいっぱいあったんでしょう。再審請求のことは、知ってます。清馬さんにとっては再審請求だけが支えやったと、思うんです。

それは自分の一生をかけた問題で、周りの人が思うよりずっとずっと命がけだったのでしょう。

三国と小学校の同級生だったという「わかまつ」の女将、久保田三千代は、年を感じさせないしゃきしゃきっとした口調と涼しげな声で清馬の記憶のかけらを集めながら、戦中でしたから余計に暗く見えたのかもしれませんね、と付け加えた。「花屋」から、三国の住んでいた隣家へ引っ越し、そこで安岡ミチエを養女にし——後の取材によると、ミチエは一本松の実家には「どうしても世話をしなければならない人がいるから」と言い置いて出て行ったという——、その後に、借金して建てた小さな家で、うどん屋を始め、夏には氷屋、そして軽食堂へと少し手を広げたという。それは清馬の再審請求をかなえるための生活を、というミチエの思いからだったろう。

敗戦と日本国憲法制定に伴う天皇制度の変更によって、「大逆事件」を問う環境が生まれた。刑法の「皇室ニ対スル罪」の「大逆罪・不敬罪」が削除されたのも大きな変化だった。清馬はしかし、再審請求へ一直線には奔らなかった。

再審請求には、弁護士の森長英三郎の存在が非常に大きかったが、清馬と森長との交流が、いつ、どのようなきっかけで、どういう形で始まったのか分からない。残されている森長が保存していた資料によると、著名な法学者の平野義太郎に清馬が手紙を出したのがきっかけではないかと思われるが、判然とはしない。ただ森長との交流は、戦後もかなり早い時期に始まっている。

一九〇六年徳島生まれの森長は三六年に弁護士になり、戦中には今村力三郎の「芻言」を持っていたというから、「大逆事件」への関心は相当に強かった。戦後四七年から四八年にかけて清馬、岡林寅松、飛松與次郎、崎久保誓一の生き残っていた四人(清馬を除く三人は五五年までに病没)の特赦にも尽力している。特赦は、前にも触れたが、無実でも無罪でもなく、「大逆罪」の有罪判決はそのままである。だから国家犯罪を明らかにして無実を獲得するまでは、被害者にとっての本当の春はやってこない。

七六年に森長の書いた「坂本清馬翁の手紙から」には、清馬との付き合いは三〇年になるとある。その間に清馬から受け取った書信は二〇〇通を超えるともいう。四六年一二月五日付の森長宛ての手紙で、清馬は復権(特赦実現)運動への尽力に感謝の辞を記した後、秋水の汚名を雪《そそ》ぐために原稿を書き、それを新憲法施行前に「全世界に放送したい」と書いている。これが森長宛てに届いた清馬からの第一信のようだが、このやや壮大な意気込みに森長は圧倒されたかもしれない。だがこの手紙では、再審請求を頼んだ様子はうかがえない。清馬は地元・中村の問題で忙しかった。四九年には、中村町が公民館建設の名目で配給された資材で劇場を建ててしまったという不正問題を追及し、東京まで乗り込んで県選出の自由党の代議士・林譲治と直接交渉している。不正を知れば、身体がすぐに反応するのである。公民館問題が終わると、住民に嫌われていた結核療養所誘致に取り組み、成功している。その勢いで、五一年三月の町議補欠選挙に立ち、七七一票を得て当選した。だが翌年任期満了の選挙では、三票足りず落選。一年足らずの町議時代に、清馬は結核療養所の誘致問題で県立結核療養所の医師・坂本昭を知る。後に社会党参議院議員から高知市長になる坂本は、正義感が強く、行動力のある、誠実な医師だった。清馬は何度か高知市内の坂本の自宅まで出向いて教えを受け、その付き合いの中で「大逆事件」の冤罪を晴らしたいと訴えていたようで、これが後につながる。町議になる少し前だった。

再審請求を忘れたかのように動き回る清馬だったが、戦中に「大逆事件」の真相を密かに調べていた神崎清から管野らの『獄中手記』を送られ、強い刺激を受ける。五〇年六月二日付で、清馬は森長に長い手紙を送った。そこでは、先の内容をさらにふくらませ、事件の唯一の生存者としてその真相を和英両語で全世界に放送し、ＧＨＱに陳情して平沼騏一郎と対決し、「非常特別裁判」を開き、無罪判決を求め、無実の罪で幽閉された「八二〇七日」分の損害賠償と慰謝料計「三二八万二八〇〇円」を請求すると書いていた。そのために東京には二〇日以上の滞在が必要で、旅費や背広の新調費用として五万円ほど要るので、目下金策に奔っているともあった。森長は苦笑しただろうが、同じ内容の手紙を受け取った神崎と相談し、損害賠償を勝ち取るには、法的に無罪を得なければ不可能だと判断し、再審請求を本格的に検討し始める。当の清馬は、手紙をあちこちに出し、空想のような夢のような計画ばかり書き記し、再審のための具体的な行動をなかなか起こそうとしない。他のことで多忙すぎたともいえるが、貧しかったのも事実である。たまに入った金も、すぐに本に化けてしまったから。

それでいて再審請求には自由法曹団のメンバーの森長が気に入らぬから依頼しないという趣旨の手紙を飛松に書き送っているのである。森長はしかし実に包容力があり、我慢強く、そんな清馬ととことん付き合う。

五三年一月二三日付の森長宛ての手紙で清馬は一転して、再審請求の主任弁護士を森長に、他に正木亮、布施辰治らを選び、特別弁護人に荒畑寒村、石川三四郎、神崎清、そして「顧問弁護人」に当初の事件を担当した今村力三郎と、鵜沢総明の二人を挙げていた。もちろん清馬の独断である。この手紙でも、再審請求理由を四巻本で約一三〇〇ページにまとめ、三〇〇部作成して内外の報道機関や人権擁護機関に配るなどと書いていた。おそらく同じような趣旨の手紙を筆まめな清馬は、いろんな人に出していたにちがいない。「再審請求の顧問」の話を聞き及んだ今村は、埼玉県上尾市に住む知人で、弟子の弁護士・鈴木義男とも親交のあった石垣芳之助（清馬とも交流があった）に宛てた手紙で穏やかならぬ心情を吐露した。手紙は五三年七月四日付である。

「(前略)僕の処へは坂本から何等通知はない。坂本が何等かの訴訟を提起せんと欲せば僕の処へ相談すべきである。坂本は少し上ずつて居る。顧問とか名を付けて飾りものにする積りか。訴訟に顧問の必要はない。又旅費がなければ来るに及ばぬ。手紙で済む(後略)」

当時八八歳だった今村(翌五四年に死去)は、清馬の態度に腹を据えかねたのだ。今村の激怒を石垣から伝え聞いた清馬は、詫びの手紙を出したようである。それで今村もいくらか収まったのか、清馬に再審請求の中心に鈴木を推薦し、森長とよく相談するようにと返信した。

これで再審請求は進むかに見えたが、清馬は相変わらず気が多く、五四年には日中友好協会中村支部を結成し、自ら理事長になり、『中国画報』などを中村市内で売り歩くようになる。地区労働組合協議会の活動家で後に「幸徳秋水を顕彰する会」会長になる森岡邦廣と交わるようになったのはこのころである。いっぽうで再審請求理由書を膨大な本にする「夢」も語り続けていた。最終的にはその構想は、四巻から一五巻にまでふくらんだが、とうとう森長は清馬が亡くなるまで一巻も受け取らなかったと呆れている。もちろん無実を求めて再審請求をという清馬の思いは、一点の疑いもなかった。ただ清馬はあまりに多方面に好奇心が強すぎ、再審については自分の考えや構想だけに凝り固まって、しかもそれはまとまりがつかず、自分で動きが取れなかった面もある。食堂を含めて一階は二間で、二階は六畳一間にベッドと書斎というわずか八坪の狭い家の中は、本ばかりが増えていった。さすがの森長も清馬の真意を測りかねた時期もあったようだが、それでも待った。「大逆事件」の再審は何としてでも実現しなければならないという信念を森長は持っていたが、それは当事者が動かねばどうにもならないことも知っていたからだ。

事態が進んだのは、五九年初めに参議院議員になっていた坂本昭が森長を訪ねて「再審請求の障害になっているのは何か」と問うたころからだった。行動的な坂本は、再審請求を進めるには組織が必要だと説き、事件発生から五〇年になる六〇年二月二三日、学者や文化人らを中心に「大逆事件の真実をあきらかにする会」が生まれた。

「大逆事件は生きている」――同会の趣意書はこう書き出して具体的に坂本清馬の再審請求に取り組むと次のように述べている。「再審請求の声が、ようやく高まってきた。さいわい、唯一人の生き証人ともいうべき土佐の坂本清馬老が健在である」「再審請求とは、この大逆事件の真相をひろく伝えて、ギセイ者の記憶をあたらしく復活させることである。うしなわれた生命はとりかえせないにしても、基本(的)人権の立場から、まちがった裁判で傷つけられた名誉と利益を回復することである」。再審請求を掲げた会の発足と事件発生五〇年という「時」が重なって、関係の地域を中心に「大逆事件」へ

1960年1月24日の秋水50年祭の際に旅館「花屋」で撮影された写真．前列左から神崎清，岩佐作太郎，坂本清馬，タカクラテル，1人おいて塩田庄兵衛．提供：四万十市立図書館

の関心が高まり、六〇年から六一年にかけて東京、高知・中村、岡山、新宮、名古屋、京都、大阪などでは集会や講演会などが開かれた。秋水の出身地で、再審請求の主人公清馬の住む中村では六〇年一月二四日、遺族らではなく労働組合などが初めて秋水の墓前祭を行ない、東京から神崎清ら四人の研究者らを招いた翌日の集会には二〇〇〇人も集まった。秋水の墓の前では息をしたらいかん、ツバを吐いて通れと、女学校時代に言われた人も中村にはいたから、変化の兆しといってよかった。安保闘争、三池闘争など大きな政治・労働運動と連動し、労組中心の色も濃かったが、それでも社会の中に「大逆事件」は国家のつくった冤罪事件として見つめる意識が芽吹きはじめた。清馬の起こした再審請求の風は、五〇年間石ころを積み上げただけで、墓さえできなかった森近運平の出身地、岡山・高屋の奥地の田口にま

で光とともに届いた。清馬も地元の労働組合員らの支援カンパなどで動き、六〇年二月末には高屋を訪ね、初めて公に営まれた運平の法要に参加した。そのころ、岡山では運平の事績を研究し、優れた農業者であり、無実の被害者であることを明らかにしてきた吉岡金市が中心になって、運平の獄中歌の碑建立運動が始まっていた。吉岡は清馬の高屋訪問などをきっかけに、妹・栄子《ひでこ》に再審請求への参加を勧めた。

一九六一年一月一八日午後、坂本清馬と、森近運平の妹・栄子が東京高裁に再審請求を起こした。大審院が二四人に死刑判決を言い渡した日からちょうど五〇年後であった。

「坂本清馬、森近運平が明治四四年一月十八日、大審院特別刑事部において、所謂大逆(当時の刑法第七三条)事件により有罪の言渡しを受けたことにたいして、無罪の判決を求めるために本再審請求をする」

ようやく明治の国家犯罪が司法的に問われることになった。二五歳で囚われて以来、一貫して無実を訴え、獄中から必死に再審請求を追求してきた清馬にとって、この日はやっとたどりついた無実を獲得するための第一ステージだった。あちこち突き当たりながらも、清馬は再審の門の前に立った。執念だった。「春」が一歩近づいたように思えた清馬は昂揚した。

「予審調書を検討しただけでも、私たちの無実は明らかだ。この事件は社会主義者、無政府主義者弾圧のために行われた〝デッチ上げ〟事件で、裁判所が真実発見に努めるならこのことははっきりするはずだ。私はこの再審請求を通じてこの裁判が政治裁判だったことを明らかにし、日本の裁判の汚辱を一掃し、誤った過去の歴史を洗い清めたいと思っている」

再審請求後の記者会見で清馬はこう語っている。記事は整理されているが、清馬は記者会見では沸騰するような熱い言葉を吐き出し、前後の脈絡にはとらわれずに司法への怒りを記者たちにぶつけただろう。東京の記者たちが、小柄だがエネルギーの塊のような土佐のいごっそうに戸惑った姿が目に浮かぶ。もっとも記者会見の写真を見ると、清馬を挟むように再審請求の主任弁護人の森長がおり、隠された事件の真相を次つぎに明らかにしてきた在野の研究者の神崎がいたから、奔る清馬の手綱をしめはしただろうが。当時、清馬は七五歳になっていたが、精神と同じように髪は黒々として、老いを知らぬ青年のままであった。

「大逆罪」で有罪になった「犯人」が裁判のやり直しを求める再審請求は、敗戦前には非常に難しかった。明治の「大逆事件」は、神聖不可侵の天皇制の生んだ国家犯罪だったが、明治憲法下では公然とは真相に近づくことさえできなかった。天皇暗殺計画の有無についての論議さえ不敬とされた。「天皇の名」による裁判に間違いがあるはずはなかったから。二つの「大逆事件」の弁護人を務めた今村力三郎が裁判批判をした「芻言」を公刊できなかったのもそのためである。獄中の清馬が刑事訴訟法の改正で再審請求ができると喜び、それを追求したのは当然だったとはいえ、現実には彼の訴えを引き受ける弁護士がいただろうか。清馬でさえ仮出獄後の戦中には、再審請求への動きが取れなかったのだから。しかも戦争へと向かっていた天皇制ファシズムは、明治の比ではなかった。平出修が生きていれば、あるいは硬骨の弁護士の布施辰治だったら、と思わぬわけではないが、やはり困難だったのではないか。

「大逆事件」の再審請求はだから、一二人の大量死刑をもたらした明治国家の犯罪を正面から問う異議申立てで、それ自体がとても画期的だった。

しかし「大逆事件」の再審請求は、一般刑事の冤罪事件の再審請求と比べると異質で、格段に壁が厚かった。事件当時、長野地裁検事局の次席検事で「明科事件」を担当し、後に弁護士になった和田良平は再審請求の起こされたとき、『産業経済新聞』で語っている。「私は、長野の発端を捜査しただけだから、坂本という人がどんな人かくわしくは知らない。だが、個別の事実はともかく、事件全体の構成ははっきり裏付けられているし、担当検事としてはいまも確信がある。再審で事件がくずれることはないし、いまさら再審の請求というのもおかしいのではないか」(一九六一年一月三〇日付)。「大逆事件」は、客観的に存在した犯罪事実が裁かれたのではなく、国家にとって都合の悪い思想を「殺す」ためにつくられた「物語」によって、個人が有罪にされた事件である。それが「事件全体の構成」であった。元検事の和田の自信に満ちた、何の屈託もない言葉に接すると啞然とせざるを得ない。「大逆事件」の再審請求は裁判官の歴史認識と人権意識が正面から問われているだけに、検事とは違うとはいっても結論を暗示しているようでもあった。「天皇の裁判官」として二六人を裁いた判事らはすでに亡かったが、社会主義者や無政府主義者だけでなく、治安維持法を使って自由主義者をも徹底的に弾圧し戦争遂行に荷担してきた戦中の裁判官は、ドイツのような戦争責任の追及もされず、誰一人として自ら責任を取らず、そのまま居続けていたのだから。そこにも「大逆事件」という国家犯罪の再審請求の壁の厚さがあった。すでに森長は再審請求の一年ほど前の講演で「最高裁が大審院のあやまちをすなおに認めるかどうかは、今後の最高裁の在り方にも関連し、その意味でもこの再審請求は今日的の意義をもつ」と語っていた。国家と司法を問うという「大逆事件」の再審請求は、日本の近現代史の上では「事件」だったのである。

再審請求は東京高裁第一刑事部に係属し、裁判長に長谷川成二、陪席判事には四人の裁判官が就いた。再審請求書とともに最初に提出された証拠は、事件後から一九六〇年までに無罪を示す「新しく発見された明らかな証拠」として当事者や関係者の手紙、回顧録など四四点に上った。次いで弁護団は六一年九月に一四点、六二年七月に七点、さらに六三年九月に一六点、六四年六月に一四点、九月に五点、一二月に五点、六五年一月に二点、二月に一点と、総計一〇八点という膨大な新証拠を次つぎに提出していった。これらは、一点ずつが新証拠であると同時に、大審院で確定した判決を支える事実を全体として総合的に覆《くつがえ》す新証拠と捉える考え方、これは後に再審開始決定の基準となった「白鳥決定」を先取りしていた。また運平と清馬の二人の無実を証明するために、同時代に生き、辛うじて生き延びた寒村や、運平の周囲で生活した高屋の人びとなど合わせて九人を証人として申請した。それでも、形のある具体的な犯罪事実が何も無かったところでデッチ上げられ、有罪にされた判決を覆すために新規明白な証拠を求められるのであるから、何とも過酷な再審請求であった。

再審請求というしり込みするような難題に、吉岡金市らの勧めがあったとはいえ兄の無罪を信じて請求人に名乗り出た森近栄子は、実に鮮やかな妹だったと思う。「母は本当にえらかったと思いますよ」。再審請求当時二〇代だった息子の細井好から、後に私が受け取った手紙を読んで、高屋出身の今川徳子が小学校時代に聞いた「運平さんはね、お国に殺されたんだよ」という栄子のつぶやきを思い出さずにおれなかった。そんな栄子を再審請求へと導くきっかけになったのは、やはり清馬の執念だったろう。清馬は六一年にも高屋の栄子・菊雄夫妻を訪ねているが、そのときに居間で撮った写真が細井宅にあった。清馬は猫とじゃれていた。吉岡が『森近運平——大逆事件の最もいたましい犠牲者の思想と行動』を上梓したのは、再審請求直前の六一年一月五日だった。その年秋には、吉岡の伝記を原作に舞台化された「森近運平」が岡山の地元劇団によって上演され、栄子夫妻が観劇しているところが新聞にも報道されるようになった。再審請求によって、高屋の「凍土」は、緩み始めたのだろうか。

再審請求は、ドン・キホーテのようでもある坂本清馬の性格、空想と夢と現実の雑居する生き方に引き回されながらも、不当で不条理で理不尽な判決を改めさせたいという思い、それに応えた森長の懐の深さと辛抱強さ、周囲の多くの人の根気に支えられて、幕が上がった。

六三年九月一三、一四の二日間、東京高等裁判所二階の大会議室で、「大逆事件」再審請求の事実調べが始まった。請求から二年八カ月も経っていたが、原審関係の記録(公判始末書は行方不明だったが)や弁護人から提出された証拠の読み込みなどで時間を要したのである。

最初の事実調べは、坂本清馬に対する審尋であった。清馬が七八歳という高齢だったために証拠保全の意味も含まれていた。

大審院が坂本清馬に死刑を言い渡した「判決事実」は、約《つづ》めてしまえば架空の「一一月謀議」だった。この「謀議の網」のために、多くの被害者が亡くなっていったのだから、実に深刻な「判決事実」で、清馬の再審請求は無残に殺されていった多くの被害者の思いを背負っていた。

弁護団は事前に、審尋の公開を高裁に要請した。大審院は非公開で有罪判決を出しており、通常の公開裁判による有罪判決ではなかったから、再審開始決定前の事実調べは非公開という先例は当てはまらず、公開すべきだと主張したのである。どうしても非公開とするなら、せめて報道機関には公開をと要請したが、長谷川裁判長は認めなかった。結局、原審の大審院の法廷が非公開で、「被告人」にされた唯一の生き証人である坂本清馬の再審請求の審尋も公開されなかった。「大逆事件」の再審請求裁判も明治の大審院法廷と同じように扉を閉めて非公開にしてしまった。どこまでも司法は、闇の中であった。

清馬に対する審尋には、長谷川裁判長を含めて五人、立会人として弁護人八人(二日目は四人)、検察側二人が出席した。一三日午前一〇時から始まった審尋の冒頭で、弁護人の黒田寿男が再審請求に対する弁護人側の考えを改めて述べている。「大逆事件の判決は、傍聴も許されず、一人の証人も取り調べないまま、大量二四人に死刑を言い渡した。判決は黒い霧に包まれたままである。これを放置しておくことは司法の権威のために好ましくない。裁判所はこの点を十分に汲み取っていただきたい」。

審尋の記録は、これまで公になっていなかった。そこで、清馬の再審請求の理由にかかる「一一月謀議」への参加、同意、実行などを中心に法政大学大原社会問題研究所所蔵の「大原慧文庫」にある「大逆事件再審請求資料」にしたがって明らかにする。

清馬への尋問は、一日目は裁判長が、二日目は夕方まで立会人の弁護人、検事、そして再度裁判長が行ない、二日間で正味一一時間半に及んだ。清馬にはかなりハードだったろうが、七八歳と思えぬ元気さで尋問に応じたという。「裁判長が法廷ではないから気軽に、堅苦しくないようにといわれたのに答えてか、あるときは笑い、あるときは泣いて答えていた。供述は、坂本の一代記であった」と立ち会った森長は後に、回想している。清馬にとって審尋は、再審実現へ向けての第二ステージに上がった気分だっただろう。

以下、とくに記さない限り、質問者は裁判長である(尋問の順序は、不同である。表記は記録のママ)。

——(前略)請求人は無政府共産主義を信奉していたようだが、そういう立場は当時(仮出獄後)も続けていたのか。

「仮出獄後から戦後までは、いわゆる、アナキズムということはあまり考えませんでした。……けれども、私の基本の思想の底流は、今でも、やはりアナキズムの思想は持っているのです(後略)」

——請求人も、(一九一〇年)七月二十六日芝署に検挙されたわけですか。

「そうです」

――そして、浮浪罪ということで、拘留二十日の処分を受けたわけですか。

「そうです」

――浮浪罪ですぐ処罰ということは、おかしいではありませんか。

「私自身も、仕事をしていたのですから、おかしいと思います。あるいは、過去の浮浪罪ということかも知れませんが、そのことを私のほうから主張したところで、警察には通じません(後略)」

この件に関しては、二日目の審尋で弁護人・斉藤一好も尋ねている。

――逮捕された後、浮浪罪を中心にして、取調べを受けたことがありますか。

「ありません」

――逮捕後、いきなり大逆罪により、調べられたわけですか。

「そうです」

ここで一日目の裁判長の問いに戻る。

――天皇制については、どうですか。

「天皇制のことと、いわゆる天皇のことについては、何ら考えたことはありません。私共は、運動を発展させて行くのが、目的ですから、天皇をどうするということは、私は絶対に考えたことはありません」

――天皇制と天皇個人というものを別けて考えるということか。

「私は当時、考えたことがありませんでしたが、まあそういうような恰好になっていたのです」

――当時天皇は政治の頂点にあるものと考えられていたのではないか。即ち権力機関の最高の者と考えられていたのではないか。

「そういうふうに憲法の上からもなっておりましたが、私は、個々では私自身の犯罪事実があるか、ないかについて、再審請求をしているのですから、当時の調べのように、幸徳がどうだったか、無政府主義がどうだったと問われては困るのです。私自身のもつ無政府主義の思想は申しあげますから、なるべくそういう問は、しないで欲しいのです」

――当時(清馬が幸徳方に同居していた一九〇八年一一月―〇九年二月。巣鴨)、幸徳方に他に同居人はおりましたか。

「おりません」

――その当時、幸徳の家へ同志の者等がよく、出入りしていましたか。

「大久保百人町(柏木)の当時に比して、大体一〇分の一位の人しか出入りせず少なかったのです」

――(前略)出入りする客と会食をしたり懇談をしたりする席に、つらなるようなことはなかったのですか。

「私は、その席へ茶を入れたり、火を運んだりはしましたが……秘密出版の仕事が忙しかったためにその席へ列席したようなことはありませんでした」

――すると、それ等の客と一緒に革命を論じたり、主義のことについて語り合ったようなこともなかったのですか。

「ありません(後略)」

――幸徳方で、読書会とか研究会とかいうものは開きませんでしたか。

「ありません。何故、ないかと申しますと、幸徳は家の納戸におり、私は六畳の間にいて、玄関口の部屋には幸徳に二人、私に一人の尾行巡査がいてそのような機会は全然なく、又、もてなかったような実情でした」

――例えば、幸徳の社会主義に対する講義を聴くというようなことはなかったのですか。

「ありません」

――巣鴨の平民社だけによらず、一般の社会主義者に対する政府の取締はどうでしたか。

「赤旗事件(一九〇八年六月)以後の取締は非常にきびしく一切の活動を封じ込むような状態にありました」

──その情況について、具体的に話してください。

「皇室の方が、行幸啓する場合は、直ぐ社会主義者に対し尾行がつきました」

──演説会等については、どうでしたか。

「演説会等、全然ありません」

──全然なかったというのは、許されなかったのですか。

「許すも、許されないにも、そのような計画は、全然なかったのです。それは、金も無いし、同志は(監獄に)入っておらず、幸徳が一人でやきもきしても仕方がなかったのです。当時、幸徳は私に運動方針として常に、赤旗事件で、堺、山川(均)等、主だった人が入った今は絶対運動はできない、彼等が出てくるのを待つしかない、それまでは秘密出版でもやっていようと話していました」

──すると日常生活において取締のために、請求人等が不自由したとゆうことはなかったのですか。

「巣鴨ではありません。しかし幸徳は、文筆で生活をしなければならないのに、何処でも幸徳の書いたものは受けてくれませんでした」

──それはどうしてですか。

「発売禁止となるからです。……従来から出版されているものでも、新に出してはいかんというような状態でした」

――日常何事もないのに、尾行がついていたということはなかったのですか。

「それはありました。私に一人、幸徳には二人、外出する時は必ずついて来ました」

――請求人に、どうして尾行がついたのか。

「要注意人物になっているからです」

――請求人も、要注意人物になっていたのですか。

「そうです」

――幸徳が赤旗事件に対する、弔合戦をするのだというような事を請求人に言ったことがありますか。

「幸徳は、何年先になるか判らないが、何かやらなければならない、そのためにお前等は信頼に足る同志を募るため田舎へ行ったらどうかというような事は言ってました」

――(前略)その時の模様をもう少しくわしく述べて下さい。何時頃、何処ですか。

「巣鴨で、幸徳と酒を飲み食事をしている時、言われたと思いますが、何時頃、何処で言われたか、判然と記憶しておりません」

――そのことは、度々言われたのですか。

「一度だけです。それは、恐らく、私を出すために言ったことと思います」

――どんなことを言ったのですか。

「二年先か、三年先か判らんけれども、もっと積極的且具体的な運動をやって行かなければならない、そのためには意志の強固な、そして熱心な同志が必要であるから、地方を廻って見たらどうかと言っていたと記憶しています」

――地方を廻れというのは、同志を獲得しろという趣旨なのですか。

「そうであったと思います」

――積極、具体的な運動とは、どんな意味のことですか。

「その文字のとおりで、別の意味はありません。秘密出版とか、啓蒙する実行運動をやることです」

――つまり、そのような実行運動をする同志を集めろということですか。

「そうです」

――爆裂弾で、直接行動を起すというような話はどうですか。

「そのような話は聞いていません。そんな話を大びらに話したということに(予審調書で)なっていますが、大変おかしなことです。若し実際やるとすれば、極秘中の秘ですから、それを何人にも話したということそれ自体がおかしなことです。又、尾行もいることで、そんな馬鹿な話ができるわけがないのです」

――請求人は、幸徳から、今言ったようなことを言われて承諾したのですか。

「(前略)自分としましては、やってみようという気持ちはありました」

「やってみよう」という清馬の答は、地方を回って同志を集めるオルグ活動であり、「大逆」のための「決死の士」を募る意味ではない。

ここで主任弁護人の森長英三郎が尋ねる。

――大石(の調書)によると、十一月二十二日に幸徳、管野、堀(保子)、森近、坂本(以下五人、計一〇人の名を挙げて)が集まったこととなっているのですが、どうですか。

「そのような沢山の人が集まった記憶はありません」

――当時、このように沢山の人が、幸徳方に集まれる状況にあったのですか。

「そんな状況には、ありませんでした。とくに幸徳の家(巣鴨の平民社)は、警戒されていまして……たとえ人が集まったとしても、多くて三、四人でした」

――大石、森近、幸徳は、具体的にどのような話をしていたのですか。

「それは、何回きかれても、わからんとしか、いえません」

――松尾と幸徳が、どのような話をしていたのか、襖越し(清馬は隣りの六畳間にいた)にも聞いたことはなかったのですか。

「ありませんでした。仮に隣で、どんな話をしていようとも、心ここにあらざれば、見て見えずの絶対の真理どおり、それに関心がなく、また、こちらの用をしていれば、耳に入らないのです」

ここで再び裁判長の長谷川が、〇九年二月初めに清馬が平民社を飛び出した状況とその後の行動を尋ねた。それは原判決が、秋水の指示に同意して、清馬が「決死の士」を集めるために地方へ行ったと断じているからだ。

——どういうことで出たのか。

「当時、幸徳は、管野と結婚の約束をしてありましたが、私と管野の関係について嫉妬して、一月三十一日の夜であったと思いますが、私と管野が町へ出て帰ると幸徳は、私に対しそのことについて文句を言いました。それで私はそんな事で疑いをかけられるのは心外であると思い立腹して口論しました。私は幸徳に「貴様が革命をやるか、俺が革命をやるか、競争しよう、こんな処にはおられん」と言って幸徳方を飛び出したんです」

くぐもった口調でこう語った瞬間、清馬の胸中に五四年前のその夜の出来事が、フラッシュ・バックのように立ち現れたのだからたまらない。七八歳の清馬は顔をくしゃっとゆがめて、裁判長、検事、弁護人らの前で、嗚咽《おえつ》し、ぽろっと涙を零《こぼ》してしまった。

長谷川はしかし、清馬の愛憎のこんがらがった涙の説明を無視するかのように訊く。

——請求人と幸徳は、この時は円満に話合いで、出たのではないか。

「そうではありません。口論して飛び出したのです」

——幸徳から出て行ってくれと言われたわけではないのか。

「はい」

——その後、請求人と幸徳との関係は、どうなっているのか。

「文通もせず、会ってもおりません(後略)」

清馬は秋水のところを飛び出した後、宮崎や熊本など九州を放浪する。裁判長はその旅で「決死の士」を募る活動をしたのではないかと、「判決事実」に沿って問う。しかし清馬は、九州では活動は何もしなかったと答えると、裁判長は訝《いぶか》しそうに尋ねた。

——然し、請求人は幸徳方を出る時、幸徳にどっちが革命をやるか競争しようと言って自分で革命をやる心算で出たのではないか。

「そうです」

——それなのに、その熱意はどうしたのか。

「その時は一時、中断したような状態で、松尾などとも文通もしておりませんでした」

——それ(幸徳と別れて独自の立場での革命運動)について、具体的な考えは何かあったか。

「(前略)具体的な事実を言えば、熊本に行った折りに、非軍事主義のチラシをつくって、それを配布しようとした位のものです」

――それはやらなかったのか。

「そうです。それをやらないうちにこの事件が起ってしまったのです」

大審院の「判決事実」は、清馬の「謀議」実践を説明する証拠として、九州での行動、ブラック・ハンジスト党(暗殺党)の「結成」、行きずりで出会った人物に爆裂弾の製法を尋ねたことなども挙げていた。だが清馬には資金はなく、綱領や組織構想も持たず、同調者などもいなかった。爆裂弾の製法についても他愛もない話の域を出てはいない。要するに清馬の言葉は正直だが、内容はほとんど思いつきだった。長谷川は確認するように尋ねた。

――本当に(秋水と競って「革命」を)やる気だったのですか。

「そうです。本当にやる気で出て行ったのです。ところが、何年も考えてねり上げたものでもなし、いって見れば一時的なものでした」

清馬はあっけらかんと、無計画性を認める。それが清馬の無実を語る「行動証拠」であった。しかしそんな清馬さえも「大逆罪」という極限の法で命を追い込んだのが天皇制国家だった。

明治国家の性質を見抜けなかった清馬は、すでに触れたように仮出獄後に天皇機関説排撃運動に関与する。そして三五年秋に清馬は、「大逆事件」捜査の中心検事のひとりで、その後大審院検事、検事総長、司法大臣を歴任し、三五年七月に法政大学総長になっていた小山松吉に、高知で会う。審尋の最後のほうで立会検事がこれを取り上げた。

――(小山元検事に会って)どのような話がでたのか。その経緯を簡単に述べて下さい。

「小山さんが国体明徴のために、講演をしに高知に来られたのです。私は、小山さんに好感を持っていましたから、訪ねて行って国体明徴の話をしたのです。(中略)すると、小山さんが、あのとき(事件当時)はああせざるを得なかったのだということをいわれたのです」

――ああせざるを得なかったとは、どういうことですか。

「小山さんが私に対し、君にはすまなかったが、ああした(「大逆罪」訴追)のだ、といったわけです」

小山がこのように言ったとすれば、それはある種のうっすらとしてはいたが、「悔悟」かもしれない。清馬はここでは、自身が冤罪だったことを当時の検事さえもが認めたという文脈で語っているのだが、一二人の死者を含めて二六人が不当な獄中生活を強いられ、人生と家族をズタズタにされた過酷な事実を思えば、小山の「悔悟」発言は全体へのエクスキューズになるだろうか。ただ伝聞とはいえ小山の言葉は、事件に対する大きな国家意思の存在をうかがわせる重要な意味を持つ証言の一つだった。

二日間、一一時間半に及んだ清馬の審尋は終わった。くり返しになるが、大審院での被告らの発言を記録した公判始末書が行方不明であるだけに、「過去と現在の対話」のような清馬の語りは、貴重で重い。なぜこの記録を戦後のマスメディアは、報道しなかったのだろう。清馬は審尋の終わった日から約一カ月、東京、横浜、長野、再び東京、そして京都など各地を精力的に回って講演し、再審と無罪を訴え続け、新聞、テレビ、ラジオなどマスコミの取材にも応じた。「大逆事件」唯一の生残りという好奇心と興味本位でマスメディアは、清馬を追い、国家による「思想の暗殺」と殺人だった事実に迫る報道は皆無だった。かつての国家に追随した「大逆報道」を検証するような報道もなかった。ジャーナリズム、司法、宗教は戦後二〇年近く経っても、敗戦前の意識と変わっていなかった。

中村へ戻った清馬は、さすがに疲れたようでしばらく入院し、その後はまた各地を回る活動を始めた。翌年春に中村を訪ねた森長は「土地の若い人の意見に従うようになり、地元の支持も高まりつつあるようだ」と、清馬の「変化」を伝えている。

再審請求の舞台は、森近運平の郷、岡山・井原へと移る。

12 攻防

森近栄子の家族と森長弁護士．1964 年 1 月か．左端より吉岡，森長，森近菊雄，栄子，四男・細井好．提供：細井好氏

東京高裁は、もう一人の請求人の森近栄子《ひでこ》の審尋の前に、六三年一一月二九日と一二月二〇日の二度にわたって、荒畑寒村を証人尋問した。一八八七年生まれの寒村は清馬との付き合いはほとんどなかったが、大阪平民社の時代を中心に森近運平とは親しかった。寒村が「赤旗事件」で一年六カ月の懲役刑を終えて千葉監獄から出たのが一九一〇年二月で、「大逆事件」の直前である。

寒村の証言は法政大学大原社会問題研究所の「大原慧文庫」にあるが、七五年に刊行された『大逆事件への証言』の中にも収められている。寒村の証言の中には、当時の運平の思想を語る部分がある。再審請求の判断には欠かせないところなので採録する。

「森近は今日の言葉で申せば、社会民主主義ですね。そういう点ではまあ、先輩であった堺利彦氏と一番近い、あるいはほとんど同じと言っていい考えであったと思いますね。もちろん、直接行動ということにも一応の理解と同情とを持っておりましたが、しかし、考えの根本はドイツ流の社会民主主義、すなわち議会に社会党の代表者が多数を占めて、法律的な手段によって社会主義を実現するという考えでした。森近が堺と共著で『社会主義綱要』という著書を出しておりますが、これは実は森近の単独の著書で、ただ本屋が売る政策上、堺と共著という名前にしたのです……これなどは今日、社会主義者でない全く中立的な立場の批評家から、当時の社会主義思想のきわめて体系的な著述で、当時の社会主義者の思想的水準を示すものだと、高く評価されております。これなどは明白に、社会民主主義の立場をとっております。それから四十(一九〇七)年の社会党の大会、ここで田添鉄二の議会政策論と、幸徳秋水の直接行動論との論争があったわけでありますが、そのとき、社会党の……中央執行委員会の出した案は……この両案を党員の自由な運動方針とするという、いわば折衷的な案でしたが、この案を作ったのは堺と森近でありました。そういうのが大体、森近の思想的な傾向でありますが、私の信じておりますところでは、森近は非常に慎重な思慮に富んだ人物で、大阪の平民社で毎月、茶話会なんかが開かれましたが、私ども若い者がたまたま矯激《きょうげき》なことを言いますと、いつも面てを正して、そんな馬鹿なことを言うものじゃない、君等はもっと勉強しなくちゃいけないということを始終言っていたくらいです。そういう点では、今から考えると、そんな年ではないんですが、非常に老成した考えを持っていた人間だと思います」

二回にわたった寒村の証言に対する裁判長の質問を読むと、その流れや構成が、大審院判決の有罪の筋書きから一歩も出ていない。被告は誰もが無政府主義者で、無政府主義はテロリズムを肯定し、天皇(制)を否定し、それゆえ「大逆」の陰謀を企てたという予断と推論による考え方で、「思想を裁く」とした平沼らと変わらなかった。証人になった寒村もそれが非常に引っかかったようで「原判決の三段論法が審問のふしぶしにうかがわれた」と、「大逆事件の真実をあきらかにする会ニュース」第八号に不満を寄せていた。

寒村の証言の翌六四年一月一三、一四日、高裁は岡山・井原市で森近運平についての事実調べをした。一三日の午前中は、運平を知っていた二人の証人尋問が井原簡易裁判所であり、午後二時からは、舞台を高屋の奥地、田口の森近宅の二間続きの座敷に移し、請求人の栄子への尋問が行なわれた。運平が生まれ育った当時のままの大きな農家は、現在はもうないが九〇年代初めぐらいまでは朽ちかけた母屋などが残っていた。この日は朝から重く部厚い雲におおわれ、底冷えのする寒い日であった。一八九七年生まれで兄・運平とは一六歳離れ、六人兄弟(別に夭折した姉がいた)の末っ子だった栄子は、兄が殺されてしまったときは、尋常小学校の高等科二年で一三歳だったが、尋問のときは七人の子どもを育てた六六歳の母親であった。

行って帰ります　すぐ帰りますの言の葉は　あはれはかなき死出の旅立ち

兄の無実を信じ続けてきた妹は、遠い日に起きた情景をこんなふうにも詠んでいた。栄子は刑死五〇年に建立したばかりの兄・運平の墓の前で、「兄さん、やっとこの日がきました」と伝えて尋問に臨んだ。栄子の尋問記録もこれまで公になっていないので、その語りを聴く。以下特に断らない限り裁判長・長谷川の問いである(表記は記録のママ)。

――兄さんが社会主義の運動をしているようなことは当時聞いたことはありませんか。

「小さい折には聞いておりました」

――社会主義というのはその当時どういうものかということは、もち論判らなかったと思いますけれども、人にいやがられるような運動だと思ったことはありませんでしたか。

「ありません」

――そういうことは考えたことないですか。

「私はいいことだと思って聞いたです」

――社会主義の運動をしてて何回か監獄に行ったという話も聞いたこともありませんですか。

「たびたび聞いております」

――それでもよいことだと思っていましたか。

「よいことだと思っていました」

――あなただけでなくほかの人も運平のやることは、よいことだというふうに支持してたですか。

「みんな経済的に不如意になるから困っても、していることは非常によいことだと思っていました」

――事件の前頃の話ですが運平のやっていることは、いいことだとゆうふうに家族はみんな思っていたわけですか。

「はい」

着物姿で座って、運平の社会主義運動を家族がよいことと認めていたと、毅然として答える小柄な栄子に裁判長のやや驚いた様子が見えるようだ。栄子は証拠で出した供述書の中で、子ども心で捉えた社会主義についてこう述べていた。

「私は社会主義は貧乏人を助けることで、百姓や車ひきなどの貧乏人を助けることは、大変よいことをしているのだと、兄を見ていました。ですから東京へこの事件で兄がつれて行かれても、一度も心配したことなく、必ず無事に帰ってくるものと信じていました」

兄への揺るがぬプライドと信頼が言葉の端々に漲《みなぎ》って、胸を打つ。裁判長はしかし、このあとも小さな妹を含めた運平の家族みんなが社会主義を「いいことだ」と理解していたことが解せぬと、言わんばかりの尋問をくり返したが、栄子は動じなかった。

大審院が運平を死刑にした最大の根拠は、やはり「一一月謀議」であった。他には、一九〇七年暮れに訪ねてきた宮下太吉に神武紀元の日本の史実は信じられないと「不敬」の思想を持たせたとされ、また宮下から「大逆」への誘いの言葉をかけられた際に、家族がいるからと断り、古河力作の人となりについて語った言辞などが挙げられていた。しかしこれらはいずれも「大逆罪」を構成する実行はもちろん、予備・陰謀にもならない。「判決事実」の「一一月謀議」は、弾圧厳しい閉塞状況の中で、社会主義者間で交わされた憤懣をぶちまけるような茶飲み話の域を超えるものではなかった。何よりそれを明かしているのが、妻と幼い娘を抱えて弾圧と生活苦、それに幸徳への信頼喪失などがからんで憔悴《しょうすい》し、東京を去って新しい生き方を始めた事実だった。それは、農学校出の運平らしい大地に足をつけた先進的な農業への取り組みだった。むろん社会主義思想は捨てておらず、また天皇制への疑問/否定もあったかもしれないが、それらは「大逆」とはつながらない。当時の状況では郷里で社会主義運動をしたくても、弾圧厳しくマークされていた運平にはできなかった。したとしても「大逆罪」とはおよそ関係はない。

長谷川は帰郷後の運平の行動に焦点を合わせて尋問する。

――（東京から帰ってきたときに）社会主義運動をやめるというような話は聞かなかったんですか。

「それはそれをやめて帰ったんです」

——社会主義の運動はどこだってできるんですけれどもね。

「それをやめて帰りました」

——それは東京大阪では、そういうことをやめたでしょうが社会主義の運動はやめるというような話は。

「運動をやめて帰ったんです。運動をやめずに帰れば、どこにおっても同じだし運動をやめて田舎に引っ込んだんです」

——社会主義の運動は田舎でもできるんですよ。

「田舎におるからには田舎に向いた職業をしておらんと、ぶらんとしておったんじゃだめだから働ける道をつけて帰ったんです。帰る気持ちよりも結果論でそうなるんです。運動をやめて帰って一とおりの新しい百姓をしましたから」

——私の聞いているのは社会主義の運動はもうやめたんだと本人がそういうふうに言っていたか、どうかです。

「それをやめにゃ帰れんです」

——それは理屈ですが。

「やめたんです」

社会主義運動をしていたに違いない、それは「大逆」に接続するという半世紀前の検事や判事らの予断と偏見を共有しているような裁判長・長谷川の問いを、断固としてはねつけた栄子の応答は凛《りん》としていた。だが長谷川は執拗である。

——帰ってから、いわゆる同志の人たちが尋ねて来たことはありませんか。

「はい。ないと思います(後略)」

——町の人は親しく付き合ってたんでしょうか。

「はい」

——何かこわいもののようにして触れたがらなかったのではないでしょうか。

「そんなことはないです、皆付き合ってくれました」

——何か社会主義の話をするようなことは知りませんか。

「(前略)社会主義の話を弟(良平)さんに聞かしたようなことは殆どありませんでしたな、もうお金(温室栽培と生活費)の調達が忙しいので新聞代も惜しいような切りつめた生活をしておりました……農業に本気になるようになってからイギリスの新聞もとっておりましたから」

——あなたとしては(運平が)その大逆事件に関係があると聞いて、どういうふうに思ったですか。

「私は、兄のことですからそんなことは、まさかと思いました」

——大逆事件の死刑の判決があったということについて村の人たちはどういう感じをもっておったかということは。

「間違いだと思っていました」

――あなた方は森近が無実の罪で罰せられたと思っていたのですか。

「まあそんなことでございます」

栄子の記憶と体感による語りは、運平の「大逆罪」無実を素直に証言していた。

――それ(運平が無実の罪で罰せられたこと)について再審の請求をしたいというふうに考えたのは、いつごろからですか。

「それはその当時から考えていましたけれども道が判りませんでした」

――再審の申立ができるということを知ったのはいつですか。

「それは坂本(清馬)さんが来てくれて知ったのと、それから前にはっきりしたことじゃなしに今は申立てをすれば聞いていただけるのだということを二、三の人から聞きました」

――(再審を)どういう目的でされたのですか。

「それは無実という判決をきっといただけると思ってです」

――森近運平の家族はどうなんですか。

「嫂《あによめ》(繁子)さんも娘(菊代)も死んでしまいました」

栄子は六歳下の妹のような姪の菊代が結婚するまで育てている。この後、森長が死刑判決後の村の人たちの助命運動について尋問し、金光教の佐藤範雄の活動が間に合わなかった話や墓をつくれなかったことなどを聞き、菊代の子ども(一九二六年生まれ)について尋ねた。

――その人(菊代の息子)は、この再審に賛成していますか。

「おじいさんは非常に悪い人のように僕は聞いておったのにそういうようにおばさんがしてくれた(再審請求したこと)、本当に嬉しいと言って喜んでいました(後略)」

栄子の四男の細井好宅に一通だけ残されてあった菊代の息子のはがきには、祖父の無罪を願う趣旨が記されてあった。はがきは栄子夫妻宛てで、「一日も早く無罪となり世間に対して大手を振れる様待って居ます。五十年前に祖父が社会主義者であり、平和愛好者であった事を今日、小生明らかに教示頂いてただ感謝致して居ます」と闊達《かったつ》な文字で書かれている。

尋問の終わり近くになって、検事の平山長が裁判長と同じように、運平に社会主義運動を継続する意思があったのではないか、という視点から尋ねた。

――森近運平は堺さんがまた出獄したら一緒に運動をやろうというようなことを考えていたようなことはないんですか。

「そんなことありません。それでしたら温室をしませんけど」

尋問がすべて終了したのは、夕方四時半に近くなっていた。冬の夕暮れは暗くなるのが早い。鈍色《にびいろ》の空も傾いて冷たい小雨も落ちはじめ、周囲のうっそうとした竹やぶや杉木立が濡れ、運平が爪文字で刻んだ獄中歌「父上は怒り玉ひぬ我は泣きぬ　さめて恋しき故郷の夢」の歌碑も雨に沁みていた。尋問後、記者らの問いに栄子は「言いたいことは全部言いました」と満足そうに語っている。森長ら弁護人は建立されて間もない運平の墓に裁判長らを案内した。翌日の地元紙『山陽新聞』は、吉岡金市が悲劇の運平の生涯を三面に刻んだ墓の前に立つ裁判長の写真を掲載し、「墓参りする長谷川裁判長」とキャプションをつけた。長谷川は運平の墓の前で何を思っただろう。

翌一四日は、もう一人の証人・山村久一郎の尋問が自宅で行なわれた。山村は帰郷した運平の発案で植えた富有柿《ふゆうがき》の話や公会堂建設の話、それに運平から預かった「新社会」という原稿の内容を明かした。そこには軍備なき社会、教育費国家負担社会、社会保障の社会、協同組合社会など非常に先見的な内容が書かれていたと証言した。ただ「新社会」は警察に押収されてしまったという。

運平に関する再審請求の出張尋問が地元のマスメディアに報じられ、新たに四人が証言したいと名乗り出た。結果的には実現しなかったが、運平の再審請求をとおして地域の人びとの事件観にも曙光《しょこう》が射しこんだようだった。

審理はその後、さらに四人の証人尋問を行ない、六四年の暮れも押し詰まった一二月二八日、弁護人側はすでに提出した新証拠資料一〇五点(最終的には一〇八点)などを踏まえて、再審を求める「意見書」を東京高裁第一刑事部に出した。同じ日、検察官側も請求棄却の決定を求める「意見書」を提出した。弁護人側の「意見書」は、再審請求の最大の目的は、請求人の雪冤《せつえん》、司法権の独立、学界で定説になっている無実を司法が承認する、の三つを挙げ、「原判決は国家の機関によってなされたものであり、それがまちがいであったことを国民にしめすには、同じ国家の機関によって宣告されなければならない」と主張した。

「意見書」はまた、原判決は検事らの拷問・脅迫による強引な聴取書と予審判事の強要などによる調書によって作成された「空中楼閣」であり、それは被告人らの書簡や獄中記など新証拠で明白になったと主張し、さらに当時の無政府主義や直接行動論が、暗殺主義や天皇個人への危害には結びつかないことを秋水、森近らの著書などで指摘した。「意見書」について弁護人の一人、斉藤一好は、「あきらかにする会ニュース」第一〇号の中で、事件の本質が「思想の暗殺」だったと、こう解説している。「本件は思想が起訴されたものである。思想が罰せられたものである。それは原判決の理由の冒頭から最後まで一貫している。従ってその思想そのものが、大逆と結び付かないという(「意見書」の)指摘は極めて重要である」。

清馬と運平の個別の事情については、判決が根拠にしている天皇暗殺を企てた「一一月謀議」説を、判決文、検事聴取書、予審調書、新証拠を総合して全面的に否定した。

そして「一一月謀議」は、紀州・熊野へ出張して拷問まがいの調べでつくりあげた検事・武富濟の聴取書から始まっていることを明らかにした。

再審請求は、清馬と運平についてであったが、デッチ上げの構造そのものは被告全員に共通し、他の被告人についても今村力三郎や平出修の「公判ノート」「特別法廷覚書」、小説などに、同じ弁護人だった鵜沢総明「大逆事件を憶う」を証拠に加え、その冤罪性を論証している。鵜沢の断片的な「記録」は、平出とは違った目線で大審院裁判の不当さを今に伝えていた。

「事件の端緒となつた「明科事件」について、我々弁護人は、唯検察側の記録を示されたに過ぎなかつた。それがどの程度に「有効な爆発物」であつたか、如何にして密造されていたかを、事実によつて詳細に調査する方法が無かつた……「明科事件」の当事者達と彼等(秋水等)との間に、無政府主義者としての同志的なつながりがあつたと言う証拠は、一つもなかつた。まして、「共同謀議」を立証する根拠は勿論なく、「大逆」の具体的な内容も明示されなかつた……(弁護人側は)暴力革命乃至《ないし》共同謀議の証拠も不十分であるから、法律的には無罪であると言う事を終始主張した」

再審請求の弁護人「意見書」の最後の部分は法律論だが、そこで主張されているのはむしろ再審の人権論である。

「原事件は、一審にして終審であり、審理は非公開で、国民にその内容を知らせず、弁護人請求の証人は一人として採用されず、全部これを却下し、判決六日目に死刑判決の半数の十二名の死刑執行をし、その後も三十五年間、闇の中にとざして、国民の批判を恐れてきた異常な事件」と総括している。

再審の目的は、「確定した誤判にたいする司法的救済」であるから、「裁判所は、とくに人権尊重の精神に徹して、司法権の行使に誤りがなかったかどうかを謙虚に再審する態度が要請」されていると指摘した。だから「過誤の結果」による「法的安定性」よりも、個人の生命の尊重と救済を優先し、再審請求の審理でも「疑わしきは罰せず」の原則を適用するよう求めた。

ただ弁護人の「意見書」は、「大逆事件」全体をフレーム・アップとしながら、死刑判決の二四人中、宮下、新村忠雄、管野、古河力作、幸徳の五人を、無罪から除いていた。これには「全員無罪の立論を」という反論が支援者らの中にあった。しかし弁護人らは「予審調書や証拠上、その有罪部分をこわすことは縦から攻めても横から攻めても、困難」で、「心ならずも」外したと説明している(「あきらかにする会ニュース」第一〇号)。

また神崎清からは天皇制への究明が乏しいという批判が出されていた。この意見に対しては、「法律家は空想や飛躍した推定や論理を用いる自由を持たない」と退け、また事件のフレーム・アップと天皇制の関係については、「すべてを平面でしかみない裁判官に理解させることは至難の業であり、弁護人の一人相撲になる」とやや苦しそうに説得している(同)。

検察官の「意見書」は、再審は確定判決の「法的安定性」を覆すだけの真実の発見が基礎であり、それを軽視して人権尊重によって請求者を救済するのは許されないと主張する。これを前提に請求人側提出の全資料を精査したが、「どの一つをとっても」、再審請求の条件となる「証拠の明確性」を備えたものは「断じて見当たらなかった」と述べ、それらの資料は「証拠の通常の証明力」さえも全く備えていないと断定した。そして、弁護人が提出した一〇八点の証拠をばらばらにして、新証拠は価値がないと切り捨てた。学者らの無罪定説については、「限られた残存記録に基づく意見か、原裁判の事実認定の当否を確実に断定しうるような権威でもなければ、権能も持た」ず、「誠にその真意を疑う」と、法律関係者以外は口を出すなといわんばかりの所論であった。

さらに森近が獄中手記「回顧三十年」で、自分の無実と裁判官の断じた死刑とは「矛盾」でも「衝突」でもないという記述に触れ、彼も罪を認めているではないかと、運平の心情／真情を捻《ね》じ曲げた主張までしていた。運平の獄中手記はしかし、冷徹で非情な国家権力を構成する裁判官と、支配される側の個人の求める「真実」は、言葉は同じでも内実が根本的に異なり、裁判官の求める「真実」の虚偽性を鋭く問うていたのだった。

最後に検察官は、再審請求権は刑法第七三条「大逆罪」の廃止に伴い、免訴事由が生じたので消滅している、と法的な逃げも打っていた。

ところで、再審請求で事件を担当した最高検察庁検事の中に平出修の長男の平出禾《ひいず》（最高検察庁公判部長）がいた。もちろん何の問題もないのだが、修の「活躍」を知っている私たちからすれば、何と皮肉なめぐり合わせかと思わずにはいられない。禾も内心ではそう思ったかもしれないが、修の孫の洸《ひろし》によれば、禾は司法官らしく再審請求事件に限らず具体的な事件については一切語らなかったという。

弁護人側は急遽、検察官の「意見書」に反論する「第二意見書」を六五年一月二九日に高裁に提出した。再審請求で求められているのは、「客観的に無罪たることの明らかな証拠」ではなく、「無罪を言渡すべき明らかな証拠」であり、しかも新証拠は旧証拠との関係で有罪の心証を揺るがすに足りるものであれば十分で、それは「全証拠を統一的に把握」すれば明らかであると反論した。国家犯罪の過誤に背を向け、人の命より「法的安定性」を強調・要請する検察側と、完全には不可能ではあっても人権の回復を求める請求人側の攻防だった。最終的に問われていたのは、「大逆事件」の審理開始以来、「司法の独立」を捨て、敗戦まで政治権力に追随、「思想の暗殺」に荷担しつづけた裁判官たちだった。

いごっそう清馬が求めた再審請求の審理は、この日、一月二九日で終了した。六五年中と予想された決定に清馬は期待を込めつつ、夢を語っていた。

「今、私は再審決定の日を静かに待っている。再審になるかならぬかの審理中だから。だが、現在これを担当している裁判長は調書なども実に詳しく読んでおり、事件を客観的に見ようとする態度がはっきりしているので、私は信頼している。もしも私の無実が明らかにされたら、郷里に平和塔を建てたい。平和塔は南国の明るい日光の下に、輝かしく光るだろう。それが近頃の私の夢である」――清馬は八〇歳になっていた。

だが審理の終わった前後から、弁護人らも気づかぬ不可解な出来事が裁判所の中で起きていたのである。

「大逆事件」の再審請求が起こされて以後、研究は目覚ましく進展し、運動も広がり、社会の事件観にも変化の兆しが見えかけた。清馬の審尋の三カ月前の六三年六月六日午前、衆議院法務委員会で神崎清と森長英三郎が参考人として招かれ、「大逆事件」と再審請求についての意見を出席委員に陳べている。国会で「大逆事件」の冤罪性が取り上げられたのは初めてだった。委員会では、まず神崎が事件のフレーム・アップ性とその過程を述べ、犯人とされた宮下らは天皇が神でない事実を示そうとし、忠孝の道徳を否定し、その考えは、戦後に生き、彼らは時代の先覚者だったと熱く語った。森長は法律の実務家として、ただ一人の生存者の坂本清馬は半世紀以上にわたって無実を訴え、再審請求に及び、それを明かす新しい証拠がいくつもあると説明した。森長はまた、出席委員の質問に、「大逆事件」は歴史ではなく、坂本清馬という生きた被害者がおり、生きた冤罪事件であり、無念に死んでいった被害者たちの「無実を訴えた悲痛な叫び声が墓の下から聞こえてくるような気持ち」を背にして再審請求を担当していると答えた。戦中から「大逆事件」とその判決に疑問を抱き、戦後すぐに被害者の「特赦」に力を尽くし、清馬との長いつきあいのあった森長の意見を、国会議員はどう受け止めただろうか。その後の国会では、「大逆事件」が国家犯罪であり、被害者の社会的復権などの決議をすべきだという動きはなかった。

再審請求は、事件の関係地域の社会意識も揺さぶった。

「熱心に調べておられますね。今度、『熊野誌』で大石誠之助の特集号を出すのですが、原稿を書いてもらえませんか」

和歌山・串本町内の中学校教員で、和歌山県文化財保護審議会委員だった杉中浩一郎(一九二二年生まれ)が「大逆事件」を調べるために通っていた新宮市立図書館で、突然、図書館の嘱託・仲原清から声をかけられたのは六一年の初めで、清馬らが再審請求を起こした直後だった。仲原は敗戦前までは東京の出版社で編集者をしていたリベラルな郷土史家だった。後に森長の『禄亭大石誠之助』に協力し、また私が「大逆事件」関係資料の中では最も感動した小冊子『風霜五十余年』のガリ切り(孔版)までした人である。

「六〇年春に、串本の中学校へ転勤してきて間もなくでした。たまたま行った本屋で

『牟婁新報抄録』(関山直太郎編著)というのが目に留まり、ぱらぱらとめくっていたら、大石の「陋劣《ろうれつ》なる文相の訓令」という文章が収録されていました。学生の読む本に上から制限を加えようとする非を衝いた内容でした。明治時代に書かれたものとしてはかなり思い切った主張で、とても新鮮でした。大石が医師で、大逆事件で刑死したことぐらいしか知らなかったのですが、それから事件について興味を持つようになって新宮市立図書館などで調べ始めたところでした。書いてみないかといわれて躊躇しましたが、いっぽうで思い切ってやってみようかという心も動いたんです。結局、引き受けたのですが、大石は研究者も多く、荷が重かったので、まだ調べている人がいなかった成石平四郎の生涯に焦点を絞りました」

杉中は、平四郎の出身地の本宮町(現・田辺市)まで何度か出かけ、当時まだ存命だった成石兄弟の妹の飯田とみや関係者らから聴き取り、四〇〇字詰め原稿用紙六〇枚にまとめた。伝記「成石平四郎の生涯」は、『熊野誌六号――大石誠之助特集』(一九六一年七月発行)の後ろのほうに掲載されたが、分量の関係もあって三分の二近くが未掲載になり、末尾に「以下次号」と記された。だが次号に掲載されず、杉中の原稿は長く埋もれてしまう。

熊野の文化・地域史研究団体の熊野文化会(現・熊野地方史研究会)の雑誌『熊野誌』は五八年三月に創刊されたばかりだったが、すでに不定期で第五号まで発行されていた。

熊野文化会は図書館内に置かれ、館長が同時に会長になるシステムで、それは現在も続いている。当時の館長は、浜畑栄造(五九年一〇月就任)だった。教育委員などを歴任した地元の研究者で、保守派だが、性格は豪放磊落《らいらく》で、簡単には意志を曲げない硬骨漢としても知られていた。当時はまだ「大逆事件」を取り上げる郷土誌はなかった。連座者を出した地域ではタブー意識が強く、公立図書館の関係した郷土誌が刑死した人物の特集を組むのはおそらく初めてだった。郷土誌ではないが、松尾卯一太ら四人が連座した熊本では地域の月刊誌『日本談義』が「大逆事件と肥後人」(宮本謙吾)を五四年一一月号から一三回連載しているのが目を惹く。

新宮ではタブー意識の中でも、密かに大石を敬愛する市民も少なくなく、事件に「恐懼」した社会の中にも国家への疑惑が隠されてあったようだ。「横浜事件」の被害者で、再審を求め続けた新宮出身の木村亨が敗戦直後に結成した「熊野自由人クラブ」を代表して、大石らの名誉回復を市長に求めたのは四六年一月だった。また、六〇年一月二四日(二六、二七日も)には、事件当時に平出修法律事務所で書記をしていた新宮出身の和貝彦太郎を実行委員長に市民有志によって六人を追悼する「幸徳秋水事件五十周年紀南関係者追悼記念会」が催されている。『熊野誌六号』はその翌年の企画である。市民の手による記憶の継承としては最初の取り組みだったが、杉中には「まだまだタブー」の空気の中での企画に思われた。

浜畑は早くから「大逆事件」を権力犯罪だと見抜き、明治の社会主義者で自由主義者でもあった慈父のような医師で、文人だった大石を高く評価し、教育委員のときから「地域の先覚者」として顕彰の必要性を訴え、遺稿などを収集してきた。図書館長になったのを機会に、仲原の協力を得て『熊野誌六号』で大石誠之助特集を組んで、その人物像を市民に伝えることを企画したのである。浜畑が少年のころ、下宿先から大石の葬列をのぞき見たときの衝撃について、私たちは知っている。

特集では、大石の甥の西村伊作、和貝彦太郎、峯尾節堂の実弟の三好五老ら当時を知る人たちの貴重な証言や「大石誠之助関係資料」などが掲載され画期的な内容だった。浜畑は特集号の「序に代えて」で書いている。

「今日只一《（ママ）》人の生存者土佐の坂本清馬氏が、大逆事件の根拠なく、したがって己の無実を最高裁に再審の訴を起しているのを見ても想像がつくように、当時の裁判は如何にでっち上げであったか、多言を待たぬ。さればとて大逆徒大石誠之助の汚名は、永久に消えないであろう。それは半世紀の歳月は、これを覆す証拠を見出すのに困難を感ずるからである。誠に腸を搾る思がするが、よし汚名が雪がれなくとも、せめて只我々郷党の後輩は彼の足跡を調べて、彼の行為が如何に偉大であったかをこれら誤解の徒に知らしめると同時に郷党の子弟にその面影を残しておきたい」

清馬らの再審請求で、浜畑の大石への熱い思いが燃え上がったのである。同時に誇らしさも伝わってくる。明るく開かれた熊野の地が生んだ日本人にしては稀なほどスケールの大きな大石に浜畑は惚れ込んでいたのだ。特集号の発行部数が第五号までを大きく上回り五〇〇部にしたのも浜畑の意気であった。狙いは奏功し、ほぼ完売であった。してやったりの浜畑だったが——間もなく浜畑のもとへこんな声がそれとなく届くようになった。「市民に共産主義や無政府主義を宣伝するのか」「大逆罪で処刑された大逆徒を顕彰するのか」などと。雑誌の表紙に「新宮市立図書館」とあるのがおかしいという指摘もあったが、これは第五号までと同じだった。大石が「大逆罪」で縊《くび》られなければ、優れた医者として文人として、自由主義者として取り上げられても批判は出なかった。こうした批判や疑問は教育委員会にも寄せられたが、委員会は浜畑には直接、特別号については何も言ってこなかった。浜畑も反発を予期して、図書館法で決められた図書館協議会委員一〇人に諮り、了承を取るなど手抜かりはなかった。出版経費も紙は、熊野文化会へ製紙会社から寄付を受け、印刷費は売上金で決済した。特集号への批判は別の形で現れた。

浜畑は第二弾として『熊野誌』で、最もやりたかった大石の遺稿集を企画していた。それが市教委の耳に入ると秋口に、教育長が図書館にやってきて「遺稿集の発行は止めてほしい。これは委員会の意見です。やるなら個人でやってほしい」というのであった。浜畑は、大石を市民に伝えるのは図書館長の責任だと譲らなかった。結局、浜畑が教育委員会で説明する約束を取りつけた。指定の日時に浜畑が委員会の開始前に行くと「委員会はもう終わりました。結論は発行するなということです」と教育長は言い放った。堪忍袋の緒が切れた浜畑は身体中を熱くして、上着を脱ぎ、チョッキを投げて、ワイシャツ姿になって机を叩いて怒鳴った。「解散したとは何事だ、直ぐ開け！　話し合えば解るものをやめろとは何事だ。何がやめるか。やめてほしければ、己の首をきれ！」。大啖呵《たんか》を切ったのである。ここから浜畑と市教委の対立は一気に熱くなった。市教委が恐れたのは、根強いタブーに加えて保守派の市議が議会で問題にして追及するかもしれないという話が聞こえてきたからだった。図書館長の任期は一期二年で二期が慣例だった。だが六一年九月の任期切れで浜畑は再任されなかった。収まらなかった浜畑は、この顚末を地元の『紀南新聞』に六二年一月九日から四回にわたって「市民に訴える」を生々しいタッチで寄稿した。反響は大きかったが、図書館長に返り咲くことはなかった。

杉中は新宮の様子を知って、平四郎の伝記は『熊野誌』の次号には掲載されないだろうと覚悟した。予想通り原稿は戻された。「私はいわば余波を受けたのですが、新宮でも大逆事件が、大石でさえタブーなんだと実感しました」。後に田辺市立図書館長になる杉中は、端正な身のこなしと軟らかな言葉遣いで、五〇年ばかり前の出来事を淡々と思い返す。「大逆事件」の影響の深さと長さは、やはりただならなかった。

「剛毅な浜畑さんはタブーを打破しようとしたのですが、時期尚早だったのかもしれません。でもあの特集の意義は十分あったと思います」。浜畑は、圧力でひるみはせず、それをエネルギーにして地元の出版社から『大石誠之助小伝』を刊行した。「事件」から一一年後の七二年である。

杉中は返された原稿を筐底《きょうてい》に「放り込んでいた」が、平四郎を調べる中で知った遺児で大阪に住んでいた岡意知子に会い(六四年)、思い立って自らガリを切って未掲載部分も含めた完成品を五〇部作成し、遺族や「あきらかにする会」などに送った。その後、杉中は地元の『熊野商工新聞』にも六九年三月から半年にわたって連載している。八一年には私家版の『紀南雑考』の中にも「成石平四郎の生涯」を収録した。けれども『熊野誌六号』で杉中の伝記に接した読者が、続編を目にするのは三九年後だった。二〇〇〇年一二月刊の『熊野誌四十六号』が「大逆事件特集号」と銘打って同誌六号収録の全作品を収録したのである。一〇〇〇部刊行されたが完売し、どこからも批判が出なかった。新宮の「大逆事件観」は大きく変わっていた。浜畑も仲原もすでに亡かったが、国家の判断やその決定を批判的に見つめ続けた勁草《けいそう》のような新宮市民の力が復刊させたのである。

『熊野誌六号』の現物は稀少で、新宮市立図書館にも金庫に納められている一冊だけである。

13 疑　惑

清馬の葬儀写真．提供：四万十市立図書館

清馬の期待は、あっけなく砕かれた。

心臓病で中村市内の県立西南病院に入院していた清馬のもとに東京高裁の再審請求棄却の決定が届いたのは、一九六五年一二月一〇日の午前中だった（一九六五年一二月一日付）。清馬は、担当した裁判長・長谷川成二は誠実で、審問のときもよく耳を傾け、応答してくれたと思い、再審への手応えは十分だと感じていた。何より五〇年変わらず無実だと訴えてきたのだから。これほどの「行動証拠」はない。それが通じないはずはない――と。

「実に不快だ」。取材に来た新聞記者らに八〇歳の清馬は「不快」という言葉を使って苛立ちを露にした。続けて裁判批判を一頻《ひとしき》りした後、「私は革命家だからこれしきのことでへこたれはしない」と清馬らしく締めくくった。

「兄は無実です。裁判所を怨みはしませんが、残念です」。六八歳になる森近栄子は、棄却決定に口惜しさを滲ませた。「裁判所を怨まない」という言葉は、兄を奪った残虐な大審院判決を追認した裁判官への耐えがたい憤りを懸命に抑えているようでもあった。

「母は家では、再審の問題はほとんど話しませんでしたが、運平さんの無実を信じていましたから辛かったでしょうね……」。四男の細井好は遠い日の母を思って目を潤ませた。

清馬について決定理由はいう。

「坂本は検事調書、公判供述を通じ一貫して大逆の犯意を否定しているが、明治四一（一九〇八）年十一月「平民社」で幸徳から逆謀を告げられて同意し、決死の士を集めることを同意したという事実は、幸徳らの予審調書などを総合してこれを認めることができる。また坂本は受刑中も無罪を主張していたが、判決後の行動においては同人の無罪を推認させる有力な証拠は見られない」（要旨）。大審院判決の筋書きとほとんど同じだった。

請求棄却を決定した長谷川ら五人の高裁判事は、六三年九月一三、一四日に行なわれた審問の際の清馬本人の事実に即した誠実な語りを聞いていた。後日の速記録も読んでいる。提出された証拠の中にある秋田監獄・刑務所時代に司法相・尾崎行雄への無罪を訴える「上書」や石川三四郎への再審請求の依頼書簡なども読んでいるはずだ。だがこれらは無視された。決定文にはくり返し「予審調書によれば」という文言が出てくるが、これは原審判決のスタイルとまったく同じだった。検事聴取書や予審調書が疑わしいと指摘されてきた「大逆事件構造」を検証しようという意思はなく、その姿勢すら見られなかった。二六人の誰もが言わなかった「決死の士」という造語を、検事や予審判事が使ったとおりそのまま引用しているところは、高裁決定を象徴している。

運平についてはどうか。

最大のポイントになった「一一月謀議」について予審調書を長々と引用し、「森近が大石とともに、幸徳との間のいわゆる一一月謀議に参加したものであることが認められる」（決定本文）と、ここでも大審院判決をなぞっていた。運平は処刑されたために、清馬のように本人が語ることができない。高裁はさすがに説得力を欠くと考えたのか、運平の思想に言及してこう断じている。

「森近は明治四〇（一九〇七）年秋以降幸徳の唱える無政府共産主義を信奉し、同主義の目的を達するためには、議会政策を全面的に排斥するわけではないが、結局は直接行動（総同盟罷工を含む）によらなければならず、遂には暴力革命となるべきことを是認していたことが認められ、従って、森近が幸徳らの大逆の謀議に同意し得ないとはいえず……」

無政府主義が「大逆」に向かうという検事や大審院判事らの「予断と推測」がくり返され、しかもここでは運平が、何の証拠も示されずに無政府主義者にされていた。寒村の証言は、捻じ曲げられ、「森近の思想の一面」と、根拠なく切り捨てられてしまった。

運平の帰郷や生活についても、予審調書が下敷きになっていた。「宮下（太吉）が大逆を行うことは森近が帰郷前に当然予想していたことと考えられ、森近が帰郷した事実は同人が大逆事件に関係していないことを裏書するものであるとはいえない」(決定要旨)。栄子の証言にもあった「行動証拠」も無視された。あまりに粗雑で大審院判決の「戦後版」のようだった。寒村が心配したとおりの三段論法であった。

結局、高裁決定は弁護人から提出された一〇八点の証拠に基づいて全体的に捉えた事件のデッチ上げや二人の無罪主張について、「無罪を言い渡すべき明確なる証拠をあらたに発見した場合にあたるとはいえず、坂本清馬、森近運平が無罪であったとは認められない」と断定した。一九一一年一月一八日に大審院の出した判決は、今もなお生きてあるというのだった。事件から五〇年以上の時間が経ち、当事者はもちろん関係者もほとんど存命しておらず、残さなければならなかった法廷の記録さえ当局が消失している中で、弁護人が懸命になって集めた膨大な証拠は、一つひとつは無実を証《あか》す決定力には力不足だったかもしれないが、全体を統一して捉えれば、事件のフレーム・アップ性や原審判決の誤りを証すには不十分だったとは言えない。清馬本人の長大な語りや殺されていった兄の無実を淡々と、しかし粘り強く訴えた妹・栄子の言葉、また寒村らの証言から事実を読み取り、くみ上げる意思があれば、「確定した誤判にたいする司法的救済」が目的の再審請求に、「天皇の裁判官」でなくなったはずの戦後の裁判官は応答できただろう。戦後司法は、結局、命ではなく検察官の主張した「法的安定性」を採った。「法的安定性」とは、つまり明治国家の過誤を過誤とせず、それを守ることだった。

「大逆事件」の裁判記録の中で保存しておかねばならない最も重要な公判始末書の行方不明については、何度か触れてきたが、再審請求でも当然問題になった。棄却決定では「公判記録は現在のところ原本はもとより写も見当らない。終戦前後の混雑に取り紛れたものと推察されるが、確認できない」と言うのみで、探す努力もなく、最高裁判所に対する責任追及も放棄してしまった。治安維持法のデッチ上げ事件の「横浜事件」でも多くの被告の判決謄本など裁判記録が見つからず、横浜地裁は一九八八年三月の第一次再審請求の棄却決定理由の中で焼却処分されたと認めざるを得なかった。

清馬らの再審請求が棄却決定される前に、奇妙な出来事がいくつかあった。

棄却決定の七カ月前の六五年五月八日の午前中である。憲法週間に合わせて四国各地を視察に回っていた最高裁裁判官の横田正俊が高知地裁を訪ねて、記者会見に応じた。横田は裁判の迅速化などそのころ問題になっていた案件に触れた後、清馬らの再審請求事件について言及した。その発言を『高知新聞』の五月八日付夕刊が小さく伝えた。

「(決定は)ことし中には出されるだろう。古い事件なので資料もじゅうぶんではなく、審議に当たっては特に五人の裁判官による合議制で慎重に進めている」

記者の問いに答えた発言かどうかは分からないが、最高裁の裁判官が東京高裁にかかっていた個別の事件に言及したのは異例だった。決定時期の見通し、審理の中身に踏み込んだ資料の不十分さを指摘し、審理の姿勢に触れた発言は、裁判官の独立に踏み込む際どい内容である。横田は翌六六年八月、第四代最高裁長官に就任し、「大逆事件」の再審請求事件と正面から向き合うことになる。

「横田発言」の四カ月前にさらに不可解な出来事が裁判所の人事をめぐって起きていた。

一月二九日金曜日午前一〇時から正午過ぎまであった最後の意見陳述の直後だった。森長ら五人の弁護人がすべてを終え、ほっとして高裁の廊下に出たところ、待っていた司法記者らから思わぬ情報を伝えられたのである。

「長谷川裁判長が明日三〇日付で浦和地・家裁所長へ転任するそうですよ」

驚いた弁護団は記者会見を済ませると、すぐに森長と斉藤一好の二人が長谷川の部屋へ急ぎ、記者情報を確認した。ふつう審理が終われば、裁判官の合議(評議)があり、それから決定文が書かれるのが訴訟手続きであるから、三〇日付で裁判長が転任するなら、後任裁判長は改めて大量の記録を読むことから始めねばならない。そうなれば、決定は遅くなる。それにしてもずいぶん急な話だ。しかも二九日の午前中の審理には合議判事の上野敏が欠席していたから、合議はどう考えても二九日の午後しかできない。どうするのだろう。森長らが急《せ》き込むように確かめると、長谷川は転任の事実を認めて事情を説明した。

「実は、後任の裁判長に任せようと思ったのですが、これだけの膨大な記録は読むだけでも大変で、結論を出すのがさらに遅くなってしまいます。それに請求人の坂本さんもご病気なので、私がやることにしました」

「それでは、これだけの大事件の合議を今日、あと半日でするのですか」

「いえ、これまでも何回も合議してきました。今日の分は、今日これから合議します」

翌日の主な新聞は、審理の終結を報じる記事の中で裁判長の転任に触れ、たとえば『日本経済新聞』は「合議は二九日に行ったが、決定はかなり延びそう」と合議のなされた「事実」を伝えていた。森長ら弁護人は、壁厚き再審の開始に向けてやれることはすべてやったという満足感を持っていたが、最後のところで不信が芽生えた。「大逆事件」の原審判決が事前に宮内次官・河村金五郎や平沼騏一郎らに漏洩《ろうえい》されていた疑い――これは再審請求の理由の中にある大審院に加えられた政治的圧力が存在したという請求人側の根拠の一つになっていた――などと合わせると、この事件には半世紀後にも不可解な影がつきまとう。この暗影の輪郭がはっきりしてくるのは、清馬らが高裁の棄却決定を不服として最高裁へ特別抗告する少し前ごろからだった。

六五年一二月一四日、清馬と栄子は請求を棄却した高裁決定に憲法違反があるという理由で最高裁に特別抗告した。「大逆事件」の再審請求は旧刑事訴訟法による事件であるため、上告は高裁決定が憲法に違反している場合に限られていた。特別抗告の理由は、薄弱な証拠や請求人の思想・良心を根拠に処罰した大審院判決を支持した高裁決定について、憲法前文、第一三条、第一九条に違反し、また請求人らは公平な裁判所での裁判を受ける権利を奪われ、憲法第三七条第一項に反しているなど五つを根拠にしていた。この中で、一月二九日に合議がなされていないことを指摘していた。それは、弁護人の調査によって浮かび上がったのである。たしかに合議されずに決定されていたならば、決定は無効になり、最高裁で破棄差し戻しの可能性が出てくる。

森長に従うと、大審院判決の再審請求事件は、五人の判事が同時に、同一の場所で合議して決定を出す。合議は一人が欠けても、また委任状でも成立せず、持ち回りや電話も認められないとされていた。当初、森長らは裁判長・長谷川の「合議は、今日(二九日)これからする」という説明を信じていた。長谷川の転任辞令は一月三〇日付で、合議は午前中の審理に不在だった判事・上野が出てくるだろう二九日の午後しかできないからだった。

ところが弁護団が調べたところ、上野は二九日金曜日から三〇日土曜日にかけて長野に出張していて不在だったのである。午後二時から三時二〇分まで長野県小諸市の国立小諸療養所で出張尋問し、その夜は戸倉・上山田温泉に宿泊、翌三〇日の午前中と午後には長野地裁で証人調べをしていた。上野が旅館前で撮った写真まで弁護団は入手したのだった。上野は少なくとも二九日正午から三〇日にかけて長野県におり、長谷川が「する」と言った二九日午後の合議には長野から駆けつけることはどうあっても不可能だった。長谷川は上野の出張を知らずに、午後に合議をすると森長らに言ったのか、それとも不在を承知した上での発言だったのか。さらにその後の調べで、二九日には合議が行なわれていなかった事実が判明した。明らかに憲法第三七条第一項の「公平な裁判所」(構成などで偏頗《へんぱ》のおそれのない裁判所)に違反して清馬らの再審請求が棄却されたことになる。何とも不可解である。五〇年ほど前の経緯を調べていて私は、この国の司法の闇に暗然とした。だが闇は予想以上に深く、迷路のようだった。

くり返しになるが、一審で終審の「大逆事件」の裁判は当時の国民に目隠しの状態で行なわれ、一人の証人も採用せず、わずか三週間ほどの審理で、二四人に死刑の判決を出した。海外からの批判が寄せられる中で、判決からわずか六日後に運平を含む一一人、七日後に一人の大量一二人を一挙に死刑にした。後の一二人のうち五人が獄死し、七人が一四年から二四年に及ぶ獄中生活を強いられた。「大逆事件」は、見方を変えれば「大逆罪裁判事件」であった。日本の近代史上ただ一つのこの残虐非道な裁判の再審の是非を決定するのに、たとえ長谷川がいうようにそれまで何度か合議をしてきたとしても、弁護人と検事の重要な補足の意見陳述のあった当日の午後の一回で結論を出すというやり方は、大審院の乱暴さと変わらない。しかも実際の棄却決定の日付は一〇カ月も後の一二月一日で、請求人に知らされたのは一〇日であった。

特別抗告の最大の問題はこうして合議の有無に絞られた。再審請求の棄却決定に疑惑が生じたために清馬と栄子は六六年六月二日、弁護士九一人とともに決定に関与した裁判長で、浦和地・家裁所長へ「栄転」した長谷川を衆議院の裁判官訴追委員会に訴追請求した。この影響もあったのか、最高裁は九月二〇日、第三小法廷に係属していた特別抗告事件を大法廷へ回付した。最高裁長官は横田正俊になっていた。

大法廷はそれから約一〇カ月後の六七年七月五日、「大逆事件」再審請求の特別抗告を棄却すると決定した。一人の反対意見もない全員一致の棄却だった。どんな理由づけで最高裁は疑惑の合議の有無に決着をつけたのか。

最高裁は通常、事実調べは行なわず、法律的な判断に限るとされているが、弁護人は抗告棄却決定書に「当裁判所の事実取調の結果」という記述に接し、最高裁が異例にも事実調べをしたことを知った。森長によると、事実調べは、期日を当事者の弁護人に伝え、立会いを求め、証拠を示し、意見を聞くなどの手続きがなされるが、最高裁はそうした手続きをしなかった。

抗告棄却決定書に最高裁の行なった「事実取調」の内容が記されている。そこから疑惑がさらに深まった。「事実取調」は、長谷川の転任辞令期日などを記した最高裁人事局長からの回答文書が一通、高裁の事務局長からの長谷川への辞令交付期日や転任に伴う東京高裁判事の職務代行の有無を記した文書一通、長谷川から最高裁大法廷宛て「上申書」、そして長谷川の転任当時、東京高裁長官をしていた下村三郎《かずお》(特別抗告時に最高裁判事となり、そのために事件を回避)の大法廷宛ての「上申書」の四点の文書によってなされていた。重要だったのは、下村と長谷川の二人の「上申書」である。私は下村と長谷川の文書などを法政大学ボアソナード記念現代法研究所の「森長文庫」で読んだ。ここでは「下村文書」と「長谷川文書」とする。

「下村文書」によると、実は長谷川の浦和地・家裁所長への転任は審理が終結する二カ月前の六四年一一月下旬に内定していた。浦和地・家裁所長が六四年一一月二日付で定年退職し、最高裁人事局から下村を通じ長谷川に後任話がもたらされたのは一一月二〇日である。長谷川にとって嬉しい「栄転話」だったが、「大逆事件」再審請求事件などいくつかの大きな事件を抱えていたため、異動発令日を延期してくれればという条件で承諾した。下村は、最高裁人事局と長谷川と何度か協議し、一一月二五日に「異動発令日は六五年一月三〇日」とし、「高裁判事の職務代行は発令しない」という条件で異動が内定した。この時期に二カ月後の異動を了承した意味は、深長である。「再審事件について、開始決定をした場合、その裁判長が開始後の手続きを担当して最後まで見届けるという常識」がある、と森長は指摘しており(「大逆事件特別抗告棄却まで」)、長谷川の異動内定の六四年一一月下旬の段階では、まだ弁護人側の意見書も検察官のそれさえも出ていなかった。そうすると異動までのわずか二カ月で、再審開始後の手続きを担当して最後まで見届けることは不可能である。だから、長谷川は、異動内定の時点ですでに請求棄却を「予断」していたと、森長は推測する。「大逆事件」では捜査段階でも裁判においても社会主義・無政府主義への「予断」が大きな要素として働いたが、半世紀以上を経た再審請求でも別の「予断」が働いたのか。

異動内定のもうひとつの条件である高裁判事の職務代行は置かないというのも重大だった。「下村文書」によると下村は、事件の処理は予定どおりにいかない場合があるから、万一の場合に備えて高裁判事の職務代行発令の承認を最高裁に申し出た。ところが最高裁は、所長判事に代行を命じる前例はなく、適当ではないと退けたのである。下村は、年が明けた一月一八日に異動確認のために来室した長谷川に、最高裁から裁判官会議の議も経ており、予定どおり一月三〇日付で転任辞令が発令されると伝えた。

「長谷川文書」にはどう記されていたか。六五年一月三〇日正午ごろ、東京高裁人事局長の小林信次から長谷川に「辞令が出たそうです。とりあえずお知らせいたします」と電話があった。「下村文書」は、事務局長が電話で通知をするのが通例になっているとあるが、長谷川は「正式の通知であるとは思わなかった」と記している。理由は、上野の不在と事件処理をしなければならないことを小林は承知していたはずで、親しくしていた関係で、異動について「親切心から速報して下さった」と考えたからなどと記している。つまり内報であって、正式な転任通知とは受け止めなかったというのである。

それでは判事・上野を含めた合議はあったのか、なかったのか。「長谷川文書」には、「(上野)判事は一月二九、三〇日の両日にわたり他の事件の証拠調のため長野に出張することになっており、その期日の変更が許されない事情にあった」とある。とすれば、長谷川は二九日の上野の出張不在を知っており、午後に合議が持てないのは事前に分かっていた。森長ら弁護人にその日の午後に合議すると伝えたのは、故意の虚言だった。新聞記者らもそれを知らずに、合議があったと伝えた。

二九日になされたという合議はなかったのである。ではいつ、合議をしたのだろう。ここで、最高裁が長谷川の職務代行を退けた事実が重要になる。三〇日付で浦和に転任した長谷川にはたしかに東京高裁の判事代行の辞令は出ていない。「長谷川文書」は、上野の出張不在に続けてこう記す。

「二月一日上野判事登庁の際最終の合議を行うことにしていたのであって、事実右予定のとおり……事実の取調、合議、決定が行われた次第である」「二月一日午前中全構成員をもって合議を終了したことは前叙のとおりであって、ここに小官の責任も一応終ったので、同日昼過頃、高裁長官室に赴き、大逆事件終結の挨拶を述べた」

合議に参加できないはずの判事が加わって二月一日月曜日の合議が行なわれたと記されている。だが実際にこの日に合議をした「事実」を論証するものは、「長谷川文書」

のほかには何もない。上野をはじめ他の四人の合議構成判事の「上申書」も出されていない。長谷川本人への審問もない。これでは長谷川のいう二月一日の合議を信じるのは無理がある。

仮に二月一日に合議があったとしても、東京高裁判事代行の辞令のない浦和地・家裁所長の長谷川がどういう資格で、東京高裁の事件の合議に参加できるのか。ここで再び目を「下村文書」に転ずると、下村は長谷川の二月一日の来室を転任辞令の挨拶だと理解していた、とある。当然だろう。だから下村は、「事件も三〇日までに処理されたものと考えていた」と記している。いくつもの入り組んだ不可解なナゾに最高裁はどう答えたか。特別抗告棄却決定の「理由」はいう。

「当裁判所の事実取調の結果によると、昭和四〇(一九六五)年二月一日に、同判事を含む五人の裁判官により、本件について評議をしたことが認められるから、所論は根拠を欠く」。これ以上はない。証拠は「長谷川文書」のみである。身分なき合議関与については、一月三〇日の転任通知を正式のものでないと受け止めたためで「他意はなく」と長谷川を擁護し、「いつでも東京高等裁判所の判事の職務の代行を命ぜられる資格」があり、「たまたま形式上職務代行の発令がなくても」問題はないと結論づけたのである。最高裁が職務代行を拒んだ下村への説明とは異なっていた。最高裁決定こそ「根拠を欠く」のではないか。

客観的にも正式の辞令の知らせを「内報」と受け止めて、まだ東京高裁判事の身分だと主観的に思い込めば、関与できないはずの合議にも参加できるというわけである。弁護人の一人、斉藤一好がこんな論理が通るなら、「主観的に裁判官と思えば、誰でもどこの裁判所ででも裁判ができるということになってしまう」と、憤怒を込めて「あきらかにする会ニュース」第一五号で指摘しているとおりだろう。

この経過からすれば、高裁の棄却決定に至る経過はすこぶる奇怪で、ナゾが多く、あまりに不自然である。結局、合議は架空、もしくは上野抜きで行なった可能性も否定できない。最高裁は長谷川の失態を知りつつ、彼を守ったのではないか。そんな疑いがどうしても消えない。それは一人の判事を守っただけでなく、その背後にある大審院判決を戦後司法として全員で守ったに等しい。だがどんなに不可解な、不明朗な判断であっても、最高裁の決定である以上、理不尽だが不服申立てをする手立てはない。衆院の訴追委員会も六七年一二月二〇日、最高裁の抗告棄却を追認し「訴追せず」の結論を出した。

長谷川には再審請求事件について「回想記」があった。浦和高校の第一期卒業生の思い出の記を集めた『櫟林《くぬぎばやし》の仲間たち　七十年の思い出』に収められている「刑事裁判官の覚え書」という。その中で「大逆事件の再審」についてかなり長く触れているが、末尾で長谷川は、何事もなかったようにさらりとこう書いている。

「請求棄却の合議を終ると共に、昭和四〇年一月三〇日、私は浦和地、家裁所長として転出したので、その決定書の作成には関与せず、決定書は私の転出後同年一二月一日作成送達された次第である」

権力の介入という「司法の危機」が表面化するのは、札幌地裁の所長が長沼ナイキ基地訴訟の担当裁判官の福島重雄裁判長に出した六九年の介入書簡「平賀書簡問題」以後である。だが司法の危機は、それ以前から身の内にあった。「大逆事件」再審請求の経緯は、そう語っている。再審請求の道が断ち切られた六七年、ベトナム反戦と大学闘争が昂揚していく中で、国家の側はかつての「紀元節」の二月一一日を「建国記念の日」に定め、靖国神社を国家神道時代と同じように国家で護持しようとし、時代と社会は軋《きし》んでいく。

最高裁の強引な幕引きの影響は大きかった。清馬や栄子のように請求人にはなれず、表立って名乗れなくても、再審請求の成り行きを凝視し、期待していた遺族はいた。「特別抗告が、却下されたことを知って、呆然といたしました……惟《おも》うに再審に持込めば裁判所の威信に拘わる、或は畏《かしこ》くも天皇に関することであるからとの恐れからではなかろうか、之は愚生のみの思い過ごしでしょうか」。秋田監獄・刑務所で清馬と一緒だった﨑久保誓一の女婿の睦男が「あきらかにする会」へ寄せた感想だった。

クリスチャンになっていた大石の妻ゑいが、戦後五年ぐらいして富士見町教会の牧師に、再審請求には参加しないという趣旨の手紙を出していた。それを森長の『禄亭大石誠之助』に教えられた。ゑいはこう認めていた。

「(前略)そりゃ何とかして汚名を雪いでほしい、一生のお祈りですが、こちらから騒ぎ出すことはないと思われます。自然に世の人が真実を知るようになって参るのではないでしょうか。今頃になって騒々しく人の口端《くちのは》にのせられるのを好みません。政府の蒔《ま》いた種は政府自ら刈りとらなくてはなりますまい(後略)」

遺族の気持ちは複雑だが、それでも「無実の罪」を雪ぎたいという思いは同じであった。しかし政府は刈りとらなかった。

中村では、清馬の気持ちとは別に運動は潮が引いていくように静かになり、秋水へと戻っていくのが精いっぱいだった。法の場で無罪を獲得するための新規明白な証拠を発見するのは、絶望に近いほど難しかった。状況は運平の郷里でも同じで、専門研究はともかく、国家権力によって殺されていった運平を捉え直し、評価していこうという運動や市民意識は、芽の出たところで摘まれてしまったかのように再び凍土の下へと埋め戻されていく。秋水のような「役者」のいない地域では、「大逆事件」の有罪判決は、社会の中で揺れながらもよりしぶとく生き続ける。再審請求棄却の影響はそれほど大きかった。清馬はしかし、へこたれない。

長谷川を衆院に訴追請求したとき、清馬は闘う意欲を漲らせていた。最高裁への特別抗告が棄却された後も、天皇に直訴したいなどと生涯不変の天皇観を口にし、もう一度再審請求をするからと資料集めに奔走し、会う人ごとに「頼みますよ」と強く握手を求めた。清馬には諦めも、敗北も別世界の言葉だった。裁判で、断固として無実を認めさせたかった。ただ地元の中村では、さまざまな場面で自説を絶対に譲らない清馬と付き合うのは「骨が折れた」と、北澤保は今も申し訳なさそうにいう。距離を置かれ、あるいは疎まれた。強烈な個性に加えて、二五年近く壁に囲まれた中での生が、他者と折り合いをつける処世術を身につけさせなかった面もあったろう。だから養女のミチエの存在は大きかった。ほかには、いつも傍らにいて相談に乗ったのは市会議員の尾崎栄だけだった。清馬は意に介さないようだったが、本心は寂しかったのではないか。しかし再審請求を市外から支援してきた人たちは、日常生活をともにしていないためもあってか交わりを続けた。成石平四郎の孫の岡功が初めて中村を訪ねて清馬の歓待を受けたのは、二一歳のとき、六四年夏だった。以来、岡は「私の大逆事件の師は清馬さんです」と言い続けた。

七四年一二月五日朝、清馬はいつものように犬を連れて散歩に出かけようとしたとき、その鎖が身体にからみつき自宅二階の階段を踏み外して転倒、背中を強打して脊髄を痛め西南病院に入院した。ミチエが付きっきりで看病し、年が明けた七五年には元気になり、もう一度再審請求をすると、気力を取り戻した。しかし老いは進み、体力の衰えも著しく、一月一五日朝の食事中に痰を喉に詰まらせて、気道閉塞で亡くなった。ミチエと尾崎が最期を看取った。八九歳だった。法的手段での回復の手立てが失われたとき、清馬は己を鼓舞するように言った。「オレは、今の倍を生きてがんばるぞぅ」。

清馬の再審請求を最初から一研究者として協力し、森長から「大逆事件の真実をあきらかにする会」の事務局長を引き継いだ東京経済大学教員の大原慧は、清馬の追悼の集いでこう語っている。「とにかく一歩たりとも譲らない。森長さんがやさしく言ってほしいと言っても、いやダメだ、私はこう思うといって譲らない。言い始めたら最後まで聞かずに弁護人を泣かせる。それは、清馬さんが自身を無実だと信じているからこそなんですね。それでも、七二年ごろには体力もめっきり衰えて、決して弱みを見せなかったのに、私の手を固く握り締めながら、とにかく大原さん、どんなことがあっても私は再審請求をもう一回したい。あなたは、事務局長なんだからあらゆる困難を超えてぜひもう一回やってほしい、これは私のお願いですと、涙をぽろぽろ流してね……」（要旨。講演テープは塚木研究家の伊藤和則提供）。

清馬の墓は、秋水と同じ正福寺の墓所にあり、師岡千代子の右隣り、一番奥の塀際に一九七七年一月一五日、「大逆事件の真実をあきらかにする会」「中村地区労働組合協議会」「坂本清馬を追悼する会」の三者によって建立された。仮出獄後、清馬の面倒を見、再審の願いを文字どおり三〇年以上、支え続けた養女ミチエ（当時五九歳）は、それから二一年後の九六年五月一六日に同じ病院で亡くなる。二人の位牌は、ミチエの故郷の愛媛県愛南町の常宝寺に安置されてある。

清馬に手こずりながらも、清貧の中で法的問題と事件研究に多大な足跡を残した森長は八三年六月に他界し、後を継いだ大原も留学先のイギリス・シェフィールドで八五年二月一七日急死してしまった。「冤罪で有罪とされ、それで二五年ですから、この恨みを晴らすにはやはり裁判で無罪を勝ち取らなければ、名誉は回復されないと思ったでしょう。私は十数回、清馬さんに整理のつかない書斎で会っていますが、いつもこの恨みを晴らしてくれと、ぎゅっと手を握って放さないんですね。これは逃げられないなあという感じになりましたね。でも清馬さんが再審請求をしたことは、次に繋いでいく、次にあらしめるという意味でとても大きかったと思います。ただ森長さんは、清馬さんが亡くなった後は、再審請求は請求人となる人に大変な負担を強いるから、これからは市民的な復権をやっていったらどうかという考えになっていましたね」。大原の後を継いで事務局長をしている山泉進の言葉を聴きながら、森長のスケールを思った。「大逆事件」の被害者のことをこんなふうに考え続けた森長だからこそ清馬ととことん付き合えたのだ、と。一五〇歳、いや一三〇歳もかなわなかったが、また「もう一度……」の再審請求はならなかったが、清馬の執念は形を変えて、大きく継承されていく。

エピローグ　希望

2010年4月29日に開催された運平墓前祭

〈時〉は残酷である。どれほど酷い出来事や事件でも、忘却へと追い込んでいく。被害者の憤怒、涙、恨みを押し流し、飲み込み、押しつぶす。〈時〉とともに生きている私たちは意識せずして〈時〉の「共犯者」になりがちである。そんな「共犯者」をはっとさせるような邂逅《かいこう》がままある。

緑色の枠で囲われた二通の「電報送達紙」を見たとき、私は息を呑み、身体がぎゅっと硬くなるのを覚え、一〇〇年という時が一気に翔けて、突然に最愛の人を奪われ、心の居場所さえ喪った妻と子どもがまなうらに浮かんだ。

「ココマデ　オイデ　ネガウ」——古さを感じさせない電報用紙の一通にこうある。発信人は堺利彦、受取人は弓削方森近繁子。もう一通は「アスアサオイデ　ネガウ」。これも堺が発信人で、繁子が受取人である。発信地は二通とも岡山・笠岡の「イワイ」旅館となっている。そう、この二通の電報は縊り残された堺が岩崎革也の資金援助を受けて一九一一年の花の舞うような三月末から刑死者の遺家族慰問の旅に出て、森近運平の妻・繁子に会うために四月七日と八日に笠岡の旅館から打った電報だった。堺の慰問についてはすでに触れているが、その模様は尾行警察官の報告と堺が後に書いた紀行文

「暮春の古服」によるしかなかった。それを具体的に裏付ける堺の電報の現物が長い沈黙を破って飛び出してきたのである。

二本の電報を受け取った繁子は、実家の三和村佐《さ》方《がた》(当時)からそれをぎゅっと握り締めて、朝方に堺の待つ笠岡の旅館まで急《せ》く心を抑えながら駆けつけたにちがいない。意

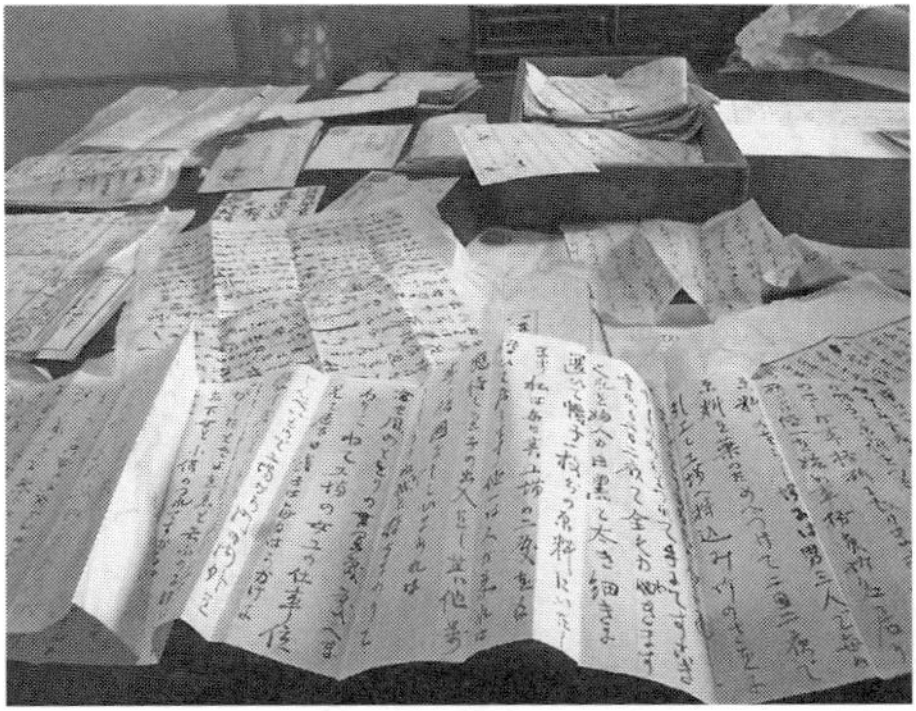

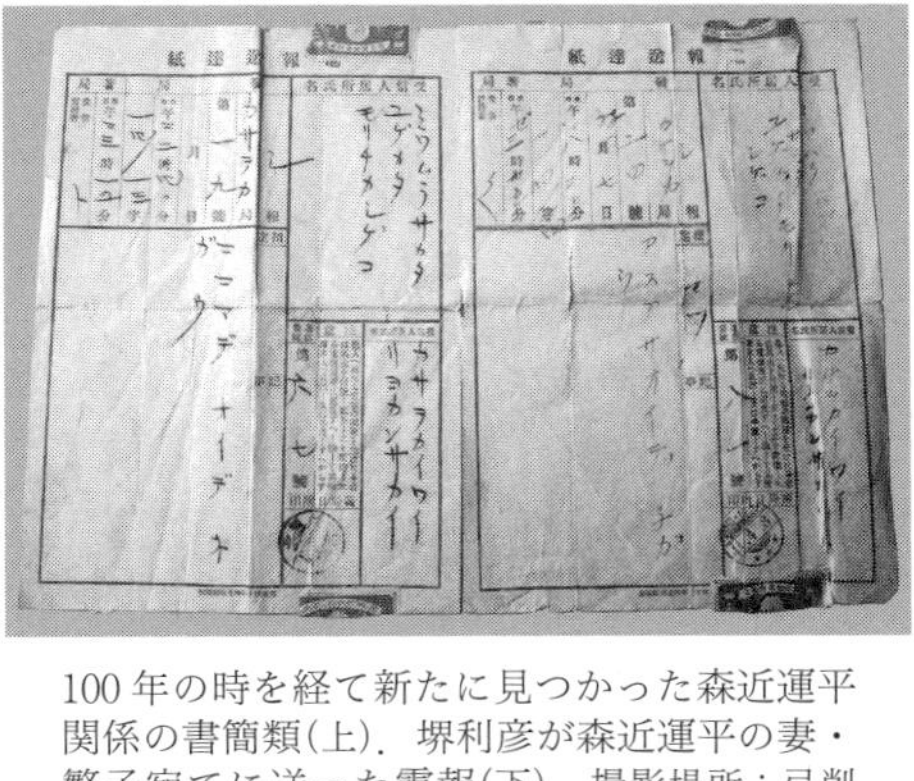

100年の時を経て新たに見つかった森近運平関係の書簡類(上).堺利彦が森近運平の妻・繁子宛てに送った電報(下).撮影場所:弓削宏之氏宅

外に厚手の電報用紙に残っているわずかなシワは、繁子の掌の跡だったのではないか——二通ともわずか一〇字の簡潔な電文だが読んでいるうちにカタカナが滲んで見えた。

「繁さんの実家から、運平さんの関係の資料が出てきたのですが、見に行きませんか」。高知県立文学館の元学芸課長で、長年にわたって森近運平を研究している別役《べっちゃく》佳代からそんな連絡を受けて、「森近運平を語る会」代表で岡山大学名誉教授の坂本忠次、金沢星陵大学名誉教授の森山誠一と一緒に浅口市金光町佐方の弓削繁子の生家を訪ねたのは、二〇〇九年六月二一日の昼下がりだった。

「バイパスの建設で、移転することになって母屋の二階を整理していましたら、運平さんの関係の手紙などの入った紙箱があったんです。私はあまり関心もなく、さっぱり分かりません。繁子さんにも会ったことがありませんし……」。繁子の兄・新《あらた》の孫に当たる弓削宏之(一九三四年生まれ)はそう言いながら、私たちの前で箱の蓋を開けてくれた。そこから出てきたのは、運平が獄中で書いた検印のある手紙、岡山県庁時代の手紙、結婚した当時の手紙、大阪平民社時代の手紙、東京でミルクホールをやっていたころの手紙、同志からの手紙、義兄・新への手紙などが未整理のまま いくつかの束に分けられて次から次に現れてきた。生まれたばかりの一子、菊代の産毛を送った手紙まである。二〇代半ばで父の「遺言」も知らずに夭逝した菊代を思うと熱いものがこみ上げてくる。先の二通の電報はこの膨大な書簡の中に混じっていたのである。

菊代に宛てた堺の娘・真柄《まがら》からの絵はがきは同い年だった二人の社会主義者の子どもの心の通い路のようなものもうかがえる。堺の妻・為子が運平の処刑後に繁子に宛てた見舞い状や秋水の妻だった師岡千代子からのはがきや慰めの手紙もあった。

「ただいま御はがき嬉しく拝見。実に今度の事はなんともアナタには申上様がございません　さぞ残念でご座いましょう。ご心中を万々御さっし申上げます。しかし御良人様はナニも慾《よく》でなすった事ではなし全くのご迷惑な事ですが、ご立派な事ですからキット誰れかが復讐をして下さる事と信じて居ります……」。千代子が、運平の処刑直後の一月二六日に出した見舞い状である。礼状のスタイルになっているから繁子がはがきを出していたのだろう。千代子の「復讐」という言葉は、秋水の元の妻としての思いと運平の妻のそれを重ね合わせて書いているように読めて、印象的である。この手紙は、かなり長いが末尾に二伸として「私は犬と記者とで煩《うる》さいこと」と書き留めている。「犬」とは、むろん警察で、彼女は別のはがきでも同じように「犬がうるさい」と書いている。

運平の思想と行動、家族の関係なども含めて彼の無実をいっそう確かにする意味でも貴重な書簡類は、八〇〇点を超える。「たぶん親父の元雄が、祖父の新から言われて保存していたのかもしれませんが、私は何も聞いていませんでした。母に聞けば分かるかもしれませんが、もう一〇三歳ですので、無理かと思います。私は関心がないので……」。宏之は申し訳なさそうに言ったが、事件当時から暫く続いた弾圧の嵐や、繁子までが「要視察人」のリストに加えられた(一九一一年六月)などの事情を考えると、よくぞ残されていたと思わずにはいられない。繁子は、生木を裂かれるような思いで、菊代を運平の親に託して実家に帰り、法的には離婚までしたが、大量の運平直筆の書簡などを持って出たのは、義父らの計らいだったのだろうか。繁子は運平の直筆を含んだ膨大な書簡類を亡くなるまで大事に傍らに置いていたにちがいないし、彼女の愛と怒りと悲しみが、一〇〇年という沈黙の時をくぐって現在の私たちとの出逅《であ》いをもたらしたのだろう。

この書簡類に接して、井原市にあった郷土史研究団体の井原史談会の協力で九一年に「森近運平を語る会」を結成した故久保武を想った。生前には、会えずじまいだったが、残っている柔和な表情を伝える写真をなぜか懐かしく思う。倉敷市議を退いて後、武はつれあいの故郷・井原へ移住し、かねてから関心を持っていた運平研究やその復権に取り組み、再審請求棄却後には風船に穴が開けられたようにしぼんでしまった井原での運動を再興したが、プロローグで触れたように二〇〇六年に急死してしまった。「語る会」の墓前祭に私が出るようになったのは、武の妻の冨美子がそれを継承していたからで、二〇〇八年四月に佐方の繁子の墓へ行ったのは、墓前祭に出たのがきっかけだった。井原市議会での復権決議を期待していた武が師岡千代子の繁子に宛てた慰問状に接すれば、社会的あるいは市民的な「復権」こそ、国家への「復讐」に当たると思ったかもしれない。存命中に彼は新宮の活発な動きを敏感に感じ取り期待していたから。

定例の議会が始まる一カ月ほど前の、春まだ浅い一九九六年三月初めのある日の夜だった。新宮市議会議員の芳井昤吉《れいきち》は、日ごろから懇意にしていた建設会社社長の大辻泰三宅で、同僚議員の前田賢一らと一二日から始まる予算議会での一般質問事項を検討していた。と、不意に大辻が書棚から一冊の分厚い書を取り出して「大逆事件」で刑死した大石誠之助の冤罪を晴らし、何とか名誉回復してほしいと言うのであった。その本は森長の書いた『祿亭大石誠之助』で、芳井は初めて目にする本だった。一九四〇年生まれで、歴史好きで読書家でもあった大辻は二〇歳のころ、大石の縁者宅へ資料の提供を求めてやってきた郷土史家の仲原清が、「今さら触れてほしくない」と断られている場面に遭遇した。その記憶がずっと残り、森長の本を読んで「新宮市民は、大石のことをもっと知らなくては」と思うようになった。

芳井は一九三二年、三重県桑名市生まれで、各地を転々とした末に二〇歳のときに母の出身地、新宮に住むようになり、八七年に前田とともに市議選に立候補し初当選して三期目だった。二人とも保守系無所属の議員だった。芳井は「大逆事件」について耳にした程度で関心はなく、大石は「逆徒／逆賊」といわれているのを聞いたぐらいだった。だから大辻の話は予期せぬ提案で、やや戸惑ったが、新宮市の一九九六年度の予算案には、大石の甥で文化学院の創設者・西村伊作の記念館保存のための調査費が計上されていた。これに関係づければ、事件や大石のことを質問できる――。そう思った芳井は大辻から借りた『祿亭大石誠之助』を「ほとんど一夜漬けで読んで、啓発され」、大石が国家権力によるデッチ上げ事件の被害者だと知った。三月予算議会の九六年三月二一日午前一一時過ぎ、芳井は阪神淡路大震災に関連して熊野川上流のダムの安全性などについて質問したあと、「大逆事件」と大石を取り上げて市長に質問した。

芳井　ドクトル大石誠之助でありますが、予算大綱の中で西村記念館を近代文化的遺産として保存するための調査に取り組むとあります。これを見た一市民から、西村伊作のおじに当たる大石誠之助の冤罪を晴らし、その名誉回復に努めてほしいとの提言を受けました。市長は大逆事件と大石誠之助とのかかわりをどのように理解されておられるのでしょう。

市長・岸順三　戦前の軍部を中心とした政治体系と申しましょうか、そういった中で冤罪であるというように認識しております。また大石誠之助、ドクトルということでドクトル大石、ドクトル先生、ドクトル先生として明治の初期におきまして、旧制新宮町においては非常に庶民のお医者さんとして活躍していただいたということも古老からも聞いておりますし、また私の祖母夫婦なんかは、しょっちゅう子供を連れて診ていただき、そして金のないときは、ただで治療をしていただいたということを私たちは幼心によく聞かされておりますし、また市民、多くの方々はドクトル大石の功績というものは市民の中では十分認識しておりますし、また史跡の中に、新宮市史じゃなかったか、先生の遺稿あるいは元新聞記者の書いた新宮市のよもやま話というような中にも大石誠之助さんのそういったようないろいろな市民に与えた医者としてのその立場というようなものも書かれております。そういう意味におきましてすばらしいお医者さんであったというように認識しております。

一九三三年に市制が施行されて以後、戦前・戦中はもちろん戦後も含めて市議会で「大逆事件」と刑死した大石が取り上げられたのは初めてだった。連累者を出した高知・中村、そして運平の郷里の岡山・井原、あるいは熊本など他の地域でも、「大逆事件」が議会で取り上げられたケースはこのころまでにはない。それだけに芳井議員の質問はそれ自体、画期的と言ってもよかった。しかも名誉回復を視野に入れた質問である。戦後、国家権力による犯罪だった事実が明らかになって『熊野誌六号』事件が起き、事件後の「恐懼する町」新宮市民は、禁忌からなかなか自由になれなかった。問われた岸順三市長は、事件が冤罪であった事実に少し触れ、大石の事績を評価すると応じた。芳井市議と市長のやりとりはこの後も続く。

芳井　このたび私が求めた知識によりますと、大逆事件とは元老山県有朋を頂点とする総理大臣桂太郎、司法省民刑局長平沼騏一郎ら時の国家権力が、当時、台頭し始めていた社会主義運動を根絶するために明科事件なる宮下太吉らによる天皇暗殺の予備陰謀が発覚した機会をとらえて、法律的には問題もならぬ個々ばらばらの社会主義者の事件を関連があるかのようにつづり合わせたもので、それに巻き込まれ、死刑となったのが大石誠之助であります。大石誠之助は芸術家的で、やや風変わりな家系に生まれた上に、アメリカ帰りのドクトルということで進歩的であり、やや軽快に過ぎる性格で資産があった境遇から、当時の社会主義、無政府主義者の谷町的存在とされ、新宮を訪れる主義者らを寄宿させたり、庇護した関係で幸徳秋水らとも交遊、意気投合した結果、デッチ上げによる大逆事件に連座させられたのが真相のようです。以来、昭和二〇(一九四五)年の敗戦まで新宮人は近衛兵の採用からも除外されるなど肩身の狭い扱いをされ、著しく名誉を損なわれてきたものであります。この際、新宮市として大石誠之助の冤罪を晴らし、彼の名誉回復を、否、新宮市の名誉回復を図るべしと考えるのでありますが、市長、どのようにしたら名誉回復が果たせるとお考えでしょう。

市長 私は、もう既に冤罪ということは戦後のいろいろな事態、そして、こういうようなお話、そして書物にも出ておりますので、幾分かは真実を知っていただいたというように思っております。そういう意味合いにおきましても、今、御指摘の点につきましては、市報等に取り上げてドクトル大石の善政と申しましょうか、我々の祖先に与えてくださったいろいろな恩恵というようなものも紹介していくということがいいんじゃなかろうかというように思っております。

芳井　法的に名誉回復の道があればベターでありますが、今となって、それが不可能とあれば、新宮市として先ほど市長が言われた市報による名誉回復宣言を出すなり、また、このたびの西村記念館が完成した暁には西村記念館の中に大石誠之助コーナーを設けて、大逆事件と大石誠之助関連の書籍を陳列するなり、冤罪を晴らす意味の記述を掲げる等、名誉回復の手だてを検討されるよう強く要望したいと思いますが、いかがでしょう。

市長　一六番議員(芳井議員)の提案、非常に素晴らしい提案かと思います。そういった意味に西村記念館にゆかりの人であり、西村記念館が成った、そういった時点に焦点を合わせまして検討していくのが一番だとかというように思っております。

二〇〇五年に議員を退いた芳井は「あのとき、私は大辻さんの提案で、本を借りて啓発され、一石を投じるつもりで質問したんです。具体的な名誉回復を想定したわけではありませんでした」。市議会でのこの「一石」が、かつて「恐懼の町」として灰色に染まった新宮の町が変化していくきっかけとなるとは、芳井議員も「まったく予想しませんでした」。

市長答弁は早速、形になった。市の広報紙『しんぐう』(月刊)が一九九六年一一月号から三回にわたって「人」欄一ページを使って大石誠之助、市内の真宗大谷派浄泉寺の僧侶・髙木顕明、新宮生まれで臨済宗妙心寺派僧侶の峯尾節堂の三人を取り上げて紹介したのである。いずれも簡単な内容だったが、全戸配布の広報で事件を国家権力による冤罪という認識を前提に、人となりが紹介されていた。行政側としては初めての試みだったが、変化は『熊野誌六号』事件から約一〇年後に始まっていた。

一九七二年に公刊された『新宮市史』である。「(死刑判決の)十八日からかぞえて、わずか六日のちの二十四日、大石も成石(平四郎)も、他の死刑囚とともに東京監獄の絞首台で殺された」(五〇八ページ)と記述されていた。刑死や処刑という表現ではなく「殺された」という認識が、市史という公の史書で語られたのである。事件直後に大石の影響を強く受けた若き佐藤春夫が、後年のおびただしい戦争賛歌や天皇賛美の作品と違って批判精神も滲むような「愚者の死」を作詩し、その中で「大石誠之助は殺されたり」と詠んではいたが、それは限られた雑誌『スバル』(一九一一年三月一日発行)への発表であった。「運平さんはお国に殺された」という妹の栄子の瞋恚《しんい》のつぶやきも私的であった。他の関係市町村史では、「殺された」という表現は見られない。

むろん市町村史などは一般にはあまり読まれないから、『新宮市史』の認識が市民に共有されたわけではないだろうが、かつて「恐懼」させられた新宮には、大石への畏敬の念が消えずにあり続け、彼を通して「大逆事件」をどこか斜めから見る空気があったのではないか。それを象徴しているのが、新宮出身で「横浜事件」の被害者の木村亨が、子どものころに祖母から何度も伝え聞いたという話である。「ドクトル大石さんは、貧乏人からは決してお金を取らなかった。お金のないことをいうのが恥ずかしいだろうからと、ガラス戸を三回トントントンと叩けばいいって。そんなドクトルさんが大逆罪なんてあり得ない」。

この「トントントン」は、新宮の町ではほとんどフォークロアのように語り伝えられていたようだ。新宮生まれで、多くの小説の舞台をその地に持って行った中上健次は七七年に書いている。「私が、大逆事件の、大石誠之助を、歴史の人間でなく生きた血の通った人間として思い描けるのは、そのトントントンと硝子窓を叩くエピソードによる。義父の母親、私から言えば義理の祖母が、そうやって硝子窓を叩いて、診察してもらった」と（「私の中の日本人」）。そして中上は「トントントンと窓硝子を叩く音と、それを聴きつけ、ドアを開けてやる、それが大石誠之助の無政府共産の意味である」と、大石らの思想の核心を促え書いている。そうすると『新宮市史』に登場した「殺された」は、地下水のように流れていた大石観、つまりは「大逆事件」観がようやく表出したとも取れる。もっとも再審請求棄却を経た七〇年代には、他の地域でも変化の兆しを思わせる出来事があった。

甲府市相生三丁目の真宗大谷派甲府別院を兼ねた光沢寺の墓苑に、甲府出身で事件の発端になりながら、孤立していた感のある宮下太吉の墓碑がある。宮下は処刑後にいったんは、雑司ヶ谷の東京監獄の共同墓地に埋葬され、二月五日に堺らによって落合火葬場で焼かれ、実姉の住む甲府に送られ、光沢寺の宮下家墓所に埋骨されたと伝えられている。墓石に宮下太吉の名は刻まれていないが、山梨の労働運動家、文化人らが中心になって六〇万円を集めて、七二年九月に大きな石碑が建立された。

二〇〇七年七月下旬、肌が焼け付くような暑さの中、私は新宮の人たちと一緒に宮下の墓を訪ねた。碑銘には山梨の農民運動の長老、秋山要の筆で「我には何時にても起つことを得る　準備あり」の石川啄木の「墓碑銘」からの一節が刻まれてあった。啄木の思いと宮下の実際の行動とは、少しズレがあるようにも感じたが、当初の宮下には最もふさわしい詞かもしれないと思い直した。石碑の裏に回ると、こう彫られてある。

「革命的労働者宮下太吉ここにねむる。宮下は一八七五(明治八)年九月三十日、甲府市魚町八三番地に生れ、長じて機械工となり、黎明期日本の労働運動に挺身して絶対権力の壁にはばまれ、天皇制批判からいわゆる大逆事件の陥穽に落ちて一九一一(明治四四)年一月二十四日処刑さる。郷土を同じくするわれらここに彼の先駆的役割をしのび、大逆事件の真実を伝えんがため碑を建つ。一九七二年九月二十三日　宮下太吉建碑実行委員会」。七〇年代初めの撰文である。それから三〇年の星霜は、建碑のころの熱気を押し流してしまったのか、碑は傾き、墓周辺は荒れ、寂しい風景だった。「宮下さんの墓に来る人は滅多にいませんね」という若い留守居僧の言葉に、宮下の孤独を想った。

管野須賀子が埋葬された東京・代々木の正春寺の墓地には、七一年七月一一日に石碑が建立された。管野が獄中で詠んだ歌を堺の筆で書き記した「くろかねの窓にさし入る日の影の移るを守りけふも暮らしぬ」が表に、裏には「革命の先駆者　管野スガここにねむる　一九七一年七月十一日　大逆事件の真実を明らかにする会　これを建てる　寒村書」とある。ここでは毎年、処刑前後の一月下旬の土曜日に同会の主催で追悼集会が開かれ、全国から多くの人が参集する。集会が中断した時期もあったが、半世紀続いている。

七〇年代はこうした動きを促すような時代の潮流もあったが、被害者の社会的復権をもたらすところまでは進まなかった。それが九〇年代に入って、長く沈黙を続けていた仏教教団が急に動きだして、紀州・熊野の人びとに新たなエネルギーを吹きこんでいく。

すでに髙木顕明の復権の経緯は触れたが、実は内山愚童の復権のほうが早かった。

曹洞宗林泉寺は、箱根湯元駅から登山電車で一八分の大平台駅を下車してすぐ、国道一号に面した曲がり角にある。毎年正月の「箱根駅伝」のランナーが林泉寺の前を駆け上り駆け下り、歓声が深々と冷え込む山に木霊《こだま》する。二〇〇七年一一月、箱根路に秋が下りてきたころ林泉寺を訪ねた。寺に入って左手から右手へ傾斜のきつい坂を少し上っていくと、本堂の真裏あたりのそれほど広くない墓所の一隅に、かつてここの住職で、処刑された内山愚童と刻んだ小さな墓石が目に留まる。その手前に何も書かれていない四〇—五〇センチほどの小さな自然石がそっと置かれるようにしてあった。処刑後の愚童の遺骨がここに埋められたという。

「愚童さんの時代にあったシュロの樹はもう枯れてありませんが、カヤの樹は残っています」。現住職の木村正憲はそう言って手を合わせた。一九七七年ごろから毎年一月の刑死日に、自由・平等・博愛の相互扶助社会を語り、貧しい大平台で生を全うしようとした愚童に魅惑されたアナキストら宗門外の人たちが「愚童を偲ぶ会」を開くようになり、周囲の盛り上がりに触発された前住職の木村正寿が曹洞宗のトップ宗務総長と人権擁護推進本部長宛てに、擯斥処分の取消しと名誉回復を求めた嘆願書を提出した。九二年一月である。その一年後の九三年四月一三日付で愚童の処分は実に八三年ぶりに取り消されたのである。

私は大正七(一九一八)年生まれで、もうじき九〇歳になるんだが、ここに悪い逆僧がいて、絞首刑になったらしいと一五、六歳のころに聞いていてね。どうしてそうなったのか、疑問に思ってはいたんだが、なかなか口にできるような雰囲気じゃなかった。住職を継いだのは昭和二七(一九五二)年で、理由が分からないまま処刑された住職がここにいたというのは、私にはとても苦痛でね。愚童さんのいたころの寺は、関東大震災でぺしゃんこになったんだが、手の器用な愚童さんがつくった二〇センチほどの釈迦如来像が二体残っている。この小さな仏像を愚童さんが彫ったと思うと、身近に感じてね。で、私は当時を知っている何人かの古老に、愚童さんてどんな人だったかと訊ねたことがあった。ここ、大平台はほとんどが檀家だからね。そうしたら、いやあ、それは堪忍してくれ、と。皆、いい人だったとはいうのだが、それ以上ははばかられるという。まだそういう時代だったんだね。それで、私は愚童さんが秘密出版した『無政府共産』『帝国軍人座右之銘』『道徳非認論』や、手記『平凡の自覚』などを読んで、愚童さんは思想の自由を求め、あらゆる戦争を否定し、男女平等まで求めた人だったと知った。しかも愚童さんは、大平台の貧しい人びとに心を寄せて、ここで共に生きて地域を変えていこうと決意した仏教者だったんだと分かってきて、魅力を感じるようになった。とくに愚童さんは、自由の大切さを知っていたと私は思っている。柏木(隆法)さんの『大逆事件と内山愚童』なんかからも教えられ、周囲の愚童さんへの評価が高まる中で、何とか愚童さんを取り戻したいと思うようになったんだ。それで宗議会(国会でいえば衆議院に相当)の議員に働きかけて、やっと処分取消しの嘆願書を出したんだ。もっと前にできなかったのかって? それはやっぱり難しかったと思う。大逆事件の性格を考えればね。裁判上でもそうなっていたし……宗門の戦争協力や部落差別への反省という流れが出てきたからだろうなあ。

高齢の先代住職(東堂)は耳が遠く、大きな声を出しても、なかなか届かず、現住職の「通訳」で、切れ切れの話をつなぎあわせた。

曹洞宗は二〇〇五年四月二五日、林泉寺の愚堂の墓の横に大きな顕彰碑と説明板をつくった。顕彰碑の冒頭には、愚童が友人、石川三四郎に語った「其土地で死ぬ積で無ければ其地の人を救ふことは出来ぬと思ひます」が置かれてある。

真宗大谷派の顕明に対する処分取消しは、愚童の「復権」に遅れること三年、九六年四月一日で、新宮市議会で大石の名誉回復を求める質問の出た一〇日後というのは偶然だったろうが、私が新宮へ足を向ける契機になった。さらに同じ年の九月二八日、臨済宗妙心寺派が峯尾節堂の擯斥処分を取り消した。同派も節堂への処分が「時代の流れとして如何ともし難いものであったとしても、率直に誤りであった」と認め、宗務総長名で「国家体制維持のための国策によって、一個の人間として、また、本派の僧侶としての生きる権利を奪われ、無念のうちに獄死した」節堂に対して、擯斥処分の取消しは「本派教団がなしうる最大の懺悔《ざんげ》であると考える」と表明したのだった。

仏教三派は、かつて国家に忠誠を誓う証として競い合うように、自派の僧侶を切り捨て追放したが、今度はその処分を相次いで取り消していった。仏教という宗教が、国家と一体化し、戦争に協力し、差別する側に身を置き、自派の僧侶を見捨てて巨大化してきた歴史の誤りを見直す文脈の中で「復権」がなされた。再審請求から実に三〇年以上の時を閲《けみ》していた。

小学校五年のときに引っ越してきた家の隣りに天野日出吉さん、もう七〇を超えていたと思うけど、僕らが「流水のおじさん」と呼んでいた人がいてね。いつも縮《ちぢみ》の上下を着たステテコ姿だったから、夏の印象やね。その流水のおじさんが、僕らには直接何も言わんかったが、秋水が新宮に来たときに大石らと熊野川にエビかきに行くことになって舟を漕いだその人だと、母親から聞いた。それは高校生のころだった。「大逆事件」では、舟の上で天皇暗殺のための爆弾謀議をしたとデッチあげられた重要なシーンだけど、まだ詳しくは知らん。だからそのときはへーっと思った程度やった。母親は『大石誠之助全集』(森長ほか編、上下二巻)を読んでいましたから、関心があったんですね。僕も割合、歴史が好きで、東京の学生時代には多少運動していた経験もあったが、こっちに帰ってきてからかなあ、いろんな仕事をしているうちにだんだん「大逆事件」が紀州・熊野の近現代史の原点みたいに思うようになったんやな。

二〇〇一年夏に新宮に誕生した市民団体「大逆事件の犠牲者を顕彰する会」（会長・二《に》河《こう》通夫元図書館長）のメンバーの一人で、一九四四年生まれの中森常夫は、気恥ずかしさを押し隠しながらぽつぽつと語りだした。よく日焼けした艶のある顔に柔和な眼、瘦身《そうしん》の体軀《たいく》からは、時には相手を圧するようなエネルギーが堰《せき》を切ったように溢れる。保守からリベラルまで人脈は広く、豊富な運動経験もある。行動力があって、ここぞというときの押しの強さは定評がある。

中森の母親が大部な大石の全集を読んでいたというのは、先の大辻泰三の『祿亭大石誠之助』の話と合わせると、熊野人の事件や大石への思いのただならない広がりと深さを感じさせる。『新宮市史』で「殺された」と書いている事実を私に教えてくれたのは中森である。そんな彼も市議会で芳井議員が事件と大石を取り上げて名誉回復をと議論していた事実は知らなかったが、その後の市広報の三回の記事に接して、「市もなかなかやるやんけ」と心が躍った。

二〇年以上前から、環境問題の住民運動に関わってきたが、「大逆事件」の名誉回復を何とかしたいと思うようになったのは、世紀の変わるころからやね。二〇〇八年に突然のように逝ってしもた大江のおやじ（「顕彰する会」会員の大江健之《たけし》）と話していて、何とか汚名を晴らしたいと思ってね。それはね、「大逆事件」は明治維新以後、紀州・熊野が中央の権力に押しつぶされ、ずっと影の中に留められていくトドメの事件だと認識したからだ。実は、あの事件が無実やなんてもうみんな知ってる。でも天皇の影や国家の影を思ったりして、気働きを勝手にしている。でもね、法的には道はない。とすれば、被害者の名誉を取り戻すには、熊野に刺さったトゲを抜くにはどうしたらいいか。僕は大江のおやじとずっとそれを議論してきたんだ。

中森が復権のために何とかしたいと思い始めたちょうどそのころ、大谷派が中心になって新宮市内で、事件の被害者を社会的に復権する「人権と文化 新宮フォーラム2000」が開かれた。このイベントに新宮市が一〇〇万円の公金を出した。イベントは一週間近く続き、多くの市民が参加した。中森はそれを知って、「フォーラムも大きな企画だったけど、何より公金を出したことが大きいと思った。ここでも新宮市やるやんけ、と。これで市は被害者の復権の問題では、一歩も二歩も踏み出したと思った」。具体的な復権のイメージを描けなかった中森には、市を前面に出していく絵がぼんやりとだが像を結び始めた。

熊野の市民はエネルギーがあって行動的である。環境会議のメンバーだった中森や大江健之ら一六人が、「幸徳秋水を顕彰する会」と交流をするために高知・中村市を訪ねたのが、二〇〇〇年九月だった。中村では、労働組合が中心になって全国では最も古くから秋水の墓前祭を継続してきたが、一九九九年に市民団体へと衣替えしたばかりだった。「大逆事件」の連累者の出た地域の市民が約九〇年後に交流すること自体、当時の被害者はもちろん、堺利彦、荒畑寒村、そして大杉栄らも予想しなかったろう。不思議で、画期的でもあった。このとき参加した大江の妻で環境会議のメンバーの真理は、懇親会の席上で中森と中村の「会」の当時会長だった森岡邦廣の間で交わされたこんなシーンを鮮烈に記憶している。

秋水の公的な復権には、どんなことをされているんですかって、中森さんが訊いたんですね。そうしたら、森岡さんは秋水の絶筆とされた詩碑を建てたとか、毎年墓前祭や講演会をしているとか、いくつか言われました。すると中森さんが、議会での顕彰決議なんかはどうなんですか、と訊いたんですね。その瞬間、森岡さんは、あっ！という ような表情をしたんです。私はそのときに森岡さんの虚を衝かれたような顔が今でも忘れられません。私も、顕彰決議なんて思いつかなかったんですから。

中村市議会議長を経験し、労働運動の活動家でもならした森岡は、当時は市議を辞めていたが、この交流会の直後から秋水の顕彰決議を議会で得るために奔走する。「二〇世紀の問題は二〇世紀中に」などと議員を説得して回ったが、「天皇を殺そうとしたではないか」という事実認識の欠如による妄言や、「竜馬でさえ顕彰決議がされていないではないか」と絶句するような「抵抗」の中で、何とか議員提案に持ち込み「幸徳秋水を顕彰する決議」が全会一致で議決された。刑死九〇周年の直前の二〇〇〇年一二月一九日の市議会で、中村市が合併で四万十市になる五年前だった。

　幸徳秋水はこの九十余年の間、いわゆる大逆事件の首謀者として暗い影を負い続けてきたが、幸徳秋水を始めとする関係者に対し、二〇世紀最後の年に当たり、我々の義務として正しい理解によってこれを評価し、名誉の回復を諮るべきである。よって中村市議会は郷土の先覚者である幸徳秋水の偉業を讃え顕彰することを決議する。

「大逆事件」の被害者が、市民の代表で構成されている議会で顕彰されるのは初めてだった。

　大江や中森らが新宮市で「顕彰する会」を結成したのは二〇〇一年八月下旬で、すでにそのときには議会での顕彰決議を視野に入れていた。「でも議員提案ではなく、市長提案を追求していた。当局が提案して議決すれば、その後もいろいろやりやすい。市長提案で、市民の総意でやれば、インパクトは全然異なる」。こう考えた中森は、そのように動く。当時の新宮市長は「フォーラム２０００」で公金を出した佐藤春陽《しゅんよう》だったのも味方したようで、同じ年の九月二一日の市議会本会議で市長は「大逆事件の名誉回復宣言」決議を提案し、全会一致で可決された。

大石誠之助、髙木顕明、峯尾節堂、成石平四郎、成石勘三郎、﨑久保誓一の「紀州・新宮グループ」の六名は、今から九〇年前に「大逆事件」に連座させられ、死刑と無期懲役に処せられた。

しかし、戦後本件の研究が進む中で、その事件の真相は明らかにされた。このことは、軍国主義が進む中での自由主義者、社会主義者の弾圧事件であり、彼らはその犠牲者である。

彼らは、この熊野という風土の開明性の中で育ち、平和・平等・博愛を唱えた私たちの先覚者であった。今、闇に閉ざされてきた郷土の誇るべき先覚者たちの名誉を回復し、顕彰することを宣言する。

「大逆事件」を明確に思想弾圧事件とし、熊野の六人は自由・平等・博愛を唱えた先覚者だったと位置づけた。「顕彰する会」はさらに一歩進めて、六人のための顕彰碑の建立に進み、これにも市が約九〇万円を支出した。市長提案による宣言議決の強さだった。二〇〇四年六月にJR新宮駅から歩いて五分ほどの新宮市春日の市有地に顕彰碑が登場した。「志を継ぐ」と彫られている。会のメンバーで紀州・熊野の事件研究の第一人者で、佐藤春夫記念館館長の辻本雄一は、亡くなった中上健次が「志を高く」などと「志」という言葉をしばしば語っていた記憶から、六人には最も相応しく、また自由・

平等・博愛は間違いなく、時間や境界を超えた「志」であり、それを新宮市民は継承するという思いを込めた。新宮市民は、市民も観光客も日常的に見える場に、「大逆罪」を持った明治天皇制国家による「大逆事件」を堂々と否定した碑を設けたのである。

成石兄弟の出身地である隣接の本宮町（現・田辺市）の「大逆事件犠牲者の名誉回復を実現する会」（会長・祐川寺住職丹羽達宗）も、中村市や新宮市の動きに刺激を受けて町議会に働きかけた。〇四年一一月一一日の町議会に町長が名誉回復宣言を提案、全会一致で議決された。同町の「宣言」は、新宮よりさらに踏み込んだ表現になっている。

成石勘三郎・同平四郎兄弟をはじめ、大石誠之助・髙木顕明・峯尾節堂・﨑久保誓一の「紀州・新宮グループ」の六名は、今から九四年前「大逆事件」に連座し、翌年一月死刑と無期懲役に処せられた。

しかし、戦後、事件の真相究明が本格的に進められ、事件の真相が次第に明らかにされてきた。この事件は、時の政府が国策として、社会主義運動などを厳しく弾圧するために仕組まれた架空の事件であり、六名の犠牲者は、冤罪により処罰された無辜《むこ》の民であった。

彼らは、近代日本の黎明期に、ここ紀南の地において、新取の気風、自由・平等・博愛の精神の実践に命を捧げた郷里の先覚者であった。

いま、わが町は、暗黒の闇に眠る成石兄弟はじめ紀南の先覚者たちの名誉を回復し、顕彰することを宣言する。

成石平四郎の一子、意知子の従姉妹で、圧迫の空気を断片的だが強く感じ、自らも決して縁者であることを公言せずひっそり生きてきた元教員の飯田久代(一九二七年生まれ)は、新宮市議会の顕彰決議を知った際に「やうやくに顕彰されし大逆事件九〇年の永きを想ふ」と詠んだ。「永き九〇年」の中に成石兄弟とその縁者らの苦難が凝縮されてある。

新宮の「顕彰する会」の活動は、顕彰決議、顕彰碑建立と続いて、第三段階へと進む。二〇〇九年一一月二〇日、「顕彰する会」は事件から一〇〇年を目処に大石誠之助を新宮市の「名誉市民」にするよう市長、市議会議長に要望書を出したのである。辻本が起草した要請文は、かなりの長文で全文紹介はできないが、次の部分はなぜ「名誉市民」なのかについて述べ、市民の「加害責任」をも自覚した歴史認識とその継承の大切さを語り、「志」の高さが伝わってくる。

(大石誠之助は)犠牲となったから偉大なのではありません。国家権力の凶暴さは、大石誠之助らを「逆徒」と規定することによって、真っ当な思想を「危険思想」として弾劾したのです。そうして「逆徒」として指弾した人々の中に、わたしたちの曽祖父や曽祖母たち、祖父や祖母たちが居たとしても何の不思議もありません。それは「時代」のしからしむるものでやむをえなかったものと、簡単に片付けてしまうことも可能です。

　しかしながら、大石誠之助を名誉市民として顕彰することは、いまこそ謙虚に、かつての曽祖父や曽祖母たち、祖父や祖母たちの誤りを指摘し、大石誠之助の行いを真っ当に評価することによって、この地の歴史を正確に学び、この地に生きるわたしたちの矜持《きょうじ》を改めて認識するものにしたいものです。そして何よりも、それは若い人々に向かって語りつづけることにもほかなりません。

　一二月市議会で、芳井議員のかつて同僚だった保守系議員の前田賢一が、この要望書を取り上げ「新宮市の歴史に残るもの」と指摘して、市長の決断を迫った。市長は「慎重に研究したい」と即答を避けた。議会で大石を「名誉市民」に、との意見が取り上げられたことを知って、すでに議員を辞職していた芳井眕吉は「まさかここまで来るとは……」と言ったきり、言葉が出なかった。

　事件のシンボルが秋水であるように、大石は熊野の六人のシンボル的存在であり、彼を「名誉市民」にする意味は自ずと知れよう。

　JR新宮駅前には「熊野文化を彩る人達」と書かれた横六メートル、縦三メートルの大きな看板が掲げられ、祭りなどの際には外されるようだが、ふだんはかなり人目を引く。東くめ、佐藤春夫、畑中武夫、西村伊作、村井正誠、中上健次の六人が写真入りで紹介されている。「名誉市民」は、一九六〇年制定の名誉市民条例によって市長判断で議会の同意を得て決まる。現在、「名誉市民」は一〇人おり、駅前に掲げられているのは、作家、作詞家、天文学者、建築家ら文化人に数えられる人たちである。私は何度か新宮を訪ねるうちに、六人に混じって誠之助や顕明、あるいは「横浜事件」の木村が入る時代が来るだろうかと、何度も思った。パネリストとして出席した「フォーラム2000」でも、そのように話した。だがそれはあり得ないという前提で比喩として語ったのだった。「顕彰する会」はそんな私の予想を軽やかに飛び越え、誠之助を「名誉市民」にしようというのである。五〇年前、いや一〇年前でも想像されなかったろう。たしかに、誠之助は一〇人の「名誉市民」に引けを取らないどころか十分、それを超えているかもしれない。六人の名誉回復に続いて誠之助が「名誉市民」になれば、連座者を出した他の地域にも大きなインパクトを与え、「大逆犯」にした明治国家とそれを追認した戦後司法に対する地方の民衆からの強烈な反撃のメッセージになろう。辻本の長い研究の積み重ねと、「志」を継ぐ市民運動のコラボレーションによって海のような交響曲が、太平洋に開かれた紀州・熊野の地に生まれようとしている。しかも、それを地元の『南紀州新聞』の継続的で熱っぽい報道が後押ししている。誠之助は、五線譜にも収まらない類稀な自由人で、「名誉市民」という衣装を着せられ、箱に収められたら、柄でもない窮屈だと、身体をよじって白皙の面で苦笑するかもしれないが、自らが生きた時代では考えられないような自由で豊かな市民の登場に大いなる希望を抱くにちがいない。

「大逆事件」一〇〇年を前に、新宮ではその社会的風景が大きく変わり始めた二〇〇八年一一月下旬、私は崎久保誓一のひ孫・雅和に会った。一九七七年生まれで、私が知っている遺族の中では最も若い。誓一は、仮出獄から特赦されて以後も生地の御浜町で、家業のミカン栽培で生計を立て、その地に居続けた唯一の被害者だった。本人は再審請求をしたかったようだが、五五年に没した。女婿の睦男は再審を支援し、その成り行きを注視していた数少ない遺族の一人だった。

僕が、有名なアナキストだった向井孝(故人)さんに会ったのは確か二〇〇二年だったと思います。そのとき僕が崎久保誓一のひ孫と知って、お酒のグラスを持っていた向井さんは驚かれたのか、口に含んでいたお酒をぷーっと噴出して、僕の両手をぎゅっと握って、涙を流して、喜ばれて……向井さんは、何だかひいおじいさんの親友だったかのような、そんな感じでした。今までそんな人に会ったことがありませんでしたので、とても不思議で、びっくりしました。でも、少しうれしい気もしました。

子どもの頃には、曽祖父に何かあったことは何となく気づいていましたが、意味はまったく分かりませんでした。それが「大逆」だとだんだん分かってきて、確か中学校の教科書だったか資料集だったかに、当時の大審院判決を報道した新聞記事の写真が出ているのを見て、やっぱりそうだったのか、これかと思いました。でも、それが悪いことをしたんだとかはまったく感じませんでした。それどころか、教科書に載るなんて「スゴイ」と思ったんです。先生も、「立派な人だったんだ」と言ってくれて、ますます「スゴイ」と。

以前、誓一さんの書いたノートを読んでいたら、こんなことが記されてありました。ある村で狐のたたりか何かで、女性が酷い目にあったらしくて、そういうことは打破しなければいけないって。とても近代的で、合理的な考えを持っていた人で、社会がいい方向へ行くには、不合理なことは無くしていかなければいけないという意志の強い人でもあったように思います。

再審請求ですか？　そうですね。森近運平さんの妹さんが請求されたのは知っていますが、僕だったらどうしたかは、すぐに答えは見つかりません。でも僕は誓一さんの息子に当たる睦男じいさんも、あやばあちゃんもとても尊敬しています。

そんな若い雅和が曽祖父の顕彰決議については、少し言葉を濁した。

新宮市議会の顕彰決議については、うれしいし、ありがたいし、感謝しています。ただ、曽祖父の地元の議会が同じように顕彰するというのは、ちょっと……。

崎久保のひ孫の戸惑いに触れて、改めて「大逆事件」の闇の濃さと長さを想った。生地を追われ、家族を引き裂かれた死と生、逆に生地でしか生きられなかった被害者や家族の苦しみや辛さ。それらはさまざまな質量を持って現在に深く長く及ぶ。複雑な感情が入り混じる。再び森長が六七年に書いた『風霜五十余年』の一節を思い返す。「多くの被告人の家族たちや、死刑を免れた被告人たちが、官憲の圧迫や官僚政府の教宣によって、どんなに苦しんだか、その苦しみにたえたか……遺族たちの苦しみは五十余年後のいまも部分的につづいていることを思うと、大逆事件が世紀の大事件であったことを、いまさらながら痛感する」。「五十余年後」を「一世紀後」と読み換えても通じてしまうところがまだある。

たしかに紀州・熊野の市民らの目を瞠《みは》るようなアクティブな活動に、私は権力犯罪によってつくられた一〇〇年に及ぶ暗く重い社会意識を切り拓く民衆の「底力」を感じる。そこに闇を翔けるような希望を見る。中村でも長年にわたる顕彰活動がある。「凍土の下」といわれた運平の故郷、井原市高屋でも二〇〇九年の墓前祭には縁者の出席があった。それでも「高屋にはまだまだ部厚い凍土があります」。今川徳子からそんな便りが届いたのは二〇一〇年の早春だった。四人の被害者を出した熊本では、前に触れたように〇四年に松尾卯一太の墓所に小さな案内板が地元の町おこし運動の中でつくられた。

だが中村や熊野や井原のような市民による動きは、まだない。古河力作の故郷、小浜では今も社会的復権への音はコトリとも聞こえない。しかし水上勉の「若州一滴文庫」があり、そこへ行けば力作の生涯が知れ、彼への想像力が湧いてくる。闇の中でも目をこらせば見え、沈黙の世界でも耳を欹《そばだ》てれば聴こえてくる契機は存在する。そこから社会意識が変化していく可能性と希望が生まれる。

明治「大逆事件」は、世紀の舞台は回っても幕は下りず、未決のまま生きてあり続ける。

あとがき

「私が佐藤！」

編集長の佐藤北江《ほっこう》は、そう名乗った。

「私が石川！」

石川啄木もこう自己紹介して、二人はアハハハと笑って別れた。

啄木が東京朝日新聞社の校正係に採用される、いわば面接のシーンから書き起こされる「歌う記者　石川啄木　朝日新聞社の三年間」の連載（『朝日新聞』夕刊、二〇〇七年一二月一日—〇八年三月二九日）は、ほぼ週一回で一七回続いた。エピソード満載で朝日社内から啄木の人間像を描いた出色の企画記事だった。ちょうど「大逆事件」取材の旅を集中的にしていた時期と重なっていたので、啄木と事件の交錯がたとえエピソード的であっても「朝日」の中からどう描かれるか期待しながら読んだ。啄木は本書でも触れたように「予の思想に一大変革ありたり」と、自らの思想の転回を認めるほど「大逆事件」に衝撃を受けている。晩年の啄木を捉えるには、「大逆事件」は避けて通れない。

期待は見事に裏切られた。長い連載の中で事件について触れられたのは、薄影のようでほんの数行でしかなかった。マスメディアにとって「大逆事件」は、今なおジャーナリズム精神を発揮できないテーマなのかと思った。

明治の「大逆事件」といえば、幸徳秋水や管野須賀子を思い浮かべる人は多い。あるいは熊野・新宮の大石誠之助、岡山の森近運平、さらには事件のきっかけになった宮下太吉、禅僧・内山愚童を思う人もいるだろう。では、同じように処刑された新美卯一郎、松尾卯一太を想像する人がどれだけいるだろうか。無期に減刑されて獄死した佐々木道元や三浦安太郎や岡本穎一郎らは、ほとんど名前も知られていない。「大逆事件」は、秋水や須賀子だけではないのである。巻き込まれ、裁判にかけられた人びと二六人が連座させられた事件である。そう捉えれば「大逆事件」の風景は、重層的になる。

私が、彼らの遺族やその周辺をめぐる旅――それを私は「道ゆき」と名づけた――を少しずつ始めたのは一九九七年ごろからだった。連座させられた人びとは、程度や思いに差はあったが、また当時の社会にあっては少数者であったけれども、戦争に反対し、荷担しないという生き方を貫き、宗教者として被差別者に寄り添い、どうしたら平等で自由な社会にできるかを思索し、国家・天皇と個人の関係はどうあればいいのかなど生きる個人としてののっぴきならない問題と取り組み、悩み、突き当たり、時に性急に生きた人びとだった。彼らが社会主義や無政府主義を通じて気づいたこれらの問題は、文学や思想のテーマでもあり、ジャーナリズムの課題でもあった。そしてそれらは、現在の問題としてもある。

「今さら、どうして「大逆事件」？　みんな知っているでしょう？」

リベラルな市民運動をしている人にそう訊かれたのは、「道ゆき」の途中だった。「大逆事件」は国家が個人の思想――自由・平等・博愛――を犯罪として裁き、いわば心の自由殺しの事件だったことは、すでに知られている。私もそれを前提にして旅をし、書いてきた。けれども「大逆事件」は、国家にとって都合の悪い思想を抑圧するために、一つの出来事をきっかけにウソの物語を真のようにし、合法的に市民の肉体まで抹殺した荒々しい事件だったというところまで「知っている」といえるだろうか。国家が時おり見せる「虚偽性」と「暴力性」の果てに「大逆事件」があった――。大石や森近らの獄中書簡などを読むと、彼らは国家のそんな性格を見抜いていたのではないか。そうすると「大逆事件」を、過去の思想弾圧事件と捉えるだけでは十分ではないように思われる。

私は、啄木を通してさえマスメディアが避けるような「大逆事件」で殺されていった被害者や遺族やその周囲の人びとの一〇〇年に及ぶ死と生を歩き、多くの関係者の話を聴き、〈時〉に溶かされてしまった周囲の風景を想い、風の音にも震えた人の語りに耳を傾けた。また事件に巻き込まれた当事者や遺族らを長く圧迫した社会が、一〇〇年の時間の中でどんなふうに変わってきたのか、あるいは変わらなかったのかも追った。また、性格や構造が酷似している「横浜事件」のようには知られていない再審請求についても相当に踏み込んだ。

「道ゆき」の中では、思わぬ出逢いや新しい発見があり、時に言葉を喪い、涙が零《こぼ》れそうになり、憤怒が肺腑に沁み、興奮で身体の震えたこともあった。一枚の記念写真によって松尾卯一太の妻子の生涯に暗澹《あんたん》とし、小松丑治・はる夫妻の愛と孤独に胸塞がれた。細井好さん宅にあった変色した疵《きず》だらけの繁子さん・菊代さん母子の写真(カバー使用)を手にして、国家の「暴力性」を想った。武田九平に関する書簡類や珍しい写真を目にできたのは、坂本忠次さんのおかげである。弓削宏之さん宅で、その時を待っていたかのように静かに眠っていた森近運平関係の膨大な書簡類が眼前に広げられた瞬間は、旅のクライマックスだった。

こうした出逢いや発見は、故神崎清さんはじめ多くの先人の長きにわたる膨大な研究・調査があったからである。それなくして私の「道ゆき」は不可能だった。とくに大岩川嫩さんの緻密かつ的確な指導・助言・行動に支えられ、励まされた。彼女に教えられた故森長英三郎弁護士の『風霜五十余年』は最良のナビゲーターになった。森山誠一さん、北澤保さん、伊藤和則さんらは、しつこい私の取材にうんざりされたかもしれない。新宮の市民グループのエネルギッシュな活動には心身を揺すぶられた。この場を借りてお詫びとともに厚く御礼申上げたい。それでも私の足が十分に伸びずに、語れなかったことも多かった。それらはこれからの課題としたい。

一〇年を超える取材の中で前記の方を含めて多くの関係者に温かいご協力をいただきました。ここに改めてお名前を記して感謝のしるしといたします。ありがとうございました(五十音順)。

荒井幹夫(故人)、荒木傳、安西賢二、飯田久代、猪飼隆明、池田千尋、泉恵機、伊藤和則、伊奈一男、今川徳子、上田穣一、大岩川嫩、大江真理、大沢哲、大辻泰三、大林浩治、岡功、岡和代、緒方順子、尾崎清、音谷健郎、梶原定義、柏木隆法、刈谷哲也、刈谷輝子、北上田毅、北澤保、北村英雄、木村正憲、木村正寿、木村亨(故人)、久保冨美子、久保田三千代、窪田充治、訓覇浩、小園泰丈、小園優子、小村滋、児山真生、金光英子、酒井一、坂田幸之助、坂本忠次、﨑久保和泉、﨑久保雅和、佐藤武志、佐野公保、沢近安子、澤田勝行、塩入隆、杉中浩一郎、澄田恭一、多賀さゆみ、髙木芳子、高橋昌之、高橋靖、谷合佳代子、谷口平八郎、田畑稔、辻本雄一、都留忠久、土岐直彦、時岡博嗣、飛松宏生、永井美由紀、中川滋、中田重顕、中野雄、中村青史、中村文雄、中森常夫、二河通夫、西口孝、丹羽達宗、間貞雄、羽田野聖、濱野兼吉、濱野小夜子、原田さやか、日置真理子、平出洸、平田稔、広畑耕滋、福田計治、藤井喜代秀、古河ななよ、古川佳子、別役佳代、細井好、前田賢一、蒔田直子、正木健雄、松岡勲、松永成太郎、松原洋一、三国勝敏、三澤恵子、三好光一、水上蕗子、望月明美、森奈良好、森岡邦廣、森近丘也、森山誠一、山泉進、山内小夜子、山口範之、山崎正利(故人)、山崎泰、山本健一、弓削宏之、弓削敏子、芳井昤吉、渡辺順一、渡辺ひろ子のみなさん。

雑誌『世界』での連載にあたっては、担当編集者の熊谷伸一郎さんに毎回、予定ページを溢れる分量の原稿で苦労をかけましたが、鮮やかに捌いていただきました。単行本化に際しては、若き編集者の中山永基さんのクールな中でのそこはかとない情熱にくるまれました。また古き友人の増井潤一郎さんには、非常に丁寧な校正をしていただきました。みなさんに心から謝意を表します。ありがとうございました。

最後に〇九年春に突然、大きく体調を崩された成石平四郎の孫・岡功さんの回復を心から願っています。

二〇一〇年五月五日

著者

補記　一〇〇年以後　新たなステージへ

東日本大震災と東京電力の福島第一原発の事故から間もない二〇一一年の三月末のある日の午後だった。私のアドレス帳にはない大阪の法律事務所から留守番電話に、事務所の弁護士が連絡を取りたいので電話をほしいというメッセージが入っていた。

それから金子武嗣弁護士との交流が始まり、私がまったく予想していなかった「大逆事件」の再審を再び起こすための検討会の発足へとつながっていった。

当時、金子弁護士は大阪弁護士会会長で日本弁護士連合会副会長の要職にあった。電話の数日後、霞が関の日弁連で会った金子弁護士は、やや急《せ》き込むような口調でほぼこんなことを言った。「大逆事件」は「司法に刺さったトゲ」で、法律家としてこのまま放置はできない。黒岩比佐子さんの『パンとペン――社会主義者・堺利彦と「売文社」の闘い』(講談社、二〇一〇年。この作品は彼女の遺作になった)と、同じく二〇一〇年刊行の拙著(本書単行本)を読んで、司法に携わる者として痛切に責任を感じた、と。ついては事件を最初から洗い直し、かつての再審請求を検討し直し、第二次の再審を射程に入れた検討会を発足させたいので協力をというのだった。

金子弁護士は「大逆事件」の有罪判決を、くり返し「司法に刺さったトゲ」と比喩的に表現した。これは、本書の終わりのほうで触れている熊野・新宮の「大逆事件の犠牲者を顕彰する会」の中森常夫さんが、「「大逆事件」は熊野に刺さったトゲ」と指摘した印象的な台詞を法律家の側から語っていた。トゲであれば法律家としては抜かねばならない。金子弁護士の決意と覚悟を前にして、私は震えるほど緊張した。

再審請求をもう一度という発想は、本書を出した二〇一〇年まで私にはなかった。法的には再審の扉は決して閉ざされてはいないし、国家の犯罪を本質的に、公的に明らかにするには、何より全員の無実を司法の場で確定するにしくはない。死者をふくむ被害者たちを救いだすためには、それが原点だとは思っていたが、請求資格のある被害者の遺族が一〇〇年以上たって名乗り出るとはとても考えられなかった。だから無念を想いつつ、どこかで諦めていた。それが本書でも触れた「横浜事件」の被害者で再審を追求し続けた故木村亨に原点を忘れたように受け取られ、「怒りが足りない」と厳しく批判されたところだった。確かめてはいないけれど、いろんな視点や角度から「大逆事件」に私よりはるかに長く、深く関わってきた多くの人たちもおそらく再審は二度はできないと考えていたのではないだろうか。

本書で書いたように故森長英三郎弁護士が精魂を尽くして取り組んだ再審請求は、明治司法の地続きのままの戦後の裁判官によって棄却された。森長弁護士は請求人の負担の過大さを想い、司法的解決に限界を感じ、もしくは絶望した――。そこで森長弁護士は事件の国家犯罪性を社会が共有できる方向へと転換し、市民の手による復権、名誉回復を目ざすようになった。一九九〇年代以降、各地で被害者の名誉回復宣言が市町村議会で出されるようになったのはその成果である。所属していた僧侶を追放した三つの宗教教団もすべて処分の誤りを認め、取り消した。事件から一〇〇年前後には、坂本清馬と森近栄子が再審請求を起こしたころに比べれば、運動は地に着きめざましく進展する。それでも私の中には、どこかすっきりしない、もやもや感が溜まっていた。よく比較される「横浜事件」の場合、「大逆事件」とは三〇年以上の時間のずれがあり、再審を求める被害者やその遺族が存命していたなどの違いがあった。それに木村亨という、坂本清馬とはまったくタイプの異なる「執念の人」の存在が大きかった。木村に叱られながらも、私はそれらを言い訳にしていた。

金子弁護士の提起、問いかけはだから、衝撃とともに、私の中にあったもやもや感を解き放ち、原点を忘れるなという木村の声に重なって聞こえた。

金子弁護士はとてもエネルギッシュで、行動にはスピードがあった。組織力もあった。四月下旬にはもう「大逆事件再審請求検討会」が生まれた。事件の生き字引である「大逆事件の真実をあきらかにする会」世話人の大岩川嫩《ふたば》さん、事務局長の山泉進明治大学教授、石塚伸一龍谷大学教授、映画監督の藤原智子さん、湯浅欽史元東京都立大学教授、村井敏邦一橋大学名誉教授、早野透桜美林大学名誉教授らが会のメンバーになった。あまり役に立ちそうにない私も名を連ねた。こうして、国家犯罪を再び司法的に問う試みが始まったのである。

金子弁護士は検討会がスタートして間もないある日の会議で、鞄の中から歌舞伎の定《じょう》式幕《しきまく》の萌葱《もえぎ》、柿色、黒の三色の柄で知られる七味唐辛子の円筒型の空容器を取り出して、「これが、宮下太吉のつくった爆裂弾と同じ形のものです」と見せた。私はのけぞるほどびっくりした。たしかに宮下の製造した爆裂弾が直径約三・〇三センチメートル、長さ約六センチメートルの円筒形だったという数字と形状は文字で知ってはいても、それを実感的には分かっていなかった。その場にいた検討会のメンバーも一様にうーんと唸ったように感じた。金子弁護士は七味唐辛子の空き缶だけを販売しているところを探し歩き、阪急宝塚線の清荒神《きよしこうじん》駅近くで見つけたという。その日私たちにも中身の入っていない七味唐辛子缶を配ってくれた。

金子弁護士は「宮下爆裂弾」の実感を与えてくれただけでなく、豊かなキャリアを持った実務家で、発想も実証的だった。手始めに宮下がつくり、実験した爆裂弾なるものが果たしてどれほどの性能だったのかを客観的に検証する作業に取りかかった。そう言えば宮下にもっとも近かったとされる新村忠雄や管野須賀子でさえ現物の爆裂弾を見ていなかったのだから。私たちは金子弁護士の「指導」で試薬づくり、予備試験、本試験を行なった。一〇〇年以上前の事件を客観的、実感的、実証的に「今、知る」ということは、こういう作業の積み重ねなのだと改めて気づかされた。

もっとも重要な被告人の供述調書や予審調書の真偽については、冤罪「甲山《かぶとやま》事件」などで大きな役割を果たした供述心理学の第一人者、浜田寿美男奈良女子大学名誉教授のもとで、立命館大学の稲葉光行教授や若い研究者らがコンピュータによる解析に着手している。これは多くの被告らの供述内容(テキスト情報)を地理的、時間的、争点の三次元で分析する「KTH CUBE」という新しい試みである。二六人の供述に頻出する、「爆裂弾」「決死の士」などのキーワードが被告ら相互の供述にどのように影響し、どう変化していくのかまで分析は進んでいる。法的分析では大逆罪の構成要件、不敬罪や内乱罪との違い、明治期の刑事訴訟の実態、第一次再審請求の問題点などの検討も進んでいる。

まだ相当の時間を要するだろうが、これらの解析、分析の成果が生かされるためには、再審請求人が不可欠である。日本における再審請求の門は狭い。刑事訴訟法で再審請求のできる人は有罪判決を受けた二六人の直系遺族に限られており、一〇〇年以上たった現在、果たしてそのような人がいるかどうか。再審請求人がいなければ、再審は門前に立ち止まらざるを得ない。

私は金子弁護士から第二次の再審請求の必要性の話を聞いた際に、衝撃を受けながらも、学生時代に成石平四郎の孫と名乗っていた岡功さんを思い浮かべた。彼が元気だったらきっと請求人になったと確信のようなものがあったからだ。本書の「あとがき」の末尾に岡さんが突然倒れ、その回復を願うと書いたが、実は治癒の見込みはほとんどなかった。金子弁護士に話したところ、ぜひ会いたいとのことで、入院先まで案内したが病状から判断してやはり難しかった。いちばん高いハードルである請求人については大きな課題だが、何とか再びの再審請求にたどりつければと思っている。

事件一〇〇年前後には、著作、映画、演劇、テレビドキュメンタリー、シンポジウムなどさまざまな手法や視点で事件を問い直すイベントや試みが数多くあった。どれも新たな発見や知られざる「大逆事件」に光を当て、事件が未決であることを社会に記憶させた功績は大きい。私にはしかし第二次再審請求検討会の発足が、「大逆事件」一〇〇年以降、新たなステージへ向かうもっとも劇的な変化を表現しているように思われる。「大逆事件」は植民地支配、侵略と合わせて日本の近代史に刺さった、抜かなくてはならないトゲなのだから。

宮下の爆裂弾に関係して金子弁護士から七味唐辛子の空き缶を見せられたとき、私は二〇〇七年夏に訪れた信州・安曇野市明科で見た爆裂弾の異形な模型が目に浮かんだ。

それについては本書の「1　悲しきテロリスト」で簡単に触れたが、あの爆裂弾の模型はまだ展示されたままなのだろうか。二〇一七年、一〇年ぶりに「大逆事件」の発端になった地、明科を訪ねた。

一一月半ばの明科はそれほど凍《し》みてはいなかったが、辺りは初冬の枯れたさびしげな風景が広がっていた。小糠のような雨がそぼ降り、常念岳など北アルプスの秀麗な峰々は雲とガスに隠されていた。宮下が爆裂弾の投擲実験をしたのが一九〇九年一一月某日(私は一一月三日と推定した)とされているから、私が再訪したのは一〇八年前のちょうど同じころである。

ＪＲ明科駅前の「明科文化財マップ」は新しくなり、ことごとしく書き込まれてあった「大逆事件爆弾実験地」は消えていた。宮下が試爆した場所は現場検証も行なわれず、特定できていないうえに、本書でも指摘したように文化財マップにはそぐわなかったから削除されたのは当然だろう。とはいえ、明科は「大逆事件」の発端の地で、宮下がこの地に住み国営明科製材所の機械据付工として働き、試爆をしたのは事実なのだから、それを語り継ぐ導《しるべ》のような何かはあったほうがいいように思った。彼が試爆したのは明科駅に近く、会田川に沿った通称「継子《ままこ》落とし」辺りから、なつな沢にかけての何処かだと推定されている。

一〇年前に「明科大逆事件を語り継ぐ会」の望月明美さん(二〇一一年死去)と大澤慶

哲さん(給然寺住職)に「現場」まで案内してもらったときには、推定実験地を見下ろすところに、木製の白い標柱が高く繁った夏草の中に建てられてあった。「大逆罪(皇室に危害を加える)発覚の地」の標柱である。これについては、本書で名前とその説明文が当時の帝国日本が流した事件観のままで、その後の調査研究の成果も無視されて時間が止まっていると批判した。

その標柱が根から朽ちてなくなっていた。案内してくれた大澤さんがその経緯を二枚の写真を見せて話してくれた。

「二〇一三年の八月でした。どなたか分からないのですが、現地を見に行った人から標柱が見当たらないと連絡があったんです。それで市教委の職員が確認しに行ったら、標柱が根元から折れて崖下に落ちていました。根のところから腐食してぽっきり折れていました。これがそのときの写真です。こちらの一枚は朽ちた部分のアップ写真ですね。内部が空洞になっているのが分かります。おそらくシロアリにやられたのだと思われます」

国家に都合の悪い思想を根絶やしにしようとした事件の実相を誤伝する一つの表象が朽ち果てて折れ、現地には何もない。大澤さんらは標柱ができる前から、建てるなら戦後の調査研究が明らかにした事実に沿った内容をと具体的な文案まで提案していた。それが無視されて建てられたのが朽ちた標柱だった。

市教委は新しい標柱の設置を考えてはいるようだが「そもそも実験の場所が特定できないのですから、前の標柱と同じ場所には建てられないし、建てるなら私たちが提案したような説明にすべきだと市教委には言っています」と大澤さん。朽ち果ててからもう四年になる。一本の標柱であってもなかなか簡単ではない様子が大澤さんのことばの端から伝わってくる。明科での事件に関係した変化は、文化財マップや標柱の自然損壊だけではなかった。

安曇野市には、明科町から引き継いだ明科歴史民俗資料館(公民館内)があり、その中に全国で唯一つの「大逆事件コーナー」が常設されていた。コーナーの展示物の一つが宮下のつくった爆裂弾の模型だった。黒い鉄製の缶で、シルクハットのミニチュアのような感じで、宮下が実際につくった爆裂弾とは形状も大きさもまるで別物だった。そのときは、妙な形だなと思っただけだったが、金子弁護士が持ってきた七味唐辛子の缶を見たときに、私の中で黒の模造爆裂弾と実感的に比較できたのだった。

公民館と歴史民俗資料館は、建物の老朽化によって二〇一二年に閉鎖、解体され、新たに宮下が勤務していた国営明科製材所跡地を含むところに市役所支所・公民館が完成した。その建設時に当時の製材所の痕跡をはっきり示す赤煉瓦の遺構が見つかり、写真だけが資料として保存された。

だが新しい公民館からは「大逆事件コーナー」が消えてしまった。代わって明科の近代史と「大逆事件」といった企画で、年一回から多くて三回程度パネル展示が行なわれている。規模は小さく、パネルも一枚から数枚の展示というさびしさだ。「大逆事件コーナー」は、模造爆裂弾だけでなく、その構成内容には、本書でも触れたような多くの問題はあったが、研究者らのアドバイスを受けて改善を続けていけば、コーナー存在の価値を高めていけただろう。展示物の大半は、別の資料館に仕舞われているという。

大澤さんら「明科大逆事件を語り継ぐ会」も何とか公民館で常設展示できないかと追求、模索しているが思い通りにはいかないようだ。そうした「場」があれば、さまざまな可能性が出てくる。在るかないか、つまり一とゼロの差は決定的に違う。事件関係の展示物は、現在までの研究と調査によって新しい光を当てれば再生できるのだから、資料を埋もれさせないように安曇野市教育委員会の英断に期待したい。

「大逆事件」が生きていて、新しい段階に入ったことを認識させるもう一つの画期的な出来事があった。二〇一一年に幸徳秋水の出身地の高知・四万十市に全国各地の市民団体が参集し、「大逆事件の犠牲者たちの人権回復を求める全国連絡会議」(「大逆事件サミット」)が結成されたのである。これまで各地の団体や個人がばらばらに研究や活動を続けていたが、「サミット」の結成で情報や研究成果などを市民らが共有し、それを社会へ発信していけるようになった。「サミット」の歴史認識・人権意識は、第一回の

「大逆事件サミット中村宣言」にうたわれた次の一節に凝縮されている。

「大逆事件」は国家による犯罪であり、その年は韓国併合、アジア侵略の歴史と重なっていることを記憶にとどめておく必要がある。

事件当時、日本国内においては厳しい報道規制がおこなわれ、事件の真実は語られることなく闇の中に葬られた。しかし、国外においては、ニューヨークをはじめとして、ロンドン・パリ・ベルリン・ローマ等において公正な裁判を求める声があげられ、思想弾圧に対する抗議行動がおこなわれたことも忘れてはならない。

戦後、多くの人たちにより「大逆事件」について解明がなされてきた。また判決から五〇年を経て、再審請求の訴えもなされた。「連絡会」は、これら先人たちの営為に敬意を払うと同時に、いまだ十分な人権回復が行われていない現状を打破していきたいと考えている。

この「宣言」を読むと、国家に侵された人権回復の根本は何より国家による被害者への謝罪、反省、そしてくり返させない仕組みが必要だと改めて思う。金子弁護士が提起した「司法に刺さったトゲ」を抜く作業とサミットがつながっていけば、「大逆事件」の実相はより鮮やかに社会に映し出されよう。

本書で触れた中で、その後どうなったのかについてとくに二つの出来事に触れておきたい。

一つは、新宮の「大逆事件の犠牲者を顕彰する会」が進めている大石誠之助を「名誉市民」にする運動である。国家によって「大逆犯」にされ、死刑判決を受けた熊野の六人の象徴として大石誠之助を名誉市民にしようという取り組みで、市議会総務委員会は二〇一一年三月に市民から出されていた「名誉市民」推挙の要望書を採択した。ついに大石が「名誉市民」になるかと期待は高まったが、市議会本会議では僅差で不採択になり、あと一歩のところで実現しなかった。

ところが二〇一七年秋ごろから、それまでの市民の想いを受けた議員の中に生誕一五〇年になる大石を「名誉市民」にしようという機運が盛り上がった。一二月の定例市議会で、「名誉市民」を市長だけでなく議員も提案できるように条例が改正された。議会の最終日の二一日、大石を「名誉市民」に推挙する件が議員提案され、賛成多数で可決された。

これを受けて田岡実千年《たおかみちとし》市長は二〇一八年一月、大石誠之助を「名誉市民」にした。

一八年前の「人権と文化　新宮フォーラム2000」で私は、大石誠之助と木村亨の名を挙げ、新宮駅前にある看板「熊野の文化を彩る人達」（「名誉市民」のうちの六人）に彼らが加わる日があるだろうかと話した。あり得ないという思いからの問いかけだったが、その可能性が出て来た。市民の運動と熱い想いによって歴史が変わっていく劇的なドラマに出会えて、私は名状しがたいほど胸の滾《たぎ》るのを覚える。含意の多い大石の不思議な顔貌が駅前の看板に描かれる日が遠からず来ると思うだけでぞくぞくするのである。

大石はその生き方からすれば、「名誉市民なんて」と笑うにちがいない。私はしかし、彼の「名誉市民化」は二四人に理不尽で不条理な死を送りつけ、今なお放置したままの国家に対する後世の市民の鮮やかな反撃、抵抗、あるいは異議申立てだと思う。それには大石も異議はなかろう。

ただ大石を「名誉市民」にしたからとて、美化、顕彰に奔らないようにしたい。それは、権威をとことん批判した大石がとりわけ嫌うことなのだから。

しかしさて、彼が名誉市民になれば熊野に刺さっていたトゲは抜けたといえるだろうか――。

ここまで来ると、私はもう一歩をと期待してしまう。たとえば、閉鎖されてしまった明科の「大逆事件コーナー」を安曇野市が再開しないのであれば、被害者がもっとも多かった熊野の地に、それをリニューアルして開設できないかと。峯尾節堂の縁者の故正木健雄さんは、新宮市に「大逆事件」の資料館の開設をと要望していたのだから、ヒョウタンから駒ではないだろう。

もう一つは本書の「9 傷痕」で飛松與次郎の遺骨を再発見したことに関連して私は「せめて墓、いや記念碑でもあれば、「大逆事件」に巻き込まれた熊本の被害者のひとりを記憶していけるのにと思う」(二六三ページ)と書いた。この件を読んだオーストラリアのゴールドコースト市在住のデービットソン・みゆきさんが、他の類書にも同じようなことが書かれてあるのを知って、飛松に惹かれて熊本まで何度か足を運び、貴重な資料を発見し、遺族を掘り起こした。それだけではなく彼女は、飛松を含めた熊本の四人の被害者の「顕彰碑」の建立を提案したのである。熊本の四人について飛松をのぞけばそれぞれ墓碑はあるが、「顕彰碑」の類はなかった。みゆきさんは熊本の研究者らに働きかけ、それが全国的な募金活動になり、二〇一四年一月に実現した。「顕彰碑」は飛松の遺骨が預けられていた山鹿市の日蓮宗本澄寺の境内に建立された。

長く「靖国問題」に関わっている私は、死者の美化につながりかねない「顕彰」の思想に違和感を持っている。ただ、「大逆事件」の被害者と国家犯罪だった事件を社会が忘却せず、憶え続けるという意味を込めた「顕彰碑」の建立は大事だと思っている。二〇一三年一一月に新潟県小千谷市立「中道《なかみち》ポケットパーク」に建立された、地元出身の曹洞宗僧侶の内山愚童の顕彰碑はその一つだ。彼を自由・平等・博愛を求めた先人としてきた「内山愚童師を偲ぶ会」が建立した愚童の碑は、市民運動の成果である。碑の表面には愚童が書いた『平凡の自覚』の一節が刻まれてある。

「家庭ト云ヒ國家ト云ヒ世界ト云ヒ、皆個人ノ衆合デアルカラ、其個人ガ獨立・自由ノ精神ト弱キヲ助ケ隣人ヲ愛スト云フ眞心ヲ以テ行動シテ往キサイ[へ]スレバ、凡テガ圓満ナル團體生活ヲシテ往ケルノデアル。故ニ、吾人々類ハ、飽クマデ獨立自治・相互扶助ノ精神ヲ発輝[揮]シ、是ニ反對スル者ニ向ツテ決死奮闘シナクテハナラヌ。」

愚童の自由と抵抗の思想が光彩を放つところである。

駅から信濃川を渡って南へ車で一〇分足らず、標高三三〇メートルほどの山本山の中腹にある「中道ポケットパーク」には、愚童の「顕彰碑」の左側に関東大震災の直後に軍隊に虐殺された平澤計七(亀戸事件被害者)の追悼碑がある。偶然とはいえ、国家に殺された二人の碑が並んでいる光景は日本の近代の記憶を表象している。

私はいつも歴史を語るのに、箱の中から過去をそのまま取り出すのではなく、今を生きている時代・社会との対話をしながら現在に引き出そうと心がけてきた。現在と過去との対話をし続けることで過去の固まったような記憶に新しい命が吹きこまれ、新たな気づきがなされ、現在に生きる私たちに語りかけてくるからだ。「記憶の再生」である。その過程で見直しを迫られることも少なくない。本書でいえば、「6 宿命」のところで新宮教会牧師だった沖野岩三郎がなぜ連座を免れたのかを自ら語った座談会を紹介したシーンがその一つである。

沖野は「大逆事件」があったがゆえに新宮を離れ、作家になり、「宿命」をはじめ事件に関係した小説をレクイエムのように書き続けた。小説であるから虚実ないまぜで、そのまま受け取るには相当の注意がいる。しかしインタビューや半ば公的な座談会などでは多少の誇張や抑制はあっても、虚言はない。そう私は思っていた。

『文藝春秋』一九五〇年二月号に掲載された座談会の席で沖野は、大石誠之助が一九〇八年一一月に東京で秋水から聞いた運動の閉塞状況についての話（いわゆる「一一月謀議」のフレームアップ）を、出席するはずの新年会に急遽、欠席したため聞かなかったので助かった、と語っていた。欠席の理由は、新年会の廻状に酒を飲まない沖野の名が書いてあったのを大石の指示で成石平四郎がシュッと線を引いて消したから、というのだった。生死の分かれ目の一瞬を沖野は雑誌の座談会でドラマチックに披露したのである。私はそうだったのかとため息をつく思いで紹介した。その座談会の司会は大宅壮一、出席者は沖野のほかには石川三四郎と山崎今朝弥《けさや》で、百戦錬磨の錚々たるメンバーだった。だが「大逆事件」の現場にいたのは沖野だけである。さすがの出席者の誰もが沖野の話に疑いを差し挟めなかった。

ところが森長弁護士は『禄亭大石誠之助』の中で、沖野の話を「伝説」にすぎないと断じていたのである。実際、再審請求の際に提出された﨑久保誓一から神崎清宛ての手紙に、新年会にはもともと酒はなく、出席した﨑久保も髙木顕明も酒を飲まなかったと書いてあった。けれども沖野がその新年会に出なかったのは間違いなかった。そしてその新年会の出席者が全員「大逆犯」にされてしまったのも事実だった。したがって沖野の話を全面的にフェイクとは断じられないにしても、話を面白くするために出席者が何も知らないのをいいことに「創作」したともいえる。事実に迫ることの難しさといえばそれまでだが、森長弁護士の書籍を丹念に読み込んでいれば、違った表現で現在に生き返らせることができたかもしれないと反省をこめて告白しておきたい。この話は本書と同時期に刊行する『囚われた若き僧　峯尾節堂　未決の大逆事件と現代』(岩波書店、二〇一八年)の中でくわしく書いている。

「大逆事件」の被害者の何人かは、後世の歴史家が事実を明らかにしてくれることを期して無念のうちに死刑を送りつけられ、死んでいった。本書でも書いたが、彼らが期待した歴史家は必ずしも職業的なそれではない。彼らの後のすべての世代である。「大逆事件」を見つめ続けると、通常の冤罪事件である誤認逮捕や誤判とは異質の国家犯罪で、その背後に天皇制という切実な問題が横たわっていることに気づく。それゆえ自民党の「日本国憲法改正草案」(二〇一二年四月)でもっとも気になるのが、第一条の「天皇元首化」である。現憲法にそぐわないとして、一九四七年に刑法から削除された大逆罪規定の復活の呼び水になる危険性がはらまれてあるからだ。

単行本の「あとがき」で取材の足が十分に伸びず、多くの語れなかったことがあり、それらはこれからの課題にしたいと記した。その「約束」を少しでも果たそうとして二〇一六年に『飾らず、偽らず、欺かず　管野須賀子と伊藤野枝』(岩波書店)を、そして今回、現代文庫と『囚われた若き僧　峯尾節堂』を上梓した。合わせて読んでいただければ幸いである。「大逆事件」の実像がより豊かになり、現在の問題として生きてあることをいくらかでもわかってもらえるのではないか。

単行本刊行後の七年間に取材などでお世話になった多くの方々のうち何人かが亡くなられた。岡功さんは、足かけ七年病臥したまま二〇一六年四月に逝去された。また伊奈一男さん、上田穣一さん、北澤保さん、坂本忠次さん、望月明美さんも去ってしまわれた。皆さん「大逆事件」と向き合い続けた人たちだった。本当に残念としか言いようがない。

現代文庫化に際して、田中優子さんに、現在と未来の状況を織り込んだ射程の長い、かつ深い解説をしていただきました。心からお礼申し上げます。

岩波書店編集部の田中宏幸さんとは新書などを含めて六冊目のおつき合いになりました。今回もたいへんお世話になりました。誌して感謝申し上げます。

二〇一八年一月一八日　「大逆事件」死刑判決から一〇七年の日に

田中伸尚

解説　「大逆連鎖」を起こさない未来へ

田中優子

大逆事件――私があまり考えたことのないこの事件に関心をもったのは、二〇一〇年のあるテレビ番組でのことであった。「(二〇一〇年は)日韓併合一〇〇年ですね」という話題の時に、評論家の佐高信さんが「大逆事件一〇〇年でもあります」と言われたのだ。「ああそうか!」と私は膝をたたいた。その言葉で、国家が外に向かって拡大して行こうとするとき、必ず内に向かって強い力で弾圧する、という構図が浮かんだからである。これは近代国家の宿命である。外への力と内への力は同時に観察しなければならないのだ。

大逆事件一〇〇年からさらに七年経った二〇一七年七月、テロ等準備罪を新設する改正組織犯罪処罰法が施行された。地球上のさまざまなところで実際にテロが起きているが、それを理由に「テロ等準備罪」という、犯罪をおこなっていなくとも、共謀(とされ)準備(したとされる)だけで罪に問われるという、従来なかった犯罪概念が出来上がったのだ。江戸時代は実際にこの考え方で検挙できた時代である。代表的なのは慶安事件

(由井正雪の乱)で、何もしないうちに捕らえられ処刑された者は三〇名近くに及んだ。幕府の浪人政策の失敗で失業者が増えて格差が広がり、その構造を知らしめようと企てた同時多発の乱計画であった。ちなみに、江戸時代に「人権」という思想は存在しない。

しかし大逆事件は近代の事件である。利や法の概念が導入されていたにもかかわらず、天皇制に基づく近代国家をつくりあげることに必死な政府は、その目標に反対する運動に極めて敏感だった。日露戦争(一九〇四—〇五年)のころより社会主義者たちによる戦争反対運動が起こっており、それに対して機関誌紙の発禁、集会の禁圧、結社禁止などの抑圧が加えられていた。一九〇八年には堺利彦、大杉栄らが逮捕されている。

このような背景のもと、合法的な運動が行き詰まってくると、爆弾製造に走る者が出てきたのかも知れない。職工の宮下太吉は長野県明科の製材所で爆裂弾を製造したとされ、管野須賀子、新村忠雄、古河力作とともに天皇暗殺を謀議した、とされた。これを「明科事件」という。この事件だけが、一連の「大逆事件」の唯一の手がかりだったという。計画したとされたのは明治天皇の暗殺であるが、その証拠はない。

一方、内山愚童は「天皇より皇太子をやっつける」と語り、その言葉を聞いたという理由で、武田九平、三浦安太郎、岡林寅松、小松丑治が皇太子暗殺の陰謀に関連づけられた。

幸徳秋水が森近運平、大石誠之助、松尾卯一太とともに、爆発物と凶器とをもって暴力革命を企て大逆をおかすための謀議をなしたとされ、大阪で大石からその話を聞いた武田、三浦、岡本穎一郎、和歌山県新宮の自宅でその話を聞いた成石平四郎、髙木顕明、峯尾節堂、﨑久保誓一が天皇暗殺謀議に関連づけられた。熊本に帰郷した松尾からその話を聞いた新美卯一郎、佐々木道元、飛松與次郎もこれに関連づけられ、奥宮健之は爆裂弾の製法を秋水に教えたという理由で、成石勘三郎は酒席で大逆に賛意を表したという理由で、新田融は宮下に一室を貸したという理由で、新村善兵衛は薬研《やげん》を送ったという理由で、坂本清馬は「謀議」が行われた当時、秋水方の書生であったという理由で、次々と検挙されたのである。結果的に、事件に関係のない数千名の社会主義者、無政府主義者、同調者、同情者らが事情聴取を受け、または検挙された。

最終的に一九一一年一月一八日、明治天皇の暗殺を計画したという理由で旧刑法第七三条「大逆罪」が適用され、検挙者の中の幸徳秋水ら二六人が起訴され、二四名が死刑を宣告(後に特赦により一二名が無期懲役に減刑されたが、うち五名は獄死)され、二名が「爆発物取締罰則違反」でそれぞれ懲役一一年と八年になった。

大逆事件とはおおまかにこの一連の事件を言う。しかし何ら罪を犯していなくとも、謀議とされただけで逮捕できるという理念は、今日の「テロ等準備罪」と同じだ。だからこそ今、私たちは大逆事件で何がなされたか、なぜそうなったか、熟知しておかねばならないだろう。大逆事件は過去の事件ではなく、未来の事件になり得るのである。

　熟知しておくために本書は、私のような、この事件の専門家でも近代史の専門家でもない者にとって実にわかりやすく、理解の助けになる。本書から、おおまかに言って三つのことが見えてきた。ひとつは、当時日本全国に散らばっていた、国家にとって不都合な人々が、何のつながりも集団的結束もないところで、任意に集団とみなされ、一網打尽に刑に追いやられた、という事実である。このことには驚いた。何らかの運動体が形成され、何らかの目的とその遂行手順があったと思っていたからだ。

　たとえば森近運平は岡山の農業改革者で、ガラス温室を使った高等園芸を研究していた。宮下太吉は長野県安曇野市の熟練機械工だった。内山愚童は、箱根の曹洞宗の僧侶だ。大石誠之助はオレゴン州立医科大学を卒業し、カナダで外科学を学び米国で医師をしていたが、郷里からの要請で熊野新宮に戻って開業し、その後さらにボンベイ大学で学んだ医師であった。高木顕明は新宮の真宗大谷派の僧侶で、部落差別の解決に尽力していた。古河力作は東京豊島区の花卉《かき》栽培会社の植木屋で、柔和な小さな人だったという。そして幸徳秋水は高知県中村の人で、新聞記者であったが、勤めていた『万朝報』が日露戦争開戦賛成派になったために、堺利彦とともに退社した。そういう非戦主義者だった。

　数例を挙げただけで、散らばり方がわかる。そして本書では、このひとりひとりの人間としての姿が、生々しく見えてくる。堺利彦は事件の翌年、遺家族訪問の旅に出た。本書の記述はその後を追うように書かれている。読む方も、まるで事件直後に足で歩きながら、この出来事を検証しているような心持ちがしてくる。全国に散らばる彼らに共通しているのは、非戦論者であった、ということだけだった。著者の表現に従うと、社会は「非戦・平和の徒」に「逆徒」というレッテルを貼ったのである。

二つ目にわかったのは、現代社会でも起こる証拠ねつ造が、大幅に行われていた、という事実である。「二六人の大半は、国民には知らされないまま闇の中で勾引され、起訴され、検事・判事らのつくった物語の中にはめ込まれ、演じさせられた」（八五―八六ページ）と著者は書く。その具体例をいくつも、本書の中で読むことができる。このようなことは、少し前であれば「戦前の日本ならそうであったろう」という感想の域を出なかったかも知れない。しかし証拠ねつ造やえん罪が、現代においても行われている事実があり、さらにテロ等準備罪が成立した時代にいる我々は、幸か不幸か大逆事件を身近に感じられる位置に立ったのである。非戦論者である私は、「聞取書」がどのように作られるか、本書でしっかり勉強した。憲法九条の改訂は近づいてくる。暴力などふるう気のない非戦論者も、いつ検挙されるかわからないという覚悟で、本書を記憶しておいたほうがいいだろう。

三つ目にわかったのは、「逆徒」というレッテルを貼られたが最後、何十年ものあいだ、今でさえ、生まれ故郷では疎まれる存在になる、という事実である。本書は岡山県高屋町にいたひとりの少女の物語から始まっている。戦後の一九四六、七年、国民学校六年生であった少女は父親の本棚の資料にあった「森近運平」に興味をもつ。卒業の作文を書くにあたって、町の人々に運平さんのことを聞いた。しかし誰一人として答えてはくれなかった。たったひとり「お国に殺された」と言った人がいた。運平の妹であったことが、後にわかる。

ところで、この全国各地で数百名が検挙され、うち二六人が起訴され、二四名が死刑を宣告されたこの事件は、なぜ「大逆事件」と呼ばれるのか。それは当時の刑法に第七三条「大逆罪」があるからだ。七三条は、天皇、太皇太后、皇太后、皇后、皇太子、皇太孫に対して危害を加えた者、あるいは加えようとした者は死刑にする、と定めている。危害を加えようとしたかどうかを「聞取書」で作成すれば、何もしていなくとも死刑にできる。この法律は一九四七年一〇月まで残っていた。

であるから、これだけが大逆事件ではなかった。一九二三年に難波大助が後の昭和天皇を狙撃した「虎ノ門事件」、一九二五年に皇太子の婚礼に爆弾を投げ「ようとした」とされた「朴烈・金子文子事件」、一九三二年に李奉昌が昭和天皇の馬車に手榴弾を投げた事件。これら三つの大逆事件が起きていたのである。

本書には、大逆事件に関する著作の発売禁止や書き直しの事実も詳しく書かれている。

メディア統制も一種の大逆事件と言っていいだろう。その後の再審請求、「大逆事件の真実をあきらかにする会」の発足など、この事件を風化させない様々な動きも、知ることができる。

大逆事件の発端は日露戦争における反戦運動であり、共謀したとされる人々は非戦主義者であった。それが示すのは、国が軍事へ方針を定めると、国内や国民へも統一を強制し、それに従わない者には牙を向ける、という事実である。兵士になった者も、現場では捨て石になる。いったい誰のための戦争か？　むろん国民のためではない。戦争は、一部の、戦争によって莫大な利益と大きな名誉を手にする人々のために行われる。大きな国家も小さな国家も、テロ集団も宗教集団も、戦う時にそうなるのは同じだ。

非戦を穏やかで危険のない思想だと思い込むのは、間違っているかも知れない。過激でなくとも過激とされる。国家だけでなく、マスコミもインターネットもそれを行う。エッセイやテレビ出演で自分と異なる意見を言う人に「危険」のレッテルを貼る。イジメの構造と同じである。自分以外を危険とすることで、自分が守られると思うからだ。しかしそれは幻想だ。いつか自分もそうされる。

たいへん困難ではあるが、このような「大逆連鎖」を起こさない社会を、私たちはつくらねばならない。

（法政大学総長、江戸時代の文学・文化）

本書は二〇一〇年五月に刊行された。現代文庫化に当たっては、単行本第一版七刷以降の誤りなどを訂正するにとどめたが、新たに「補記」および起訴された二六人と遺家族の動向などを一覧表として加えた。

岩波現代文庫創刊二〇年に際して

二一世紀が始まってからすでに二〇年が経とうとしています。この間のグローバル化の急激な進行は世界のあり方を大きく変えました。世界規模で経済や情報の結びつきが強まるとともに、国境を越えた人の移動は日常の光景となり、今やどこに住んでいても、私たちの暮らしは世界中の様々な出来事と無関係ではいられません。しかし、グローバル化の中で否応なくもたらされる「他者」との出会いや交流は、新たな文化や価値観だけではなく、摩擦や衝突、そしてしばしば憎悪までをも生み出しています。グローバル化にともなう副作用は、その恩恵を遥かにこえていると言わざるを得ません。

今私たちに求められているのは、国内、国外にかかわらず、異なる歴史や経験、文化を持つ「他者」と向き合い、よりよい関係を結び直してゆくための想像力、構想力ではないでしょうか。

新世紀の到来を目前にした二〇〇〇年一月に創刊された岩波現代文庫は、この二〇年を通して、哲学や歴史、経済、自然科学から、小説やエッセイ、ルポルタージュにいたるまで幅広いジャンルの書目を刊行してきました。一〇〇〇点を超える書目には、人類が直面してきた様々な課題と、試行錯誤の営みが刻まれています。読書を通した過去の「他者」との出会いから得られる知識や経験は、私たちがよりよい社会を作り上げてゆくために大きな示唆を与えてくれるはずです。

一冊の本が世界を変える大きな力を持つことを信じ、岩波現代文庫はこれからもさらなるラインナップの充実をめざしてゆきます。

（二〇二〇年一月）

大逆事件——死と生の群像

2018年2月16日 第1刷発行
2022年8月4日 第2刷発行

著　者　田中伸尚《たなかのぶまさ》

発行者　坂本政謙

発行所　株式会社 岩波書店
〒101-8002 東京都千代田区一ツ橋 2-5-5

案内 03-5210-4000　営業部 03-5210-4111
https://www.iwanami.co.jp/

印刷・精興社　製本・中永製本

ISBN 978-4-00-603307-1　Printed in Japan

明治大逆事件で起訴された26人

連座者名	生年	罪名	判　決	年齢*	出身地，職業など
奥宮健之	1857	大逆	死刑	53	高知県
大石誠之助	1867	大逆	死刑	43	和歌山県，医師
幸徳秋水	1871	大逆	死刑	39	高知県，文筆家
内山愚童	1874	大逆	死刑	36	新潟県，曹洞宗僧侶
宮下太吉	1875	大逆	死刑	35	山梨県，機械据付工
新美卯一郎	1879	大逆	死刑	32	熊本県，記者
松尾卯一太	1879	大逆	死刑	31	熊本県，記者

プロフィール，遺族・墓碑など
元自由民権運動家，連座者中最高齢．同郷の秋水に爆裂弾製造法を教えたとされ連座．拘禁中の 1910・8，妻さわ死去．兄，宮城控訴院検事長，裁判中に更迭(正式辞令 1913・4)．墓，東京・染井霊園．
米国で医師免許を取り，新宮で開業，ドクトル大石と愛称．脚気研究でインドへ．社会主義を知る．情歌，俳句も．西村伊作と太平洋食堂を営む．刑死後，妻ゑいと遺児 2 人，東京へ．墓，新宮市の南谷墓地．2001・9 熊野の連座者 5 人とともに市議会で名誉回復．2018・1 新宮市の名誉市民に決まる．
中江兆民の高弟．ジャーナリスト，詩人，思想家．自由民権左派から社会主義者を経てアナキスト．裁判中，母・多治死去．『廿世紀之怪物帝国主義』など著書多数．墓，四万十市の正福寺．2000・12 中村市(現・四万十市)議会，顕彰決議．
箱根大平台・林泉寺住職．地元の貧しい青年らに出会い，禅宗とアナキズムの結合を試みる．『無政府共産』などの冊子を寺内で地下出版．1910・4 出版法，爆取違反で実刑，曹洞宗 1910・6 擯斥処分．刑死後，林泉寺境内墓地に埋骨．1993・4 曹洞宗，処分取消し，2005・4 顕彰碑．2013・11・16 出身地・小千谷市に市民ら顕彰碑建立．
機械据付工として各地の工場を渡り歩く．愚童の『無政府共産』の影響などで，天皇暗殺を秘め，爆裂弾製造，実験．処刑後，東京・雑司ヶ谷の監獄共同墓地に埋葬．後に姉らが甲府の光沢寺の宮下家墓地に埋骨，1972・9 啄木の詩を刻んだ墓碑．遺族不明．
1907 済々黌時代の友人・松尾卯一太と社会主義系新聞『熊本評論』創刊．刑死後，妻で琵琶名手の金子トク，茶屋経営で墓建立．熊本市の立田山の市営小峯墓地に新美家の墓と 2 基．
裕福な農家の長男．東京専門学校中退後，家禽雑誌を主宰し，新美と『熊本評論』創刊．処刑後，一家離散．妻・静枝，大阪で死去．墓，熊本県玉名市川島の松尾家墓所．2004 墓の案内板設置．

連座者名	生年	罪名	判　決	年齢	出身地，職業など
森 近 運 平	1881	大逆	死刑	29	岡山県，農業
管野須賀子	1881	大逆	死刑	29	大阪府，記者
成石平四郎	1882	大逆	死刑	28	和歌山県，薬種業
古 河 力 作	1884	大逆	死刑	26	福井県，園丁
新 村 忠 雄	1887	大逆	死刑	23	長野県，記者
髙 木 顕 明	1864	大逆	死刑判決後無期	46	愛知県，真宗大谷派僧侶

プロフィール，遺族・墓碑など
社会主義研究や町村会での非戦論の講演などで県庁退職．堺利彦に誘われ社会主義活動へ．1905・2 大阪平民社創設，1907・6 に『大阪平民新聞』(後『日本平民新聞』)創刊．処刑後，妻・繁子，娘・菊代を置いて離婚．繁子，1914・7 死去，33 歳．菊代，1927・5 死去，23 歳．1961・1 井原市高屋町に墓・歌碑「父上は怒り玉ひぬ我は泣きぬさめて恋しき故郷の夢」建立．妹・栄子，坂本清馬と再審請求するも，1967・7・5 最高裁，棄却．
『大阪朝報』『牟婁新報』などの記者時代から，女性の人権を主張した先駆的ジャーナリスト．社会主義者からアナキストへ．獄中日記「死出の道艸」は情感豊かな傑作．弟，在米．刑死後，妹の墓のある東京・代々木の正春寺に埋骨．1971・7 獄中歌「くろかねの窓にさし入る日の影の移るを守りけふも暮らしぬ」の歌碑建立．
中央大学卒業後，熊野川の船乗り．東京時代に秋水らの非戦論に共鳴．南方熊楠とも交流．刑死後，妻むめ，遺児を連れ再婚．兄は，連座の勘三郎．墓，田辺市本宮町請川の成石家墓所．荒畑寒村撰文の碑「行く先を海とさだめししづくかな」．2004・11 町議会で名誉回復宣言．孫・岡功，2016・4 死去．
17 歳で郷里の小浜を離れ神戸，東京の西洋草花店で働く．身体的障害でいじめられ，大言壮語が身につく．処刑直前の弟妹との面会シーンは胸を打つ．東京・市ヶ谷の道林寺に埋骨．後に寺の移転により遺骨不明．小浜市の曹洞宗妙徳寺の古河家に父子の墓．水上勉の「一滴文庫」に資料多数．弟・三樹松，1995 死去．姪 2 人，長野，東京在住．
小学校卒業後，東京で従兄の牧師の影響でメソジスト系クリスチャンに．また『平民新聞』にも触れる．兄・善兵衛の召集などで，非戦主義者に．秋水に出会い，最も先鋭的アナキストに．東京監獄共同墓地に埋葬後，東京・染井霊園の奥宮の墓の後ろに埋骨．その後，千曲市の生蓮寺へ．兄も連座．法名「礼誉救民」．
1899・12 新宮町・浄泉寺住職．被差別部落，廃娼，非戦に取り組む．町内の仏教界で孤立．論文「余が社会主義」．判決後，1911・1 擯斥処分．秋田監獄．1914・6・24 獄中縊死，50 歳．妻子は寺を追われ名古屋へ．養女・加代子は小学生で芸者置屋に．養父の墓，浜松に建立．妻たし，1923・10 名古屋で死去．加代子は 1972 死去．1996・4 処分取消し，名誉回復．墓・顕彰碑，新宮市の南谷墓地．

連座者名	生年	罪名	判　決	年齢	出身地，職業など
武田九平	1875	大逆	死刑判決後無期	35	香川県，彫金師
岡林寅松	1876	大逆	死刑判決後無期	34	高知県，病院勤務
小松丑治	1876	大逆	死刑判決後無期	34	高知県，養鶏業
岡本穎一郎	1880	大逆	死刑判決後無期	30	山口県，労働者
新田　融	1880	爆取**	有期 11 年	30	北海道，機械据付工
成石勘三郎	1880	大逆	死刑判決後無期	30	和歌山県，薬種業
新村善兵衛	1881	爆取**	有期 8 年	30	長野県，元助役

プロフィール，遺族・墓碑など
大阪で金属彫刻業「武田赤旗堂」を営む．大阪平民社設立のころから森近運平の最も信頼する同志．1908 大阪平民社解散後も自宅に「大阪平民倶楽部」の看板．獄中から冤罪を訴える．長崎監獄．1929・4・29 仮出獄．金光教芸備教会を経て大阪へ．1932・11・29 大阪市内で交通事故死，57 歳．墓，大阪・寝屋川の妹の婚家・津田家墓所．
医師を目指し，小学校同窓の小松丑治を頼り神戸の海民病院勤務．『平民新聞』創刊と同時に小松らと「神戸平民倶楽部」結成．長崎監獄．獄中離婚，息子病死．1931・4・29 仮出獄，大阪で病院勤務．戦後，ローマ字運動．1948・9・1 病死，72 歳．墓，高知市小高坂山の岡林家墓所．
大阪で区役所など勤務後，神戸の海民病院事務員．1909 初め，病院を退職し妻と養鶏業．秋水に傾倒するもアナキストにはならず．長崎監獄．1931・4・29 仮出獄後，妻はると辛酸を嘗める．1945・10・4 栄養失調死，69 歳．墓，高知市小石木町の筆山霊園．妻 1967・3 死去，82 歳．
早稲田第一高等学院生のころ，安部磯雄らの演説を聞き，社会主義に惹かれる．1907 ごろ『大阪平民新聞』読者になり，森近や武田らを知る．長崎監獄．1917・7・27 獄死(病気)，36 歳．荒畑寒村の小説「冬」E のモデル．墓，不明．写真未発見．
明科製材所では，上司の宮下に頼まれ事情を知らぬままブリキ缶を製造．爆取違反で懲役刑．法的には大逆罪での公訴棄却すべき．千葉監獄．1916・10・10 仮出獄．1937・3・20 東京で死去，57 歳．墓，東京の多磨霊園．写真未発見．
区長，村会議員．弟・平四郎の関係で社会主義に親近感を持つ．長崎監獄．在監中に息子が病死．1929・4・29 仮出獄．1931・1・3 病死，50 歳．墓，弟と同じく田辺市本宮町請川．
新村忠雄の兄．日露戦争に従軍．弟の依頼で薬研などを調達し連座．爆取で懲役．法的には新田と同じく大逆罪での公訴は棄却すべき．千葉監獄．1915・7・24 仮出獄．大阪や天津などを放浪後，大阪の菓子店勤務．1920・4・2 病死，39 歳．墓，弟と同じ．法名「賢誉至徳」．

連座者名	生年	罪名	判　決	年齢	出身地，職業など
峯 尾 節 堂	1885	大逆	死刑判決後無期	25	和歌山県，臨済宗妙心寺派僧侶
﨑久保誓一	1885	大逆	死刑判決後無期	25	三重県，記者
坂 本 清 馬	1885	大逆	死刑判決後無期	25	高知県，印刷工
三浦安太郎	1888	大逆	死刑判決後無期	22	兵庫県，ブリキ職人
佐々木道元	1889	大逆	死刑判決後無期	21	熊本県，寺の三男
飛松與次郎	1889	大逆	死刑判決後無期	21	熊本県，記者

＊年齢は判決時のもの.

＊＊爆発物取締罰則違反.

プロフィール，遺族・墓碑など
幼名，正一．7歳で得度．熊野川町・真如寺住職，退職後熊野の寺を転々．三重県・泉昌寺の留守居僧の時に検挙．事件直前に結婚．1910・11・14擯斥．千葉監獄．1919・3・6獄中病死，33歳．1996・9・28処分取消し．墓，新宮市の南谷墓地．2018・3・6に百回忌．
『明鏡新聞』記者など．1907ごろ社会主義者を名乗る．秋田監獄．判決後に離婚，娘は迫害に苦しむ．1929・4・29仮出獄，ミカン農家．再審請求を考慮．1955・10・30死去，70歳．墓，三重県御浜町下市木の林松寺．関東地方などに孫，ひ孫．
外交官を夢見て東京へ．秋水に出会い社会主義者からアナキストに．秋田監獄．獄中で再審請求を追求．1934・11・3高知刑務所を仮出獄，連座者の最後．天皇崇拝者．1961・1・18森近運平の妹・栄子と再審請求，1967・7・5最高裁，棄却．事件の国家犯罪性を知らせた功績大．1975・1・15死去，89歳．墓，四万十市・正福寺の秋水と同じ墓地．
大阪平民社に出入りし，森近，荒畑寒村，岡本らを知る．長崎監獄．1916・5・18獄死(自殺？)，28歳．平出修の小説「逆徒」のモデル．墓，大阪市立南霊園(阿倍野墓地)．写真未発見．
熊本市内の本願寺派即生寺(現在は，本山から離脱)の次男．兄・徳母の影響で熊本評論社に出入りし，社会主義に関心を持つ．千葉監獄．1916・7・15獄中病死，27歳．境内の「即生寺の墓」に埋骨．写真未発見．
秋水の『社会主義神髄』に感銘，教員時代に『熊本評論』読者に．同誌の後継紙『平民評論』の発行兼編集人で連座．秋田監獄．1925・5・10最初の仮出獄者．坂本清馬に再審請求の意思を伝える．1953・9・10死去，64歳．山鹿市・本澄寺に遺骨．2014・1・19市民らの拠出金で本澄寺境内に熊本の被害者3人とともに顕彰碑を建立．

（著者作成）

主な参考文献

紙幅の都合でごく一部に限った．新聞・雑誌は割愛した．
著者・編者の 50 音順，サブタイトルは省略

朝日新聞社史編修室編『朝日新聞の九十年』朝日新聞社，1969
朝日新聞社百年史編修委員会編『朝日新聞社史　大正・昭和戦前編』朝日新聞社，1991
――『朝日新聞社史　資料編』朝日新聞社，1995
飛鳥井雅道編『近代日本思想大系(13 幸徳秋水集)』筑摩書房，1975
阿満利麿『国家主義を超える』講談社，1994
あまつかつ『父上は怒り給いぬ』関西書院，1972
荒木傳『なにわ明治社会運動碑(下)』柘植書房，1983
――『大阪社会運動の源流』東方出版，1989
荒畑寒村『新版 寒村自伝(上・下)』筑摩書房，1965
――『平民社時代』中央公論社，1973
荒畑寒村著，森長英三郎編『大逆事件への証言』新泉社，1975
石川啄木『石川啄木全集(第 2・4・6・7・8 巻)』筑摩書房，1978-80
伊藤整『日本文壇史(16-18)』講談社文芸文庫，1997
絲屋寿雄『管野すが』岩波新書，1970
――『増補改訂 大逆事件』三一書房，1970
井原市史編集委員会／井原市教育委員会編・刊『井原市史』1964
井原市史編纂委員会編『井原市史(V 近現代史料編・II 近現代通史編)』井原市，2003-05
岩崎栄著，山泉進解説『平沼騏一郎伝』大空社，1997
上田穣一・岡本宏編著『大逆事件と「熊本評論」』三一書房，

1986
内田魯庵著，野村喬編『内田魯庵全集(第 7 巻，別巻)』ゆまに書房，1986-87
運動史研究会編『運動史研究(9)』三一書房，1982
大石誠之助著，森長英三郎・仲原清編『大石誠之助全集(1・2)』弘隆社，1982
大阪社会労働運動史編集委員会編『大阪社会労働運動史(第 1 巻戦前篇・上)』有斐閣，1986
大島英三郎編『増補版 難波大助大逆事件』黒色戦線社，1979
太田雅夫・森本啓一著，桃山学院大学教育研究所編・刊『岩崎革也年譜』1993
大野みち代編『人物書誌大系(3 幸徳秋水)』日外アソシエーツ，1982
大原慧『幸徳秋水の思想と大逆事件』青木書店，1977
岡義武『山県有朋』岩波新書，1958
岡山県立高松農業高等学校百年史編集委員会編『高農百年史』同校創立百周年記念事業実行委員会，1999
岡山県労働運動史資料編集委員会編『岡山県労働運動史資料(上巻)』岡山県中央労働学校，1951
岡山県労働組合総評議会編，水野秋執筆『岡山県社会運動史(第 2・3 巻)』労働教育センター，1977
沖野岩三郎『煉瓦の雨』福永書店，1918
——『宿命』福永書店，1919
奥宮健之著，阿部恒久編『奥宮健之全集(上・下)』弘隆社，1988
小田切秀雄編『発禁作品集』北辰堂，1956
柏木隆法『大逆事件と内山愚童』JCA 出版，1979
河上民雄編・刊『河上丈太郎演説集』1966
川口武彦『堺利彦の生涯(上)』社会主義協会出版局，1992
神崎清編『大逆事件記録(第 1 巻　新編獄中手記)』世界文庫，

1964
神崎清『大逆事件』筑摩書房，1964
——『実録幸徳秋水』読売新聞社，1971
——『大逆事件(1-4)』あゆみ出版，1976-77
管野須賀子著，清水卯之助編『管野須賀子全集(全3巻)』弘隆社，1984
近代日本史料研究会編・刊『「特別要視察人状勢一斑」の附録・日本社会主義運動史(小山松吉講演・復刻版)』1957-59
熊本県編・刊『熊本県史(近代編　第2)』1962
幸徳秋水全集編集委員会編『幸徳秋水全集(第1・2・4・5・8巻，別巻1・2)』明治文献資料刊行会，1982
——『幸徳秋水全集 補巻　大逆事件アルバム』明治文献，1972
幸徳秋水著，山泉進校注『帝国主義』岩波文庫，2004
国際啄木学会編『論集　石川啄木』おうふう，1997
——『石川啄木事典』おうふう，2001
黒色戦線社編・刊『虎ノ門事件裁判記録』1992
小松芳郎『松本平からみた大逆事件』信毎書籍出版センター，2001
小山松吉『日本精神読本』日本評論社，1935
小山松吉講演録『明治時代の社会主義運動に就いて』(復刻版)東洋文化社，1978(司法省刑事局『思想研究資料』第59号，1939)
近藤真柄『わたしの回想(上・下)』ドメス出版，1981
堺利彦著，川口武彦編『堺利彦全集(第1-6巻)』法律文化社，1970-71
坂本清馬述『大日本皇国天皇憲法論』昭和神聖会高知支部，1935
坂本忠次『分権時代のまちづくり』大学教育出版，2000
佐藤範雄『信仰回顧六十五年(上・下)』信仰回顧六十五年刊行会，1970-71

佐波亘編『植村正久と其の時代(第5巻)』(復刻版)教文館，1966
塩田庄兵衛・渡辺順三編『秘録大逆事件(上・下)』春秋社，1959
塩田庄兵衛編『幸徳秋水の日記と書簡　増補決定版』未来社，1990
清水卯之助『管野須賀子の生涯』和泉書院，2002
清水三郎『大朝懸賞小説「宿命」と大逆事件　大正六・七年編年史別巻』朝日新聞社社史編集室，1962
新宮市史編さん委員会編『新宮市史』新宮市，1972
新宮市史史料編編さん委員会編『新宮市史(史料編　下巻)』新宮市，1986
新熊本市史編纂委員会編『新熊本市史(通史編 第6巻　近代II)』熊本市，2001
人文社編集部編・刊『古地図・現代図で歩く明治大正東京散歩』2003
新修大阪市史編纂委員会編『新修 大阪市史(第6巻)』大阪市，1994
杉中浩一郎『紀南雑考』(私家版)1981
住井すゑ『橋のない川(第1-7部)』新潮社，1992
関山直太郎編著『初期社会主義資料　牟婁新報抄録』吉川弘文館，1959
専修大学今村法律研究室編『大逆事件(1-3)』専修大学出版局，2001-03
曹洞宗人権擁護推進本部編『仏種を植ゆる人』曹洞宗宗務庁，2006
大審院『明治四十三年特別第壱号被告事件訴訟記録(第4・5・8巻)』(復刻版)大逆事件の真実をあきらかにする会，1969
大逆事件記録刊行会編『大逆事件記録(第2・3巻　証拠物写)』世界文庫，1972
大逆事件の真実をあきらかにする会編『大逆事件を生きる　坂本

清馬自伝』新人物往来社，1976
大逆事件の真実をあきらかにする会編・刊，堺利彦作成『大逆帖』(復刻版)1981
―― 編著『大逆事件の真実をあきらかにする会ニュース(第1-48号)』(復刻版)ぱる出版，2010
田中伸尚『さよなら，「国民」』一葉社，1998
―― 『天皇をめぐる物語』一葉社，1999
玉光順正・辻内義浩・訓覇浩編『高木顕明』真宗大谷派宗務所出版部，2000
徳冨健次郎『蘆花全集(第19巻　偶感偶想，第20巻　書翰集)』蘆花全集刊行会，1929-30
徳冨健次郎著，中野好夫編『謀叛論』岩波文庫，1976
徳富蘆花『明治文学全集(42 徳富蘆花集)』筑摩書房，1966
徳冨蘆花『日本現代文学全集(17 徳冨蘆花集)増補改訂版』講談社，1980
永井壮吉著，稲垣達郎ほか編『荷風全集(第14巻)』岩波書店，1993
中野好夫『中野好夫集(第11巻)』筑摩書房，1984
中村町役場編・刊『中村町史』1950
中村市史編纂室編『中村市史　本編』1969
中村市史編纂委員会編『中村市史　続編』1984
中村文雄『大逆事件と知識人』三一書房，1981
―― 『大逆事件の全体像』三一書房，1997
鍋島高明『幸徳秋水と小泉三申』高知新聞社，2007
西村伊作『我に益あり』(復刻版)軽井沢美術文化学院，2007
野口存彌『沖野岩三郎』踏青社，1989
浜畑栄造『大石誠之助小伝』荒尾成文堂ほか，1972
林茂・西田長寿編『平民新聞論説集』岩波文庫，1961
平出修『定本 平出修集』春秋社，1965

平出修『定本 平出修集〈続〉』春秋社，1969
――『定本 平出修集(第3巻)』春秋社，1981
――『伝記叢書263平出修遺稿』大空社，1997
平出修研究会編『大逆事件に挑んだロマンチスト』同時代社，1995
――『平出修とその時代』教育出版センター，1985
平沼騏一郎回顧録編纂委員会編・刊『平沼騏一郎回顧録』1955
本宮町史編さん委員会編『本宮町史　近現代史料編』本宮町，2000
――『本宮町史　通史編』本宮町，2004
松尾尊兊編・解説『続・現代史資料(I社会主義沿革1)』みすず書房，1984
水上勉『古河力作の生涯』平凡社，1973
宮武外骨編『幸徳一派大逆事件顚末』竜吟社，1946
臨済宗妙心寺派人権擁護推進委員会編『大逆事件に連座した峰尾節堂の復権にむけて』妙心寺派宗務本所，1999
森長英三郎『風霜五十余年』(私家版)1967
――『刑場跡慰霊塔について』仲原清印刷，1967
――『禄亭大石誠之助』岩波書店，1977
――『内山愚童』論創社，1984
森山重雄『大逆事件＝文学作家論』三一書房，1980
師岡千代子『夫・幸徳秋水の思ひ出』東洋堂，1946
――『風々雨々』隆文堂，1947
もろさわようこ『信濃のおんな(下)』未来社，1969
山泉進・荻野富士夫編『「大逆事件」関係外務省往復文書』不二出版，1993
山泉進編・解題『幸徳秋水　平民社百年コレクション(第1巻)』論創社，2002
山泉進『平民社の時代』論創社，2003

山泉進編著『新装版 大逆事件の言説空間』論創社，2007
与謝野寛・与謝野晶子・吉井勇『日本詩人全集(4)』新潮社，1967
吉岡金市『森近運平』日本文教出版，1961
吉岡金市・木村武夫・森山誠一・木村壽編『森近運平研究基本文献(上・下巻)』同朋舎出版，1983
吉川守圀『荊逆星霜史』(復刻版)不二出版，1985
吉田久一『吉田久一著作集(4 日本近代仏教史研究)』川島書店，1992
労働運動史研究会編『明治社会主義史料集(第4-8集，別冊2-3)』明治文献資料刊行会，1961-62
我妻栄ほか編『日本政治裁判史録　明治・後』第一法規出版，1969
渡部直己『不敬文学論序説』太田出版，1999

飛鳥井雅道「堺と幸徳」，堺利彦著，川口武彦編『堺利彦全集(月報 No. 2)』法律文化社，1970
池田千尋「成石勘三郎獄中記『回顧雑詠』」，安藤精一編『紀州史研究(2)』国書刊行会，1987
小山仁示「「丸い顔」をめぐって」，堺利彦著，川口武彦編『堺利彦全集(月報 No. 5)』法律文化社，1971
関山直太郎「和歌山県における初期社会主義運動」，安藤精一編『紀州史研究(2)』国書刊行会，1987
辻本雄一「明治四一・四二年における，大石誠之助と沖野岩三郎との接点」，安藤精一編『紀州史研究(4)』国書刊行会，1989